日中刑事法シンポジウム報告書

日中刑法総論・各論の先端課題

甲斐克則［編］

成文堂

表紙写真（いずれも編者撮影）
（表）無錫市の太湖に沈みゆく夕日
（裏）南京市の閲江楼からの景色

はしがき

　本書は、2017年9月16日（土）から17日（日）にかけて中国江蘇省の無錫市にある江南大学文浩館国際会議センターにおいて開催された、第6回日中刑事法シンポジウムの記録である。本シンポジウムは、江蘇省南京市にある東南大学法学院が主催校（企画責任者は東南大学法学院院長・劉艶紅教授）であり、東南大学法学院と江南大学法学院の共催という形をとった。日本側からは、高橋則夫教授（日本側代表）、佐伯仁志教授、金光旭教授、塩見淳教授、橋爪隆教授、杉本一敏教授、そして私（日本側副代表）が参加し、加えて特別ゲストとして西原春夫先生（早稲田大学・元総長）も参加された。中国側からは、張明楷教授（中国側代表）、陳興良教授、劉明祥教授をはじめする160名ほどの学者・実務家が参加され、活発な質疑応答がなされた。

　今回のテーマは、「日中刑法総論・各論の先端課題」として企画された。初日は、総論の部として、第1セッションが「因果関係の理論と実務問題研究」、第2セッションが「正当防衛の理論と実務問題研究」であり、2日目は、各論の部として、第3セッションが「性犯罪の理論と実務問題研究」、第4セッションが「詐欺罪の理論と実務問題研究」であった。2日間の各セッションで、日本側からも中国側からも実に興味深い質の高い報告と活発な質疑応答がなされた（巻末の「総括」参照）。このことは、2年前の前回以上に中国における刑法学の総論をめぐる議論と各論をめぐる議論の深化を示しており、まさに比較刑法学として両国の刑法学が理論的にも実務的にも十分に率直な意見交換ができる段階に入ったことを実感させるものであった。しかも、今後、日本と中国の刑事法学術交流を担う人材の層がますます広がったようにも思われる。ご多忙な中、報告をしていただき、しかも力作をお寄せくださった日中の刑事法学者の方々に御礼申し上げたい。なお、今回は、本来、元同僚の山口厚教授と私とで本書を共同編集する準備をしていたが、周

ii　　はしがき

知のように、山口教授が2017年2月に最高裁判所判事に任官されたため、私が日中刑事法研究会の日本側責任者として編集することになったことを付記しておきたい。そして、シンポジウムでは、同僚の高橋則夫教授に急遽日本側代表になっていただき、予定どおりのスケジュールをこなすことができた。高橋教授には、立派に任務を果たしていただいたことに感謝申し上げたい。加えて、西原春夫先生には、初日に特別にご参加いただき、この学術シンポジウムの重要性について大きな感銘を呼び起こす貴重なご挨拶をいただいたことにも深く感謝申し上げたい。

　また、この種の学術交流には、適切な通訳を確保する必要があるが、いつもお世話になっている金光旭教授の名通訳のほかに、今回も、早稲田大学に留学中かもしくは留学経験のある中国の若手研究者も立派に通訳の大役を務めていただいたことを特記しておく必要がある。次世代の日中刑事法学術交流を担う人材が増加したことは、実に喜ばしい。そして、この場をお借りして、丁重なお世話をいただいた東南大学法学院長の劉艶紅教授をはじめとする東南大学法学院の方々、江南大学法学院の方々、K-BRIGHT LAW FIRMの方々、さらには通訳をしていただいた方々に謝意を表したい。

　最後に、このシンポジウム開催に際しては、公益財団法人社会科学国際交流江草基金から多大なご援助をいただいた。また、株式会社成文堂の阿部成一社長と編集部篠﨑雄彦氏には、本書刊行に至るまで、多大なご協力をいただいた。この場をお借りして厚く御礼申し上げたい。

2018年1月31日　　　　　　　　　　編　　者

　　　　　　　　　　　　　　　　甲　斐　克　則

目　次

はしがき

開会の辞……………………………………………………高橋則夫　*1*

張　明楷　*3*

第1セッション：因果関係の理論と実務問題研究

1　日本における因果関係論の現在…………………橋爪　隆　*7*

Ⅰ　はじめに　（*7*）

Ⅱ　判例・学説の展開　（*7*）

　1　相当因果関係説　（*7*）

　2　相当因果関係説の危機・危険の現実化説　（*10*）

Ⅲ　「危険の現実化」の判断方法　（*13*）

　1　総　説　（*13*）

　2　被害者の特殊事情の考慮　（*13*）

　3　直接的実現類型　（*14*）

　4　間接的実現類型　（*16*）

　5　因果関係が否定される事例　（*21*）

Ⅳ　今後の展望　（*22*）

2　中国における刑事因果関係論の発展の概観：積極的な制限

………………………………………………………梁　雲宝　*25*

一　欠陥と危機：伝統的因果関係論の曖昧さ　（*26*）

iv　目　次

二　条件説：因果関係を制限するための合理的基底　(33)

　(一)　条件説は事実的因果の判断基準である　(33)

　(二)　合法則的条件説による代替は成功とはいえない　(38)

三　経験と規範：刑事因果関係の制限のレベルアップ　(45)

　(一)　社会科学レベルでの制限　(45)

　(二)　刑事政策レベルにおける第2次的制限　(48)

四　択一と折衷：中国における刑事因果関係論の方向性　(54)

　(一)　2つの途における違いの本質　(54)

　(二)　帰属レベルで解釈論的構造を補足するという途　(59)

五　結　語　(64)

第2セッション：正当防衛の理論と実務問題研究

3　正当防衛の司法認定──王洪軍事件と于歓事件に関する　比較的考察──……………………………………陳　興良　75

一　王洪軍傷害事件の分析　(75)

　(一)　判　決　(75)

　(二)　事実関係　(78)

　(三)　性質の判断について　(81)

二　于歓傷害事件についての分析　(85)

　(一)　判決について　(85)

　(二)　事実概要について　(87)

　(三)　性質の判断について　(94)

三　正当防衛の司法認定：反省と検討　(104)

　(一)　暴力行為だけに防衛ができ、非暴力の侵害に防衛ができない　(107)

　(二)　暴力侵害が発生する瞬間にしか防衛できない　(110)

　(三)　両方が殴り合いすれば相互喧嘩となり、防衛行為とはならない　(112)

目　次　v

㈣　死傷の結果を生じさせたら、過剰防衛になる　(*114*)

四　結　語　(*115*)

4　喧嘩と正当防衛──「喧嘩両成敗」の法理を手がかりに──
……………………………………………………………塩見　淳　*119*

Ⅰ　はじめに　(*119*)

　1　問題の所在　(*119*)

　2　昭和7（1932）年判決　(*120*)

Ⅱ　喧嘩両成敗の法理──法制史家による分析　(*121*)

　1　伝統的な理解　(*121*)

　2　新たな視点の導入　(*122*)

　3　刑法学に与えられる示唆　(*123*)

Ⅲ　判例の展開(1)──戦前から戦後にかけて　(*123*)

Ⅳ　判例の展開(2)──昭和23(1948)年判決、同32(1957)年判決とその後　(*124*)

　1　昭和23（1948）年判決・昭和32（1957）年判決　(*124*)

　2　その後の裁判例　(*125*)

Ⅴ　判例の展開(3)──昭和52（1977）年決定とその後　(*128*)

　1　昭和52（1977）年決定　(*128*)

　2　その後の裁判例　(*129*)

Ⅵ　判例の展開(4)──平成20（2008）年決定とその後　(*131*)

　1　平成20（2008）年決定　(*131*)

　2　その後の裁判例　(*132*)

Ⅶ　まとめ　(*133*)

vi　目　次

第3セッション：性犯罪の理論と実務問題研究

5　日本の性犯罪──最近の改正の動き── …………佐伯仁志　*141*

1　はじめに　（*141*）

2　改正前の性犯罪規定　（*142*）

　⑴　改正前の刑法の規定　（*142*）

　⑵　刑法以外の法律・条例の規定　（*143*）

　⑶　小　活　（*145*）

3　性犯罪に関する諸問題　（*145*）

　⑴　保護法益　（*145*）

　⑵　性犯罪における暴行・脅迫の程度　（*149*）

　⑶　夫婦間の強姦　（*151*）

　⑷　強姦罪の主体等の拡大　（*152*）

　⑸　地位・関係性を利用した性的行為に関する規定の創設　（*154*）

　⑹　強姦罪の法定刑　（*156*）

　⑺　親告罪　（*156*）

　⑻　小　活　（*156*）

4　刑法改正後の規定　（*157*）

6　性犯罪の問題をめぐる論争 ……………………………張　明楷　*161*

一　概　説　（*161*）

二　強姦罪　（*162*）

　㈠　概　説　（*162*）

　㈡　強姦罪の主体　（*163*）

　㈢　準強姦罪の故意　（*170*）

　㈣　輪姦の認定　（*173*）

三　強制わいせつ・侮辱罪　（*177*）

目　次　vii

　　㈠　わいせつ行為と侮辱行為には同一性があるか　(178)

　　㈡　強制わいせつ、侮辱罪は傾向犯に属するか　(182)

　四　多衆集合淫行罪　(185)

第4セッション：詐欺罪の理論と実務問題研究

7　詐欺罪をめぐる日本の議論の現在──「重要な事項」の問題を中心に──………………………………杉本一敏　199

　Ⅰ　前　提　(199)

　　1　日本刑法典における詐欺罪規定　(199)

　　2　詐欺罪の成立要件と構造　(200)

　Ⅱ　詐欺罪をめぐる現在の論争　(201)

　　1　論争の対象となっている問題点　(201)

　　2　学　説　(205)

　Ⅲ　取引における「重要な事項」といえるものの範囲　(207)

　　1　判例を手がかりにした分析（その1）　(207)

　　2　判例を手がかりにした分析（その2）　(210)

　Ⅳ　まとめ　(216)

　　1　以上のまとめ　(216)

　　2　「挙動による欺罔」をめぐる議論　(217)

8　詐欺罪における財産損失に関する試論──中国の司法実務を中心として──………………………………付　立慶　221

　一　検討の前提　(221)

　二　（修正された）経済的財産説：「財産」の理解　(223)

　　㈠　学説状況　(223)

　　㈡　経済的財産説の理論根拠　(226)

viii　目　次

（三）経済的財産説の具体的展開　（227）

（四）経済的財産説の欠陥に対する対応　（230）

三　財産損失の実質的判断：形式的個別財産説の排除　（232）

（一）財産損失の判断に関する学説　（232）

（二）財産損失に対する実質的判断　（234）

四　財産損失に対する実質的判断の具体的内容　（236）

（一）取引目的の重大な逸脱と財産損失の判断　（236）

（二）目的の未達成、被害者の特殊な苦境と財産的損害の判断　（239）

（三）釘棺案：重大な逸脱理論に対する即時的な検証　（243）

（四）被欺罔者が相当な給付を期待しない場合　（245）

（五）修正された全体財産説　（248）

五　財産損失と詐欺額の認定　（250）

（一）詐欺による所得額と被害者の所損額が不一致の場合　（251）

（二）「穴埋め」式詐欺と「連続詐欺」の場合　（252）

（三）「犯罪コストは一律に控除しない」の１つの反例　（255）

総　括……………………………………………甲斐克則…　263

閉会の辞……………………………………………高橋則夫…　270

　　　　　　　　　　　　　　　　　　　　　　梁　根林…　272

訪中雑感………………………………………………………　275

ix

第 6 回日中刑事法シンポジウム・プログラム

一　会議名
第 6 回日中刑事法シンポジウム・プログラム
―日中刑法総論・各論の先端課題

二　開催機構
主催校：東南大学法学院
開催校：東南大学法学院（江蘇省南京市）
江南大学法学院（江蘇省無錫市）

三　開催地
中国江蘇省無錫市江南大学文浩館国際会議センター（205）

四　開催日
2017年 9 月16日（土）―2017年 9 月17日（日）

五　プログラム
（第 1 日目） 9 月16日（土）
1　開会式
時　間：8:30-9:20
司　会：劉　艶紅教授（主催側・東南大学法学院院長・企画責任者）
開会宣言　8:30
開会の挨拶（ 1 人10分）
スペシャルゲスト：西原春夫教授（早稲田大学元総長）
日本側：高橋則夫教授（早稲田大学・日本側代表）
中国側：張　明楷教授（清華大学・中国側代表）
共催側：呉　正国教授（江南大学副校長）
通　訳：金　光旭教授（成蹊大学）

2　記念写真
時　間：9:20-9:40
場　所：文浩館国際会議センター前

x

3　第1セッション：因果関係の理論と実務問題研究

時　　間：9:40-12:00
司　　会：甲斐克則教授（早稲田大学）孫　国祥教授（南京大学）
通　　訳：劉　建利副教授（東南大学）
報　　告：（翻訳含め1人40分）
　　　　　橋爪　隆教授（東京大学）「日本における因果関係論の現在」
　　　　　梁　雲宝副教授（東南大学）「積極的な制限：中国刑法因果関係論の進展要旨」
質疑応答（60分）

（昼食）時間：12:00-13:30
場　　所：江南大学長広渓ホテル花渓庁

4　第2セッション：正当防衛の理論と実務問題研究

時　　間：14:00-16:20
司　　会：佐伯仁志教授（東京大学）馮　軍教授（中国人民大学）
通　　訳：謝　佳君副教授（西南政法大学）
報　　告：（翻訳含め1人40分）
　　　　　陳　興良教授（北京大学）「正当防衛の司法認定:王洪軍事件と于歓事件に関する比較的考察」
　　　　　塩見　淳教授（京都大学）「喧嘩と正当防衛―『喧嘩両成敗』の法理を手がかりに―」
質疑応答（60分）

（懇親会）時間：18:00-20:00
場　　所：太湖の船内

（第2日目）9月17日（日曜日）
5　第3セッション：性犯罪の理論と実務問題研究

時　　間：9:30-11:50
司　　会：橋爪　隆教授（東京大学）劉　憲権教授（華東政法大学）
通　　訳：石　亜淙アシスタント研究員（中国社会科学院法学研究所）
報　　告：（翻訳含め1人40分）
　　　　　佐伯仁志教授（東京大学）「日本の性犯罪―最近の改正動向」
　　　　　張　明楷教授（清華大学）「性犯罪の争点」
質疑応答（60分）

（昼食）時間：12:00-13:30
場　　所：江南大学長広渓ホテル花渓庁

6 第4セッション：詐欺罪の理論と実務問題研究

時　間：14:00-16:20

司　会：塩見　淳教授（京都大学）黎　宏教授（清華大学）

通　訳：毛　乃純専任講師（鄭州大学）

報　告：（翻訳含め1人40分）

　　　　杉本一敏教授（早稲田大学）「詐欺罪をめぐる日本の議論の現在—『重要な事項』の問題を中心に」

　　　　付　立慶教授（中国人民大学）「詐欺罪の財産被害—中国の司法実務を中心に」

質疑応答（60分）

（休憩）時間：16:20-16:30

7 総括

時　間：16:30-17:00

司　会：鄭　澤善教授（南開大学）

通　訳：金　光旭教授（成蹊大学）

日本側：甲斐克則教授（早稲田大学）（15分）

中国側：陳　興良教授（北京大学）（15分）

8 閉会式

時　間：17:00-17:30

司　会：馮　軍教授（中国人民大学）

通　訳：劉　建利副教授（東南大学）

閉会の挨拶（1人10分）

日本側：高橋則夫教授（早稲田大学）

中国側：梁　根林教授（北京大学）

次回主催校：塩見　淳教授（京都大学）

閉会宣言　17:30

関係者夕食会

時　間：18:00-20:00

場　所：江南大学長広渓ホテル花渓庁

開会の辞

早稲田大学法学部教授

高 橋 則 夫

　尊敬する陳興良先生、張明楷先生、劉明祥先生、尊敬する中国の先生方、ご列席の皆様、おはようございます。

　本日、東南大学法学院のご主催により、そして、江南大学法学院のご協力によって開催される第6回中日刑事法シンポジウムに参加することができますことは、私の大きな喜びとするところでございます。本シンポジウムの開催のために、様々な準備をして下さった関係各位に深く感謝いたします。日本側の参加者を代表して一言ご挨拶申し上げます。

　実は、日本側の参加者の代表は当初、山口厚教授でしたが、本年1月に最高裁判事に就任され、参加がかなわないこととなったため、急遽、私がお引き受けすることになった次第です。

　中日両国の刑事法交流の歴史は3つの時代に分けられ、第一期は、1988年の第1回から1999年の第6回まで、第二期は、2001年の第7回から2005年の第10回まで、第三期は、新たなスタートになり、2007年の第1回（通算第11回）から今回2017年の第6回（通算第16回）というわけです。このように、両国の学術交流は約30年の歴史があり、この歴史の重みは何ものにも代え難い貴重な財産であります。これからも、両国の学術交流を継続的に進めていくことが、我々の責務であると思います。

　今回は、「中日刑法総論・各論の先端課題」というテーマで、因果関係、正当防衛、性犯罪、詐欺罪という重要問題が取りあげられます。中日両国からの充実した報告と熱心な討論を期待したいと思います。本シンポジウムは、中日両国の刑事法制についての理解を深め、相互に学び合う貴重な機会であります。

昨日、無錫に到着し、まさに歴史の重みを実感しました。無錫は、多くの運河が張り巡らされ、まさに太湖のほとりに位置する素晴らしい町であり、「無錫旅情」（1986年）という日本の歌ができた理由もよく分かりました。本日のシンポジウムも、様々な視点から刑法学にアプローチし、それらの川が大きな潮流となって太湖に至ることを期待して、開会の辞といたします。

開会の辞

清華大学法学院教授

張　　明　楷

尊敬する西原先生

尊敬する高橋先生

尊敬する皆様

　おはようございます。

　まずは、中国側のメンバーを代表いたしまして、はるばる遠くからお越しの日本の先生方に対して、衷心より歓迎と感謝の意を申し上げたいと存じます。

　中日両国の刑法学者たちの学問に対する情熱と相互の深い友情に支えられて、中日刑事法シンポジウムは長きにわたって持続してまいりましたし、また今後も持続していくものと信じております。総じていえば、討論のテーマはますます細分化され、討論の内容もますます深まってきております。そして、かつて数年前に西田典之教授もご指摘されたように、一部のテーマについていえば、両国間の学術交流というよりも、むしろ一国内の学者同士の議論が交わされているような感すらあります。今回のシンポジウムも、今日と明日の二日間にわたって、両国の学者がこの文化的にも地理的にも有名な無錫に集まって、4つのテーマをめぐって議論を交わすことになっておりますが、これまで以上に素晴らしく、そして実りの多い議論が展開されることを確信しております。

　よく知られているように、あの美しい二胡の名曲「二泉映月」はまさにこの無錫で生まれたものです。日本の著名な指揮者小澤征爾さんが、「これは跪いて聞くべき音楽だ」と感動したほどの素晴らしい曲です。この二日間の

無錫の二泉は、月を映すだけでなく、中日刑事法シンポジウムの盛況と両国研究者間の友情をも見守ってくれることでしょう。

　映画「二泉映月」のテーマソングには、無錫の美しい景色を歌った次のようなくだりがあります。「小々無錫景、太湖魚米郷、青山緑水好風光」。皆さんには、ぜひ会議期間中に、この中国の江南を代表するような無錫の美しい景観をも満喫していただければと存じます。

　今回のシンポジウムの大成功をお祈りして、わたしの開会の辞とさせていただきます。

　ありがとうございました。

第1セッション

因果関係の理論と実務問題研究

1 日本における因果関係論の現在

東京大学法学部教授

橋 爪 隆

I はじめに

　日本の刑法学においては、長い間、相当因果関係説が通説的地位を占めてきていた。もっとも、最近の学説においては、「実行行為の危険性が結果に現実化した場合に刑法上の因果関係を認める」という危険の現実化説が有力になっており、判例もこのような理解を明示的に採用するに至った。本稿においては、①なぜ、相当因果関係説は通説的地位を失ったのか、②危険の現実化説は、相当因果関係説と、どのように異なるのか、という点を中心として、日本における現在の議論を紹介することにしたい。[1]

II 判例・学説の展開

1 相当因果関係説

　刑法上の因果関係の意義については、相当因果関係説が伝統的な通説であった。相当因果関係説は、実行行為から結果が生ずることが社会通念上、相当と評価できる場合に限って、刑法上の因果関係を認める見解である。「相当」という表現のもとでは、「結果が発生することが一般的に予測可能といえること」、「通常の事態といえること」が要求されていたといってよい。たとえば傷害行為の被害者が救急車で病院に搬送される途中、大規模な交通事故に巻き込まれて、追突のショックなどで死亡した場合、傷害行為から交通

事故による死亡結果が生ずることは通常の事態ではないとして相当因果関係が否定されることになる（その結果、行為者は傷害致死罪ではなく、傷害罪の限度で罪責を問われる）。

　相当因果関係説の立場からは、相当性の存否を判断する前に、その判断の基礎となる資料（判断基底）を設定する必要があると解されてきた。すなわち、全ての事実を判断資料にすれば、どのような因果経過であっても必然であり、相当因果関係が常に認められてしまうことから、相当性の存否を判断する前に、相当性を判断する際の判断資料となる事実を絞り込む必要がある、と考えられてきたのである。そして、判断基底の設定の基準として、①一般人が認識・予見可能であった事情および行為者が特に認識し、予見していた事情とする見解（折衷説）と、②行為当時に客観的に存在した全事情および行為後に生じた事情のうち予見可能な事情を判断基底とする見解（客観説）が鋭く対立していたことは、周知の通りである。もっとも、相当因果関係説の立場からは、判断基底を設定した後、それを判断資料として相当性を判断する作業が必要になるはずだが、学説の対立は判断基底論に集中しており、相当性の判断方法については、必ずしも十分な議論の蓄積はなかった。その理由は定かではないが、判断基底を設定すれば、それだけで因果関係の相当性に関する結論が導かれると考えられていたのかもしれない。

　判断基底をめぐる学説の対立は、被害者の特殊事情が結果発生に決定的な影響を及ぼした事例については、結論の相違をもたらしていた。たとえば被害者に対して通常であれば生命に影響がない程度の暴行を加えたが、被害者に重篤な心臓疾患があったため、被害者が心不全で死亡したような事例である。この場合、判断基底に被害者の重篤な心臓疾患を含めるか否かによって相当因果関係の判断が異なってくることになる。このような事例について、1971年6月17日の最高裁判例（刑集25巻4号567頁）は、「致死の原因たる暴行は、必らずしもそれが死亡の唯一の原因または直接の原因であることを要するものではなく、たまたま被害者の身体に高度の病変があつたため、これとあいまつて死亡の結果を生じた場合であっても、右暴行による致死の罪の成

立を妨げない‥‥‥から、たとい、原判示のように、被告人の本件暴行が、被害者の重篤な心臓疾患という特殊の事情さえなかつたならば致死の結果を生じなかつたであろうと認められ、しかも、被告人が行為当時その特殊事情のあることを知らず、また、致死の結果を予見することもできなかつたものとしても、その暴行がその特殊事情とあいまつて致死の結果を生ぜしめたものと認められる以上、その暴行と致死の結果との間に因果関係を認める余地があるといわなければならない」と判示している。判例の立場からは、被告人の認識可能性を問わず、被害者の重篤な心臓疾患を前提として因果関係が肯定されるのであるから、判例が折衷的相当因果関係説を採用していないことは明らかである（このような理解から、当時は、判例は条件説を採用しているか、あるいは、客観的相当因果関係説を採用しているという分析が一般的であった）。

　もっとも、実行行為の後、介在事情が介入した事例については、折衷説と客観説で結論は異ならない。いずれの立場からも、介在事情が判断基底に取り込まれるか否かは、（行為者が特に予見ていした場合でない限り）介在事情が一般的に予見可能といえるかによって判断されるからである。そして、おそらく当時の学説の多くは、介在事情が判断基底に含まれる場合（＝介在事情が予見可能な場合）には因果関係は肯定されるが、介在事情が判断基底に含まれない場合（＝介在事情が異常であり、予見不可能な場合）には因果関係は否定されると解していたと思われる。たとえば上記のように、救急車の事故によって被害者が死亡した事例について、相当因果関係が否定されると考えられてきたのは、被害者を搬送する救急車が事故に巻き込まれるという介在事情が異常なものであり、予見不可能と評価されるからである。このように、介在事情が通常の事態といえるか、それとも予測不可能な異常な事態と評価されるかが、相当因果関係の判断においては重要視されてきたのである。

　この点に関する重要な最高裁判例は、いわゆる米兵ひき逃げ事件（最高裁1967年10月24日決定・刑集21巻8号1116頁）である。本件は、被告人が自動車を走行中、前方不注視のため、被害者をはね飛ばして、被害者を自動車の屋根の上にはね上げたまま運転を継続したところ、助手席に同乗していた第三者が

被害者を発見し、恐怖のあまり、自動車の屋根まで手を伸ばすと、被害者の身体を引きずり下ろし、路上に転落させた結果、被害者が死亡したという事件である。最高裁は「同乗者が進行中の自動車の屋根の上から被害者をさかさまに引きずり降ろし、アスフアルト舗装道路上に転落させるというがごときことは、経験上、普通、予想しえられるところではなく、ことに、本件においては、被害者の死因となつた頭部の傷害が最初の被告人の自動車との衝突の際に生じたものか、同乗者が被害者を自動車の屋根から引きずり降ろし路上に転落させた際に生じたものか確定しがたいというのであつて、このような場合に被告人の前記過失行為から被害者の前記死の結果の発生することが、われわれの経験則上当然予想しえられるところであるとは到底いえない」として、被告人の過失行為と被害者の死亡との間の因果関係を否定したのである。本決定においては、第三者の介在行為が予測不可能な行為であることが重視されて、因果関係が否定されたと解されてきた。もっとも、後述するように、その後の判例の展開にてらせば、本件については、被告人の過失行為が死因を形成したか否かが確定しがたいという事実も、因果関係の判断において重要な意義を有していたことになる。

2 相当因果関係説の危機・危険の現実化説

もっとも、このような相当因果関係説の理解については大きな問題点が指摘されることになる。重要な契機となったのがいわゆる大阪南港事件（最決1990・11・20刑集44巻8号837頁）である。本件被告人は被害者に暴行を加えて（第1暴行）、内因性高血圧性橋脳出血を発生させた後、同人を大阪南港の資材置場に放置して立ち去ったところ、被害者は翌日未明、内因性高血圧性橋脳出血で死亡したが、資材置場によって第三者に頭頂部を数回殴打されたことによって（第2暴行）、脳出血が拡大し、幾分か死期を早まった可能性があったという事案について、最高裁は「犯人の暴行により被害者の死因となった傷害が形成された場合には、仮にその後第三者により加えられた暴行によって死期が早められたとしても」犯人の暴行と死亡との間に因果関係を肯定

できる旨を判示したのである。

介在事情の通常性が相当因果関係の存否において決定的であれば、本件事案においても因果関係が否定されたはずである。資材置場に被害者を放置したところ、第三者がその頭部を殴打暴行するという介在行為は、およそ通常の事態とはいいがたく、一般人が予見することは不可能といえるからである。しかしながら、最高裁は、被告人の第1暴行によって死因となる傷害が形成され、それによって被害者が死亡したことを重視して、因果関係を肯定したのである。ここでは異常な介在事情が介入した事例であっても、それだけでは因果関係が否定されないことが明らかにされたといってよい。[3]

相当因果関係説の立場からは、第三者が資材置場で第2暴行に出ることは行為後の介在事情であり、一般人に予見可能とはいえないから、折衷説からも客観説からも判断基底からは除外される。したがって、相当因果関係説の立場からは、第2暴行が行われなかった場合を仮定した上で、第1暴行から、本件のような被害者の死亡結果が生ずることが社会通念上、相当といえるかを問題にすることになる。このような判断を行った場合、相当因果関係説の立場からも、本件について相当因果関係を肯定することは不可能ではない。すなわち、被告人の第1暴行が被害者に内因性高血圧性橋脳出血を発生させており、被害者はそれによって死亡したのであるから、被告人の第1暴行から被害者が脳出血によって死亡という結果が発生することは相当であるとして、因果関係を認めることができるという理解である。このような説明には十分な理由があるだろう。しかし、このように第1行為が死因となった傷害を形成したから相当因果関係が認められると解するのであれば、第2暴行が判断基底に含まれるか否かを論ずる必要があるのだろうか。端的に、実行行為が結果発生に対して、死因の形成という決定的な影響を及ぼしたことを理由として因果関係を肯定すればたりるのではないだろうか。

このように大阪南港事件に関する最高裁決定は、①介在事情が異常であっても、因果関係を認めるべき場合が存在すること、②因果関係の判断においては、実行行為が結果発生にいかなる影響を及ぼしたかが重要であり、（少

なくとも行為後の介在事情の事例については）判断基底論は重要な問題ではない、ということを明らかにし、従来の相当因果関係説による問題解決に動揺をもたらしたのである（いわゆる「相当因果関係説の危機」）。このような問題意識から、近時の学説では、因果関係の判断基準として「危険の現実化」説が有力に主張されるに至っている[4]。実行行為は結果発生の具体的危険性を有する行為であり、実行行為と結果発生との間の因果経過は、まさに実行行為に内在していた危険性が結果発生というかたちで実現していく過程と評価することができる。したがって、実行行為に内在していた危険性が具体的な結果発生に実現したといえる場合に限って、刑法上の因果関係を認めることができる。大阪南港事件においても、被告人の実行行為には被害者を内因性高血圧性橋脳出血で死亡させる危険性が含まれているところ、まさに被害者はそれが死因となって死亡したのであるから、実行行為の危険性が結果に現実化したとして、因果関係が認められる。最近の最高裁判例も、いわゆる日航機ニアミス事件（最決2010・10・26日刑集64巻7号1019頁）において、航空管制官であった被告人が航空機の便名を言い間違えて、降下指示を発したことから、航空機2機が異常接近（ニアミス）し、それによって乗客が負傷した事件について、「本件ニアミスは、言い間違いによる本件降下指示の危険性が現実化したものであり、同指示と本件ニアミスとの間には因果関係があるというべきである」と判示しており、判例理論においても、「危険の現実化」という観点から因果関係が判断されることが明示されている[5]。

　危険の現実化説からは、実行行為によって創出された危険性が、具体的な結果として現実化した関係が要求される。これはドイツにおける客観的帰属論と共通した理解ということができる。もっとも、日本の判例・学説が客観的帰属論を全面的に採用しているわけではない[6]。客観的帰属論においては、許されざる危険の創出や規範の保護目的の判断など、規範的な見地から、犯罪の成否が判断されており、その内容は因果関係論に尽きるものではない。これに対して、日本における「危険の現実化」説は、あくまでも因果関係論の内容として議論されており、後述するように、その判断においては、事実

的な観点も重要である。日本における議論は、ドイツの客観的帰属論と同じものではなく、その一部を採用しているものにすぎない、ということを強調しておきたい。

Ⅲ　「危険の現実化」の判断方法

1　総　説

「危険の現実化」説の立場からは、実行行為に内在する危険性が、結果発生として実現したと評価できる場合には、刑法上の因果関係が認められることになる。そして、因果関係の存否が問題となる事例においては、結果が現実に発生しているのであるから、結局のところ、「危険の現実化」説の立場からは、現実に発生した具体的結果を惹起する危険性が、実行行為に内在していたといえるか否かの判断が、決定的ということになる。たとえば岸壁を背にして追い詰められている被害者に対して、けん銃を発砲する行為には、①弾丸が被害者の身体の枢要部に命中して、被害者が死亡する危険性、②被害者が弾丸を避けようとして、足元を誤って岸壁から転落する危険が内在しているといえる。したがって、実際に①弾丸が命中して被害者が死亡した場合はもちろん、②被害者が岸壁から転落した場合であっても、実行行為に内在していた危険性が結果に実現したとして、因果関係が肯定されることになる。

2　被害者の特殊事情の考慮

それでは、通常であれば実行行為から結果が発生することはあり得ないが、被害者の特殊事情が介在したことによってはじめて結果が発生した場合、実行行為には結果発生の危険性が内在しているといえるだろうか。既に述べたように、判例（最判1971・6・17刑集25巻4号567頁）は、被害者に重篤な心臓疾患があったことから、夏布団で鼻口部を押しつける程度の軽微な暴行によって被害者が死亡した事例について、被告人の暴行と被害者の死亡との

14

間の因果関係を肯定している。⁷⁾この場合に因果関係を肯定するということ
は、判例は、実行行為に内在する危険性を判断する際に、一般的には認識す
ることが困難であっても、特殊な疾患など被害者側の事情をすべて考慮して
いるといえる。社会生活において、人は多かれ少なかれ、さまざまな疾病な
どの身体的特徴を有して生活している。もちろん、その身体的特徴の中に
は、ごく一般的な疾病などもあれば、きわめて特殊な疾病もあるだろう。し
かし、その疾病が特殊なものか、一般的なものかによって、被害者の法的保
護を異にすることは正当とは思われない。⁸⁾因果関係を判断する際には、あく
までも現実の被害者の存在や属性が前提とされるべきである。このような理
解からは、判例の立場を支持することができる。

3　直接的実現類型

　実行行為が結果発生の原因を形成しており、それが具体的な結果として実
現している場合には危険の現実化の関係を認めることができる。この場合に
は、実行行為それ自体の危険性が直接的に結果に実現しているといえること
から、このような類型を直接的実現類型と呼ぶことにしたい。

　既にみたように大阪南港事件は「犯人の暴行により被害者の死因となった
傷害が形成された場合には、仮にその後第三者により加えられた暴行によっ
て死期が早められたとしても、犯人の暴行と被害者の死亡との間の因果関係
を肯定することができ」る旨を判示している。ここでは実行行為が死因を形
成し、それが原因となって被害者が死亡していることが重視されて因果関係
が肯定されているから、本件はまさに直接的危険実現の類型である。もっと
も、本件事案においては、第三者の第2暴行によって被害者の死期が幾分か
早まった可能性がある。したがって、厳密に考えれば、実行行為に内在して
いる危険性というのは「現実の死亡時期よりも幾分遅い時間における脳出血
による死亡」であり、「現実の死亡時期における脳出血による死亡」の危険
性は含まれていないと考えることもできる。しかし、重大な傷害を加えられ
た状況において、死期が多少前後することは、第2暴行が介在しなくても十

分にありうることである。したがって、死期が多少早められた可能性がある
としても、実行行為には現実の死亡結果を引き起こす危険性が内在していた
として、因果関係を認めることができるだろう。つまり、死因の同一性が認
められる状況であれば、死期については一定の範囲で抽象化を施した上で、
因果関係が肯定されることになる。

　学説の中には、さらに一歩進めて、死因が異なっていても、ほぼ同じ時期
の死亡結果であれば、同一の結果発生と評価できるとして、因果関係を認め
る見解も存在する。このような理解からは、実行行為によって被害者に回復
困難な致命傷を負わせた場合には、その後、たとえば被害者が自然災害に巻
き込まれて、それが直接的な原因になって死亡した場合であっても、実行行
為には「その頃に被害者を死亡させる」危険性が内在していたとして、因果
関係が肯定されることになる。大阪南港事件の事実関係に即していえば、第
三者による第2暴行（たとえばけん銃の発砲）によって、被害者がまったく別
個の死因に基づいて死亡した場合であっても、第1暴行によって既に回復不
可能な脳出血が形成されており、かつ、かりに第2暴行が行われなかったと
しても、被害者が近接した時期に死亡したような場合であれば、第1暴行と
死亡結果との間に因果関係が肯定されることになる。このような理解を徹底
した場合、被害者に致命的な傷害を与えれば、後は、いかなる事態が生じた
としても、死亡結果との間に因果関係が認められることになるだろう。しか
し、「被害者を殺害すること」と「被害者に致命的な傷害を与えること」は
完全にイコールではないから、ここまで死亡結果を抽象化することについて
は、なお疑問の余地がある。

　直接的実現類型については、実行行為が結果を直接的に引き起こした関係
があれば十分であるから、介在事情が異常な事態であり、予見不可能であっ
たとしても、そのことは因果関係の存否の判断には影響を及ぼさない。この
ことは、まさに大阪南港事件が如実に示すとおりである。近時の最高裁判例
（最決2004・2・17刑集58巻2号169頁）においては、被告人が被害者に暴行を加
え、同人に左後頸部刺創による左後頸部血管損傷等の傷害を負わせたとこ

16

ろ、被害者は直ちに病院に赴いて緊急手術を受け、いったんは容体が安定したものの、その後、被害者の容体が急変し、左後頸部刺創に基づく頭部循環障害による脳機能障害により死亡したが、被害者の容体が急に悪化した原因としては被害者が無断退院しようとして体から治療用の管を抜くなどして暴れた可能性があるという事件について、「被告人らの行為により被害者の受けた前記の傷害は、それ自体死亡の結果をもたらし得る身体の損傷であって、仮に被害者の死亡の結果発生までの間に、上記のように被害者が医師の指示に従わず安静に努めなかったために治療の効果が上がらなかったという事情が介在していたとしても、被告人らの暴行による傷害と被害者の死亡との間には因果関係があるというべき」と判示して、因果関係を肯定している。ここでも実行行為それ自体が死因となった傷害を形成したことが重視されて、因果関係が肯定されているといえよう。たしかに本件の被害者は救急治療が功を奏し、いったんは容体が安定していたものの、完全に死亡の危険が解消したわけではない（それであれば、被害者が多少暴れたとしても、当初の傷害が原因で死亡することは考えられない）。したがって、本件においても、実行行為に含まれていた危険性が、いったんは減弱しつつも、なお存続しており、それが具体的な死亡結果に実現したとして、因果関係を認めることが可能であろう。繰り返しになるが、本件事案で因果関係を認めるためには、実行行為が死因となる傷害を形成しており、それが死亡結果につながったことが重要であるから、被害者が無断退院しようとして暴れたことが通常の事態か否か（予見可能な事態か否か）は因果関係の判断には、いっさい影響を有しないことになる。実際、本決定も、被害者の介在行為が通常か異常かについては、まったく言及していない。[10)]

4　間接的実現類型

　たとえば被害者に対して激しい暴行を加えたところ、被害者が恐怖心のあまり、現場から逃走を図り、その過程で転倒して死亡した場合、被害者が死亡した直接の原因は逃走中の被害者の転倒である。しかし、なぜ被害者が転

倒したのかといえば、それは行為者の激しい暴行に耐えかねて、必死に逃走を図ろうとしたからである。このような意味において、行為者の暴行には被害者の必死の逃走行為を引き起こす危険性が含まれており、また、被害者が必死に逃走を図れば、転倒等によって死傷する事態が伴いうるのであるから、結局のところ、行為者の暴行には、被害者の逃走行為を媒介として、被害者の逃走中の死傷を引き起こす危険性が含まれているということができる。この場合、被害者の死亡結果は、直接的には被害者の介在行為（＝逃走中の転倒）によって生じているが、実行行為には介在事情を引き起こす危険性が認められるため、実行行為の危険性が介在事情を媒介として、間接的に実現しているとして「危険の現実化」の関係を認めることができる（間接的実現類型）。このような間接的実現類型として「危険の実現化」の関係を認めるためには、実行行為に介在行為を引き起こす危険性が内在していると評価できることが必要である。したがって、実行行為から介在行為が誘発される蓋然性があるなど、介在行為が生ずることが異常とまではいえない関係が認められることが必要となる。

　このような趣旨の判例として、高速道路進入事件（最決2003・7・16刑集57巻7号950頁）を挙げることができる。本件の被告人らは、被害者に対して深夜、公園で約2時間10分、さらにマンション居室で約45分間、断続的に激しい暴行を加えたため、被害者は隙を見てマンションから逃走したが、被告人らに対し極度の恐怖感を抱き、逃走開始から10分後、被告人らの追跡から逃れるため、高速道路に進入し、疾走してきた自動車に衝突されるなどして死亡した。最高裁は被告人の行為は「それ自体極めて危険な行為」であると評価しつつ、「被害者は、被告人らから長時間激しくかつ執ような暴行を受け、被告人らに対し極度の恐怖感を抱き、必死に逃走を図る過程で、とっさにそのような行動を選択したものと認められ、その行動が、被告人らの暴行から逃れる方法として、著しく不自然、不相当であったとはいえない」として、被告人らの暴行と被害者の死亡との間の因果関係を肯定している。本件においては被害者が高速道路に進入したことが被害者死亡の直接的な契機となっ

ている。一般的に考えれば、被害者が高速道路に進入するというのはきわめて異常な行為であり、およそ想定しがたい事態である。しかし、被害者は被告人らから長時間、執拗な暴行を受け続けており、極度の恐怖感をいだき、必死の逃走行為を図っている。その過程で被害者は「とっさ」の判断として、高速道路に進入しているのである。このように実行行為の関連性に基づいて介在行為を評価した場合、本件の暴行行為は、被害者の必死の逃走行為を誘発する危険性を有しており、そして、必死の逃走行為の一環として、高速道路への進入行為が行われたと評価できるから、まさに本件の被害者の介在行為は、実行行為との関係においては「著しく不自然、不相当であったとはいえない」として、因果関係を肯定することができる。

　このように介在行為が必ずしも通常の事態とはいえない場合であっても、それが実行行為によって誘発された行為であれば、危険実現の関係が認められることになる。この「誘発」という表現は、いわゆる夜間潜水事件の最高裁判例（最決1992・12・17刑集46巻9号683頁）においても既にみられるところである。スキューバダイビングの指導者であった被告人が夜間潜水の講習指導中に不用意に移動して、指導補助者と受講生を見失ってしまったところ、指導補助者および受講生である被害者の不適切な行動が介在し、被害者が溺死するに至った事件について、最高裁は「被告人を見失った後の指導補助者及び被害者に適切を欠く行動があったことは否定できないが、それは被告人の右行為から誘発されたものであって、被告人の行為と被害者の死亡との間の因果関係を肯定するに妨げない」と判示している。もちろん、実行行為と介在行為の間に条件関係があれば、常に因果関係が認められるわけではないから、介在行為を「誘発」したと評価できるためには、介在行為が引き起こされることが異常とまでは評価できない関係が要求されるべきであろう。したがって、間接的実現類型の判断においては、介在行為の通常性が重要な判断基準となる。この点については、従来の相当因果関係説の判断と大きな相違はない。

　最近の重要判例として、トランク監禁事件に関する最高裁判例（最決2006・

3・27刑集60巻3号382頁）を検討しておくことにしたい。被告人は、午前3時40分ころ、普通乗用自動車後部のトランク内に被害者を押し込み、トランクカバーを閉めて脱出不能にして同車を発進走行させた後、呼び出した知人らと合流するため、路上で停車していた。その停車した地点は、市内のコンビニエンスストア付近であり、車道の幅員が約7.5メートルの片側1車線のほぼ直線の見通しのよい道路上であった。被告人の車両が停車してから数分後の午前3時50分頃、後方からAが運転する普通乗用自動車が走行してきたが、Aは前方不注意のために、停車中の被告人車の発見が遅れ、同車のほぼ真後ろから時速約60kmで追突した。これによって同車後部のトランクは、その中央部がへこみ、トランク内に押し込まれていた被害者は死亡した。このような事実関係について、最高裁は「被害者の死亡原因が直接的には追突事故を起こした第三者の甚だしい過失行為にあるとしても、道路上で停車中の普通乗用自動車後部のトランク内に被害者を監禁した本件監禁行為と被害者の死亡との間の因果関係を肯定することができる」と判示して、逮捕監禁致死罪の成立を認めた原判断を是認している。

　本件の実行行為は被害者を自動車のトランクに監禁する行為である。もちろん、トランクに監禁する行為によって、たとえば被害者が窒息死したり、あるいは厳冬下で凍死する場合、あるいは監禁の被害者がパニック状態に陥って自損行為に出る場合などが考えられるから、トランク監禁行為それ自体に死亡結果を引き起こす危険性を認めることは十分に可能である。しかし、本件では、被害者が窒息死したり、凍死したわけではない。Aが運転する自動車が被告人車の後部に追突して、そのショックで被害者は死亡しているのである。したがって、本件の死亡結果は、Aによる追突事故という介在行為から直接的には生じていることから、間接実現類型として因果関係の存否を判断する必要がある。すなわち、被告人の監禁行為に、Aによる追突事故（およびそれに基づく被害者の死亡）を引き起こす危険性が内在しているといえるかによって、因果関係の存否が決されることになる。被害者が窒息死したり、凍死したりする危険性は、本件死亡結果に実現しているわけではないか

ら、因果関係の判断においてはまったく意味を有しない。

　この点については、そもそも交通事故に巻き込まれて後ろから追突されることは、それほど珍しいことではなく、しかも被告人は深夜、路上に自動車を停車させていたのであるから、Aの前方不注意によって追突事故が起きることも十分にあり得る事態である、という理解も示されている[11]。このような説明によれば、まさに本件のAの衝突行為が「著しく不自然、不相当であったとはいえない」のであるから、監禁行為と死亡結果との間に因果関係が認められるのは当然である。もっとも、本件のAによる衝突事故は、Aの「甚だしい過失」に起因するものであり、その事故の態様も時速60㎞で真後ろから追突するというきわめて危険なものである。このような衝突事故が本当に「十分にありうる事態」といえるかについては、疑問の余地もあるだろう。また、本件のような衝突事故が「十分にありうる事態」と評価するのであれば、被害者をトランクに監禁しておらず、たとえば後部座席に監禁していた場合であっても、被害者が衝突のショックによって死亡したのであれば、監禁行為と死亡結果との間の因果関係が認められることになる。しかし、このような事例についてまで、監禁致死罪の成立を肯定すべきではないと思われる。

　本決定の理解においては、やはり被害者がトランクという場所に監禁されていた事実を十分に考慮する必要がある。トランクには人を防護する機能が備わっておらず、中に入った人はきわめて無防備な状態にさらされることになる。したがって、わずかな衝撃であっても、中に入った人が死傷することは十分に考えられる。そして、路上に自動車を停車させていれば、本件のように時速60㎞で追突する事故はめったに生じないとしても、後続車両がブレーキをかけたが、止まりきれず追突するような軽微な事故は十分に起こりうる。そして、本件被害者はこのような軽微な追突事故であっても、同様に死亡していた可能性が高いのである。つまり、本件のAの追突行為のように重大な事故が発生することは、被害者の死亡結果発生にとって不可欠ではなく、事故の程度は問わず、何らかの追突事故が生ずれば十分なのである。そ

して「何らかの追突事故」というレベルであれば、これは本件の停車行為に誘発される可能性があり、十分に生じうる事態であると評価可能である。このような意味において、被害者をトランクに監禁して路上に停車する行為には（追突事故の程度は抽象化した上で）何らかの追突事故によって被害者を死傷させる危険性が内在しているといえる。そして、実際に追突事故によって被害者が死亡している以上、まさにその危険が結果に実現したと評価することができ、因果関係を肯定することができるだろう。このような理解を前提とした場合、たとえば被害者を後部座席に監禁する行為については、きわめて重大な追突事故があった場合に限って死亡結果が生じうるのであり、追突事故の程度を問わず、死亡結果が発生する危険性が内在しているわけではない。したがって、重大な追突事故が生じて、後部座席に監禁された被害者が死亡した場合については、重大な追突事故がきわめて異常な事態と評価されるのであれば、トランクに監禁している場合と異なり、因果関係が否定されることになる。

　このようにトランク監禁事件においては、追突事故の程度を問わず、被害者の死亡結果が発生しうる危険性が既に設定されていたことが重要である。したがって、現実の追突事故の異常性の程度を問うことなく、間接的な危険実現の関係を認めることができると解される。

5　因果関係が否定される事例

　ここまで見てきたように、実行行為の危険が現実化したとして因果関係が認められるのは、①実行行為が死因となる傷害を形成するなど、結果発生に決定的な影響を及ぼしている場合（直接的実現類型）、②結果が直接的には介在事情によって引き起こされた場合であっても、実行行為に介在事情を誘発する危険性が認められる場合（間接的実現類型）に分類することができる。したがって、判例理論によれば、因果関係が否定されるのは①②のいずれの類型にも該当しない場合、すなわち結果を直接的に引き起こしたのは（実行行為ではなく）介在行為であり、かつ、介在行為の異常性が著しく、実行行為

に介在行為を誘発する危険性が乏しいと評価される場合に尽きることになる。前掲の米兵ひき逃げ事件は、まさにこのような事件であった。

米兵ひき逃げ事件については、同乗者Aが被害者をさかさまに引きずり下ろすという暴行行為に出ることが異常な事態であり、それによって因果関係が否定されたと理解されてきたが、それだけでは大阪南港事件との結論の相違を説明することができない。本件においては、被告人の過失行為が死因を形成したか、それとも同乗者Aの暴行行為が死因を形成したかが確定できなかったという事実が決定的に重要である。この点が確定しがたいがゆえに、実行行為が死因となった傷害を形成したという事実を認定することができず、直接的実現類型として因果関係を肯定することができない。さらに（死因を形成した可能性のある）Aの暴行行為が故意有責の犯罪行為であり、実行行為と無関係に、別個独立の意思決定によって行われたと評価されることから、実行行為にこのような意思決定を誘発する危険が内在していると評価することができず、間接的実現類型にも当てはまらない。このような分析から、因果関係を否定した本決定の結論が正当化されることになる。

Ⅳ　今後の展望

「危険の現実化」説は、因果関係の判断構造を直接的実現類型と間接的実現類型に類型化することによって、因果経過の通常性という観点が意味を持つのは後者の類型に限られていることを明晰に示した点において、重要な意義を有しているといえる。もっとも、この見解を採用した場合についても、なお、課題は残されている。もっとも重要であり、困難な問題は、介在事情の異常性の判断である。間接的実現類型については、実行行為から介在行為が誘発されるといえる限度で、因果関係が認められることになるが、この「誘発」と評価できる関係を、いかなる範囲で認めることができるかについては、さらに具体的な事例に即して、検討が必要である。何らかの関係性があれば常に「誘発」と評価できるのであれば、因果関係を認める範囲が広が

りすぎるおそれがあるため、何らかの限定が必要であると思われる。この点に関連して、従来の学説は、第三者の故意有責の犯罪行為は別個独立の意思決定であり、実行行為に「誘発」されるものではないと解してきたと思われる。一般論としては妥当なものだと思われるが、なお、例外として「誘発」性を認めるべき事案がないかについても、なお検討の余地があるだろう。

さらに直接的実現類型についても、結果の抽象化をいかなる範囲で認めるかについては、検討が必要である。現在の一般的な理解は、死因が同一であり、死亡時期が多少早まった程度であれば、結果には実質的変更はないとして、結果を抽象化して因果関係を認めようとしている。もっとも、あくまでも生命という概念が時間的観点から重要な意義を有するのであれば、死期の同一性のみから結果を把握する理解にも一定の合理性があることは否定できない。さらに器物損壊、傷害など、生命侵害以外の事例も想定しつつ、結果の抽象化の基準と限界について、検討することが必要だろう。これらは全て（筆者にとっても）今後の課題である。

注
1）　本稿は、橋爪隆「因果関係の判断」警察学論集69巻1号（2016年）78頁以下を基礎として、今回のシンポジウムの趣旨に応じて、大幅な加筆・修正を施したものである。また、筆者自身の因果関係の理解の詳細については、橋爪隆「危険の現実化としての因果関係（1）（2）」法学教室403号84頁以下、404号86頁以下（2014年）がある。これについては、既に王昭武教授による中国語訳が公表されている（蘇州大学学報【法学版】2015年第1期102頁以下参照）。この場を借りて、王教授のご尽力に心からの謝意を示したい。
2）　資材置場における頭部殴打の行為者は特定されていない。検察官は、被告人自身が資材置場でも第2暴行を行ったと主張したが、裁判所は被告人が第2暴行に及んだことについてはなお合理的な疑問が残るとして、あくまでも「氏名不詳の第三者」によって第2暴行がなされたと認定している。
3）　大谷直人「判解」『最高裁判所判例解説刑事篇平成2年度』240頁以下を参照。
4）　たとえば山口厚『刑法総論〔第3版〕』（2016年）60頁以下、高橋則夫『刑法総論〔第3版〕』（2016年）131頁以下などを参照。
5）　これまでの最高裁判例についても（因果関係判断の一般論は明示されていなかったが）、実行行為の危険の現実化によって因果関係が判断されているという分析が一般的

であった。たとえば永井敏雄「判解」『最高裁判所判例解説刑事篇昭和63年度』273頁以下の分析を参照。

6) このような指摘として、佐伯仁志『刑法総論の考え方・楽しみ方』（2013年）78頁を参照。

7) これ以外にも、被害者の顔面を蹴ったところ、脳梅毒によって脳に高度の病的変化があったため、脳組織が破壊されて死亡した事件（最判1950・3・31刑集4巻3号469頁）、暴行行為の結果、肺に結核性の病巣があったため、ステロイド剤の投与によって循環障害を起こして死亡した事件（最決1974・7・5刑集28巻5号194頁）についても因果関係が肯定されている。

8) このような指摘として、佐伯・前掲注（6）75頁以下、平木正洋「因果関係」安廣文夫編著『裁判員裁判時代の刑事裁判』（2015年）389頁などを参照。

9) このような理解として、平野龍一『犯罪論の諸問題（上）総論』（1981年）42頁、小林充「刑法における因果関係論の方向」白山法学1号（2005年）14頁以下などを参照。

10) 最近の下級審裁判例（高知地判2013・2・27裁判所Web）には被害者が暴行によって転倒し、頭部打撲によって硬膜下出血などの傷害を負い、数日後、硬膜下出血によって死亡したという事件について、本件の具体的事情を前提とすれば、本件現場に臨場した警察官が救急搬送を要請しなかったこと、さらに被害者本人が病院で診察を受けるなどの適切な対応に出なかったことも異常な事態とはいえないとして、因果関係を肯定したものがある。もちろん、これらの介在事情が異常といえない場合に因果関係が認められるのは当然であるが、判例の立場によれば、これらの介在事情が異常であるか否かを問わず、実行行為が死因となる傷害を形成していることから因果関係が認められることになる。

11) 本決定の担当調査官の解説も、このような説明に親和的である。多和田隆史「判解」『最高裁判所判例解説刑事篇平成18年度』233頁などを参照。

2 中国における刑事因果関係論の発展の 概観：積極的な制限

東南大学法学院副教授

梁　　雲　宝

（劉　建利　訳：甲斐克則　補正）

　一般に、結果犯を処罰するためには、因果関係が書かれざる構成要件要素である、と考えられている。このような因果関係を基礎づけるために、今日まで因果関係は、刑法学説と実務から注目を集めている。しかも、因果関係をめぐって展開された研究は、数多くの成果を上げた。だが、伝統的な因果関係論により強調される「必然─偶然」と「直接─間接」の因果関係に、刑法解釈論の構造が欠けていることは明らかである。それゆえに、ドイツと日本の刑法学をリードしている因果関係論からの攻撃によって当該理論に釈論上の妥当性と司法実務の解釈指導力がともに欠けている、という難点が表面化した。そこで、まず考えられるのは、「必然─偶然」または「直接─間接」の因果関係を検討し、条件説などの海外の因果関係の内容を実質的に補充することを通じて、伝統的因果関係論の解釈を整備することである。そのほか、海外の因果関係論を直接導入することも考えられうる。これら２つの方法は、因果関係論を発展させるための異なる方策となる。条件説などの海外の因果関係論には、明らかに優位性が認められる。

　特筆すべきは、刑法上の因果関係が事実判断のレベルを突破するか否か、ということが、現代の中国刑法解釈学の発展において因果関係論が取り組まなければならない課題である、という点である。実際に、伝統的因果関係論は、このような避けることのできない課題を扱っている。だが、肯定説に対しては、終始慎重な見方が示されている。なぜなら、刑法上の因果関係が事実判断のレベルをいったん突破したら、客観的因果関係と結果帰属の考察に

はっきりと分離し、これにより中国の伝統的因果関係論に根本的な変革をもたらしかねないからである。では、中国刑法の因果関係論を一体いかにして位置づけるか、特に結果帰属の考察を除外することが難しい場合に、それが変動する意味は何であろうか。それにより、中国の刑法解釈学と司法実務に対して、どのような刑事因果関係論が求められるのか。以上が、本稿の検討の中心である。

一　欠陥と危機：伝統的因果関係論の曖昧さ

中国の伝統的な刑事因果関係論において、因果関係は常に、「惹起したことと惹起されたこと」と定義され、その内容はすべて、基本的には「必然―偶然」の因果関係と「直接―間接」の因果関係によって構成されている。その中で「必然―偶然」の因果関係は、絶対的な優位性を保っている。一方で、「直接―間接」の因果関係は、汚職犯罪において大きな役割を果たしており、最近、司法解釈の場面で、直接的因果関係の概念が使用され、理論と実務の各方面で再度注目を浴びた。だが、「必然―偶然」の因果関係論にしても、「直接―間接」の因果関係論にしても、いずれもはっきりとした解釈論的構造を有しておらず、事実的因果と結果帰属の問題を有効に区別することができない。したがって、いずれの理論も実務上の事件を解決するにあたって、厳密な判断基準を提供することができていない。これにより、伝統的な刑事因果関係論の危機が叫ばれるようになった。

「必然―偶然」の因果関係について、因果関係は客観的であるとの認識が支配的である中で、「必然―偶然」の因果関係は、必然性と偶然性という哲学的思弁にとどまっており、長い間、広く批判に晒されている[1]。一般的には、世の中のすべては繋がっているというのが唯物論の基本的認識である。そのため、因果関係の概念は、哲学および自然科学の意味における客観的因果関係論のための礎を築き上げた。客観的に「惹起したことと惹起されたこと」という認識に基づき、「必然―偶然」の因果関係は、中国で体系的研究

の対象とされてきた。しかし、その目的は、構成要件的結果を「惹起した」各部分の原因を、独立の原因とみなすことではなく、必然性と偶然性の全体的な意味において原因を強調したことである。同時に、この研究は、哲学上の思弁的性質を強く備えている。哲学上の認識は、法学の各分野に重要な指導的意味を与えた。確実にいえることとして、刑法は独立した法分野として存在しており、その特性は、「刑法では主として規範の目的実現であり、換言すれば、主に目的性の問題を研究し、すなわち、各解決方法の異なる目的の中にある何か、を主に追い求めるものである」[2]。こうした特性により、因果関係論の研究は、刑法の特性から逸脱しない、もしくはこれを断念しないことが要求される。さもなければ、その研究により得られる結論は、刑法解釈学において妥当性が欠けることになる。不運にも、かつての「必然―偶然」の因果関係論は、哲学的思弁の解釈とそれを完備することに尽力し、まさにこれにより中国刑法の因果関係論は、法分野としてあるべき独立性と活力を失うことになり、刑法解釈学の構造にも重大な欠陥がもたらされた。これと異なり、ドイツと日本の条件説は、刑法解釈として鮮明な属性を備えており、条件説を批判して発展してきた相当因果関係説などの理論はさらにそうである。「等価説」にとって、原因は、ある結果のすべての条件の中にあることではなく、各々の具体的条件の中にある。たとえこの条件が、他の複数の要素とともにこの結果を生じさせたとしても、結論は変わらない」[3]。これは、条件説が、哲学上の意味を超えた、法理論上の独立した価値を備えたことを意味する。したがって、刑法上の因果関係と哲学上の因果関係とは、結局、それぞれの道を歩むことになった。この差異は、帰属論の紹介以降、よりいっそう明らかとなる。つまり、結果帰属の観点からみれば、構成要件的結果がその人の「しわざ（Werk）」とみなされるべきか否か、という帰属判断について、その実質的な効果は、後述のように、刑法上の因果関係を制限することにある。端的にいえば、帰属の意味において、哲学上の因果関係は、刑法上の因果関係と同列に論じることはできないのである。

　形式的には、本来、「規律」または「必然性」を中心として必然性と偶然

性を区別することによって、必然的因果関係と偶然的因果関係をはっきりと区別することができるようにみえる。しかも、いかなる構成要件的結果の発生も、必然と偶然が組み合わさった産物とみなすことができ、したがって、「必然─偶然」の因果関係論には、強大な解釈指導力があるようにみえる。だが、実際にはその正反対である。例えば、学説上相当に影響力のある「高確率」による偶然的因果関係説は、偶然的因果関係を刑法の領域に取り入れるべきであると主張するところ、この偶然的因果関係は、高確率の偶然的因果関係を指す。本来、確率の高さを刑法上の偶然的因果関係の基準とすることは不適切ではない。だが、偶然的因果関係の高確率という判断基準は、「介在要素と先行行為との関係（従属または独立）」と「介在要素それ自体の性質（異常または非異常）」とを結び付けるものであり、しかも従属と独立、異常と非異常という、それぞれの具体的な判断基準が明らかにされていない。そのため、こうした因果関係判断から何らかの結論を導き出したとしても、主観的で恣意的なものであるとの疑いは避けられない。これは、因果関係論において、刑法解釈論上の実質を備えた基準を示していない、といわざるをえない。実務では、特定の事案について因果関係判断を行う場合、「必然─偶然」の因果関係論は、「強大な解釈指導力」があるがゆえに、さらに厳しい状況に置かれている。例えば、「パチンコによる傷害事件」では、被告人である武氏の家の前には麦畑があり、畑の隣には物干しが置かれていた。この物干しは、近隣のものであり、「城中村」の開発〔中国で急速に都市域が拡大する中で、既存の農村が都市に取り込まれ、周辺が高層ビルに囲まれた「都市の中の（スラム街的な）村落」となる現象のこと──訳者〕以来、廃棄されたままである。武氏は、毎日この物干しのうちの1つの柱を利用してパチンコの練習をしていた。物干しの隣には便所があり、「城中村」の開発以来、水道が引かれて家の中にトイレが設置されたことにより、この便所も廃屋となった状態である。2014年3月6日、被害者の袁氏は、近所の家を賃借したばかりで、水を節約するためにこの便所を利用し、大便をした。その際、袁氏は何かの声を聞いたため、顔を上げて周囲を見回した。それによ

り、武氏により発射され、物干しの柱から跳ね返ったパチンコ玉が、袁氏の左眼に的中した。鑑定によると、袁氏は（第2級）重傷害を負ったとのことである。「必然―偶然」の因果関係論によると、武氏の傷害行為と袁氏の重傷害結果との間の事実的因果関係については、必然性も偶然性もある。武氏は、パチンコの練習という危険性のある行為を行った際に、安全措置を講じておらず、そのため、他人に重傷害を負わせたことには一定の必然性がある。その一方で、袁氏が、廃屋となった便所を利用していたとき、見知らぬ相手から発射されたパチンコがその目を直撃して怪我をさせられたことには一定の偶然性がある。したがって、こうした必然性と偶然性が混在した事案を、刑法上の因果関係において、犯罪事件と認定すべきか、それとも意外事件と認定すべきかについて、「必然―偶然」説では、説得力をもった解釈を示すことができない。実務上は、この事件の因果関係の認定をめぐって激しい争いがある。これにより、「必然―偶然」の因果関係論がもつ解釈指導力は、実務に適応できないことが示された。要するに、「必然―偶然」の因果関係論は、抽象的な定義の背後にあって、刑法解釈論上の明晰な構造が欠けている。すなわち、必然性と偶然性という基準には、具体的で明確な判断基準が欠けるため、因果関係を肯定する意味において、内容空虚な「解釈」を導き出すことはできるが、因果関係を否定する意味で、実質的にこれを排除しもしくは確認することができない。そのため、「必然―偶然」の因果関係論は、基本的に、事案処理に具体的な指導原理を提供することができず、これこそが争いの焦点である。思うに、「必然―偶然」の因果関係は、事案解決にあまり役に立たない。「必然―偶然」の因果関係論には、そのほかによりいっそう根本的な問題がある。それは、事実的因果と結果帰属が異なるレベルのものであるということを看過しもしくは等閑視したことである。すなわち、この理論は、事実的因果と結果帰属の問題を同時に解決しようとする傾向にある。そのうち、事実的因果は事実判断レベルの問題であり、結果帰属は規範評価レベルの問題である。したがって、「必然―偶然」の因果関係論は、事実と規範のうち、どちらか一方だけに傾注することがしばしばあ

り、また、選択しがたい状況をもたらすことが往々にしてある。「直接―間接」の因果関係論には、以下のような問題もある。中国の伝統的な因果関係論では、「直接―間接」の因果関係論は、しばしば「必然―偶然」の因果関係論にとって重要な内容である、とみなされ、直接的因果関係は必然的因果関係に等しく、間接的因果関係は偶然的因果関係に等しい、と考える学者もいる。実務において、汚職犯罪は、「直接―間接」の因果関係論が役立てられている伝統的な領域である。そしてまた、この理論は、違法治療などの領域に次第に応用され、現在はさらに司法解釈に採用された。例えば、2016年12月20日に施行された最高裁判所『「違法治療により発生した刑事事件の審理における法律の具体的応用に関する若干の問題の解釈」の改正について』によると、違法な治療行為が、治療を受けた人の死をもたらした「直接的および主要な原因」である場合に、刑法336条1項に規定された「患者を死亡させた」と認定すべきであるが、その違法治療が治療を受けた人の死の間接的原因である場合に、事案により、刑法336条1項に規定された「情状が重い」と認定することもできる。実際に、これも中国実務の立場である。例えば、「遅延致死事件」では、因果関係の判断根拠は間接的因果関係であり、それによりさらに医師不法開業罪の成立を肯定した。すなわち、被害者は、その生前に抱えていた心臓疾患（直接的原因）により死亡し、被告人の不適切な治療は、被害者の死に対し50％（間接的原因）の寄与度であった。汚職罪の領域において、間接的因果関係の応用はなおさら困難である。なぜなら、大部分の汚職罪には特殊な面があり、もし間接的因果関係が汚職罪成立の基礎であることが全面的に否定されれば、汚職罪の成立範囲が急速に縮小し、さらに汚職罪に関わる数多くの条文が有名無実になるからである。しかし、いわゆる間接的因果関係とは、常に、行為によって直接危害のある結果を生じさせることではなく、中間段階を通じて危害のある結果へとつながり、結果の発生を間接的に引き起こすことである。では、どのような間接的因果関係が刑法上の因果関係となるかをめぐって、何が議論の焦点となるのであろうか。残念ながら、「必然―偶然」の因果関係に比べて、「直接―間接」の因果

関係にも、刑法解釈論上の明瞭な構造が欠け、しかも事実・規範関係の欠陥を適切に処理できていない。例えば、「証明書借金事件」おいて、南京正大金泰企業集団有限公司（以下「正大公司」という。）は、南京市労働局に属する持株会社であり、当該会社は資金繰りのために、南京市計時器工場、南京鐘工場、および南京長楽ガラス工場に3700万元を融資するつもりであったが、企業間の短期融資は財産と経済の規律に違反するがゆえに、「連合経営」の仮形式により短期融資を行った。債権者側は、資金の安全を確保するために、労働局が署名した証明書を提供しないと融資しない旨を正大公司に通知した。被告人の包氏は、当時、江蘇省労働局の局長であり、職権を利用し、稟議を通さずに勝手に南京市労働局の名義で正大公司に証明書を提出した。その証明書の内容は、以下のとおりである。すなわち、当局は、正大公司が協議の各項目を確実に履行することを要求する。正大公司が契約に違反した場合、当局はその経済上の責任追及を担当し、しかも同公司は一切の損失を補填することを保証する、と。その後、正大公司は、経営不振で倒産することになり、これにより上記3社は、3440万元の損失を被った。「直接―間接」の因果関係論に基づき、事実的因果関係においては、包氏の行為と損害結果の発生との間には間接的因果関係があり、それを踏まえて、包氏の行為が職権濫用罪にあたるか否かについて、第1審と第2審とではまったく異なる結論が示され、学説上の争いはさらに深刻なものとなった。

　上述のような伝統的な因果関係論の欠陥およびその危機を克服するために、学説と実務は相当の努力をした。だが、それにより、見解の食い違いがはっきりと生じた。そのうち、伝統的な因果関係論の枠組みに必要な内容を補う見解（以下「補充説」という。）があり、また、「独立して一家を構える」、すなわち、海外の刑事因果関係論を導入し補う見解（以下「代替説」という。）がある。この2つの策は、もっとも注目される見解である。だが、たとえいかなる策であるとしても、その内容を補充したがゆえに、中国の伝統的な因果関係論は曖昧なものとなった。補足説について、理論上の優位性はないが、司法実務においては情況が変わった。一部の学者は、理論上、偶然的因

果関係により発掘されるべきは、刑事因果関係の研究においてまさに解決の
必要がある重点である、と主張し、しかも前の行為と後の結果との間に「前
者がなければ後者はない〔あれなければこれなし──訳者〕」の関係がある
か否かを、刑法上の必然的因果関係と偶然的因果関係の判断基準にする、と
考える[7]。これは、条件説の内容であり、伝統的な因果関係論の解釈論上の欠
陥を補うものであることは明らかである。この見解は、基本的に補充説のカ
テゴリーに入れることができる。もちろん、補充説において、補充する内容
として用いられたのは条件説だけではなく、原因説、相当因果関係説などの
内容も含まれている。さらに、英米刑法の実務により創出された因果関係の
判断準則もある[8]。これらの内容は、実質的に、因果関係判断の補充的基準と
しての役目を果たしている。「もし可能であれば（条件公式に基づき）、前の行
為と最終結果との間に因果関係があることを確定できる場合には、『必然的
因果間関係』と呼ぶのか、それとも『偶然的因果関係』と呼ぶのかは、実際
には重要ではない。」[9]して依然として本質的な影響を及ぼしているため、補
充説は、司法実務にとって一定の魅力がある。これは、特殊体質と介在要素
が認められる事案において比較的明らかである。例えば、洪志寧の故意傷害
事件[10]では、裁判所は、伝統的な「必然－偶然」の因果関係の分析にあたって
条件説の内容を補充した。すなわち、「要するに、被告人が被害者を殴打し
なければ、被害者の心臓の冠状動脈疾患を誘発しなかった可能性があり、突
然死という結果が発生しなかったかもしれない」、と。もう１つの例として、
孫超の故意傷害事件[11]について、浙江省高等裁判所は、伝統的な「偶然─必
然」の因果関係モデルに基づき、介在要素と先行行為との関係の性質、介在
要素それ自体の異常性の大きさを分析し、客観的な回避不可能性の理論によ
ってこれに相応する判断基準を補った[12]。もちろん、補充説の影響が及ぼす領
域は、上述の範囲よりも広い。例えば、上述した「遅延致死事件」におい
て、治療行為が死亡結果の中に占める「原因力の大きさ」は、実務上、裁判
官がこの事案の因果関係を判断する鍵である[13]。これは、解釈論の構造上、
「直接─間接」の因果関係論の欠陥を補うために、海外の原因説に関わる内

容を補うことを通じて、事案解決のために具体的で明確な指導原理の提供に向けて努力したことを意味する。目下、代替説は有力な見解である。しかも、導入された理論は、条件説、相当因果関係説、客観的帰属論などの海外の主要学説をほぼ含むものである。例えば、馮亜東教授は、客観的に起因する因果関係のレベルでは、「条件説」を用いることで十分であり、各公式の規範判断を導入する必要はなく、刑事責任の制限は主観的要素により実現される、と主張する。張明楷教授は、客観的帰属論を直接導入することには賛成しないが、条件説を支持し、それに基づき、必要な結果帰属判断を行うことを主張している。劉艶紅教授は、基本的立場として、相当因果関係説を採用し、客観的帰属論に反対している。周光権教授は、客観的帰属論は方法論として特殊な意味を有するため、これを提唱すべきである、と主張している。また、相当因果関係説と客観的帰属論には、それぞれ内部にも違いがある。具体的には、前者について、代替説を支持する学者の間にも、客観的相当因果関係説と折衷的相当因果関係説の違いがある。後者について、規範は立法者の目的探求を志向すると考える学者もいれば、主観的なものが関係してくることは避けられないが、これは「客観」という客観的帰属論の出発点と相反し、よって規範の保護目的論をその理論の枠外に排除すべきである、と考える学者もいる。さらに、英米刑法における「ダブルレベルの原因」理論を参考にし、中国の因果関係論体系を構築すべきだ、と主張する学者がいる。明白なのは、補足説と比較すれば、代替説には事実と規範における上述の欠陥を補ううえで一定の優位性がある、ということである。

二　条件説：因果関係を制限するための合理的基底

㈠　条件説は事実的因果の判断基準である

　文献資料によると、条件説は、現代ヨーロッパの刑事因果関係論の源である。これによると、刑法の意味における「原因（Ursache）」は、条件をすべて省略しない。そうでなければ、具体的事案の「結果（Erfolg）」は発生しな

い。その判断公式は、「もし前の行為がなければ、後の結果は発生しない」というものである。この説は、刑法における1つひとつの条件を等しいものとみなし、それゆえに、等価（値）説もしくは平等説と呼ばれている。歴史を遡れば、刑法学において、因果関係が注目されてから自然科学が大きく進展したため、刑法における因果関係論は、必然的に、自然科学により主導された方法論と価値観の検証を受ける。この要求を「満たす」ことのできる条件説は、ドイツで次第に学説上の承認を受け、しかも裁判実務に受け入れられた。事実、自然的因果を証明できる科学法則の検討を行うことは、刑事因果関係論自体が科学的属性を有することに内在する要求である。目下、「因果関係の客観的自然科学的証明が欠ける場合に、この因果関係を自由証拠により評価することを通じて、裁判官の自由心証により代替することは許されない」[21]。条件説の客観的因果関係に対する選別機能は、「ロジックを提示するだけであり、具体的な評価または認定に関わらない」[22]。実際に、こうしたロジック自体は、主観的規範的な内容を内包しがたいものであり、そのため、条件説には明らかな客観性がある。これは、かの熱狂的な時代の、構成要素は「自然科学で、実証的で、自然主義である」という認識と一致する。これにより、刑法上の因果関係は、中世の教義主義を脱し、罪刑を独断的に決することを避けるのである。刑法上の因果関係論を全体的にみてみると、その100年あまりの発展において、条件説は、因果関係判断において全体的基準から局部的基準へと発展してきた。ドイツでは、「現在主流の観点によると、条件説に基づいて、原因連関を確定している」[23]。同じく日本では、「刑法上の因果関係＝条件関係＋相当因果関係」という枠組みをもとに、争点は、条件関係が「帰属の基礎」であるか否かではなく、相当因果関係が「帰責の基礎」であるか否か、となっている[24]。これでは、因果関係の判断基準の発展は、根本的に、条件説が貫いた客観的属性を揺らすことができていない。換言すれば、条件説は、自然科学（特に物理学）のレベルで、刑法上の因果関係論にまさに固く守られている。これが、刑法上の因果関係の出発点を構成した。実にこれは、条件説が誕生して以来、ヨーロッパ刑法が、終始

一貫して刑法上の因果関係の判断基底としての、同説の役割を放棄できていないことを表している。むろん、条件説を終始疑問視する見方もある。その中でも、広範囲論、錯誤論および無用論は、非常に注目されている批判的見解である。広範囲論を主張する論者は、条件説が因果関係の範囲を不当に拡大すると考える。これは、かつて条件説が非常に批判に晒されていた点である。しかし、客観的構成要件の充足は、単に客観的因果連関により決せられるのではなく、帰責の基準をさらに補充しなければならないことが認められて以来、「こうした批判は、すでに根本的に重要性を失った[25]」。それに応じて、刑事因果関係の判断においては、事実的因果から結果帰属へ、という段階性がはっきりと示されている。錯誤論を支持する論者は、択一的因果関係の場合に、条件説が誤った結論を導き出す、と主張する。例えば、意思連絡のないAとBは、殺害の故意をもって同時に発砲してCを射殺したが、両方はともにCの心臓に弾丸を命中させ、Cはその場で死亡したとする。純粋な条件説から考えれば、きわめて見当違いな結論に至る。歴史上、錯誤論の意見は、条件説の改善と代替説の発展を推し進めた。また、無用論は、条件説が明らかにされた因果関係の場合にだけ適用されるものであり、同説は因果関係それ自体を明らかにするためにまったく役に立たない、と指摘する[26]。例えば、妊婦がその妊娠中に、ある睡眠薬Aを飲んで、身体が不自由なBを生んだとする。Aの薬効とBの障害との間の因果連関が明らかな場合にだけ、条件説には意味がある。もし客観的に因果連関があるか否かが明らかにされていない場合には、Aの摂取行為がBの障害の理由である、と確定することはできない。しかし、修正された条件説および多数の代替説では、自然科学レベルでの因果連関性を放棄または回避し、刑法上の因果関係を解決する方法を探すことはできない。その理由は、刑法上の因果関係の基礎の素材としての自然的因果経過は、客観的な真実であり、自然科学の目的は、「真実」を発見することだからである。したがって、代替説は、自然科学レベルでの検討を取り替えられない位置に置かせている。これにより、この段階において、刑法上の因果関係の因果連関性の判断基準は、自然科学の方法論と価値

36

観に規制されるがゆえに、必然的に客観化される。「人は疑問を抱くとき、因果関係の公式ではなく、ただひたすらに正確な自然科学的方法（主に試験）を通じて、証明を行う」[27]。むろん、これは、刑法上の因果関係の判断基準が主観的もしくは規範的な内容を内包できないことを意味するものではなく、自然科学レベルでの因果連関の判断基準が、主観的もしくは規範的な内容を排除するものであることを意味する。では、自然科学レベルでの因果関係判断において、自然科学法則の基準によって、条件説を完全に排除しまたは代替することはできるのか。例えば、中国台湾地域の刑法学者である許玉秀は、「帰因」と「帰属」を区別する意味では、因果関係は物理的関係であり、その判断は物理法則に依拠しており、条件説のロジックはその役目を果せない、と主張する[28]。筆者は、自然科学法則が、刑法上の因果関係の究明と確認にとって重要な役割を果たしており、特に自然科学法則は、条件説に判断素材を提供するが、それは、条件説のロジック自体の内容ではない、と考えている。客観面では、自然科学法則の基準は、真理を発掘・提供し、または自然的因果に還元することを任務とする。その一方で、条件説は、客観的因果連関性の有無を判断することを目的とする。両者は、ある面では共通するが、明らかに異なる領域・レベルに属する。しかも、現代刑法理論の精緻化とともに、因果関係判断に先行する法益論・行為論などにより、帰責（前提）要素に対する選別はすでに行われていた。したがって、自然科学法則に一致した客観的因果経過は、条件説により選別された事実的因果よりも範囲が広い。しかも、ある領域（例えば、公害犯罪領域）では、自然科学法則は明らかになっていないがゆえに、自然的因果経過を正確に還元することはできない。元来、因果関係はない、とすべきであるが、疫学上高度の蓋然性は否定できず、刑法上も条件関係がある、とすべきである[29]。

　一瞥しただけで明らかなことであるが、条件説無用論の誤りはまさにこの点にある。条件説に依拠した「それが存在しないと想像する」という方法、つまり「思惟排除法」に制約性があることは、たしかに否定しがたい。イタリアの刑法学者Padovani Tullioは、すでに、「条件説の真の欠陥は、原因の

範囲を拡大することではなく、その策動的規制それ自体に隠されている。それは、『思惟排除法』を運用する前提として、事前に条件を備えた原因力がすでに明らかなことであり、すなわち、これらの条件は、原因力（の1つ）としていかなる役割を果すのか、ということにあり、もしこれを明らかにしなければ、条件説は効果を発揮しえない」とする[30]。ドイツと日本の刑法学者も、同様の批判を向けている。日本の教科書において権威のある表現は、条件説は因果関係の適用公式であるが、因果関係を発見する公式ではない、というものである[31]。たしかに、条件はさまざまな制約を受け、人類の認知は有限であることに照らすと、自然科学法則から、因果経過の確定にとって常に明確な結論を導き出すことはできない。その際、因果関係の判断において、条件説のロジックは力量不足である。例えば、地湾地域で起きた鼎新下水油事件では、鼎新会社により販売された下水油がそれを食べた人の健康を害するか否かについて、現在の科学技術によりこれを鑑定することはできない[32]。問題は、この欠陥が条件説だけに当てはまるわけではない、という点にある。「われわれの経験と知識は、ある状況が具体的に発生した結果にとって役割を果たしたか否かを確定することができない場合に、合法則的条件説も同様に効果を発揮することができない」[33]。さらに、「避妊薬の投与が嬰児を奇形にするか否か、という経験科学上の問題は、法理論により解決可能な、あるいは解決すべき問題ではない。法律によって処理することができ、かつ処理すべきなのは以下の内容である。すなわち、第1は、経験科学的知識をいかにして法律プロセスに導入するか、である。つまり、鑑定制度の問題がこれである。第2は、専門鑑定が役に立たない場合、法律上これをいかに処理するか、を正視することである」[34]。

　そのほかに、「条件公式、すなわち、『Pがなかったならば、Qは発生しなかったであろう』という公式を用いる際に、PとQの選択と限定は、規範的評価に深刻な影響を与える」と考える学者がいる[35]。この批判は、妥当ではない。上述のように、条件説のロジックは、主観の内包および規範の内包と調和しがたい。このロジックに基づいて行われる判断は、因果関係の範囲が広

くなりすぎるという問題を生じさせるにもかかわらず、これこそが「帰責」論の価値である、とする。しかも、「客観的帰責論の価値は、条件説の欠陥によりはっきりと示された[36]」。何よりも、後述のように、「帰責」論の前提は、条件説を捨て去ることではなく、条件説により確認された事実的因果を基礎として、刑法上の因果関係を制限することである。張明楷教授は、「仮に条件説を採用するとしても、原因と結果の限定、遡及禁止論の採用も、一種の客観的帰属論である[37]」と主張する。こうした批判は、上述のような不適切な部分を含んでいるほか、主観的因果関係論としての条件説に別の機能を与えたとみられる。例えば、行為者の親と祖父・祖母も、被害者の死にとって原因となる[38]。目下の解決案は、帰責論でフィルターにかけ、構成要件的行為を否定することでフィルターにかけ[39]、過失概念でフィルターにかけるという3通りの方法があるが[40]、条件説に主観的または規範的な内容を含ましめてフィルターにかけるものは1つもない。

㈡　合法則的条件説による代替は成功とはいえない

　歴史上、条件説の欠陥を克服するために、因果関係論を修正しまたは代替する理論が次々と現われた。今なお、その大部分の理論は、すでに歴史上・沿革上の意味しか持ち合わせていない。例えば、原因説、重要関係説、危険関係説などがそうであるが、合法則的条件説は依然としてきわめて傑出した理論である。合法則的条件説は、条件説を修正した理論というよりは、代替する理論であるというほうが妥当であるが、条件説に対する代替は成功とはいえない。周知のとおり、批判条件説をもとに、ドイツの学者Karl Engischは、代替的な「合法則性的条件公式」を真っ先に打ち出した。すなわち、「ある行為に時間的に後続する外界における変化が（自然）法則と結合しており、しかも刑法上、後者が構成要件的結果の具体的事実の一部分として規定されている場合には、当該行為は、特定の構成要件的結果の原因となる[41]」、と。その後、Armin Kaufmannは、これをさらに1歩進め、合法則的条件説における因果関係の判断を、一般的因果関係と具体的因果関係とに2分し

2 中国における刑事因果関係論の発展の概観 *39*

た。[42] このうち、一般的因果関係のレベルでは、普遍的な因果法則があるか否か、を確認する。具体的因果関係のレベルでは、具体的事実が確認された普遍的な因果法則に合致するかどうか、を確認する。このように、因果関係の判断は、実のところ三段論法であり、形式的には、合法則的条件説も1つのロジックである。しかし、合法則的条件説は、明らかに条件説と異なる。その違いは主として以下の点にある。すなわち、第1に、条件説は原因を必要条件と解し、合法則的条件説は原因を現代の科学知識により認識された条件と解する。第2に、因果関係の判断において、条件説は、「それが存在しなかったら」という排除法則を用いるが、その一方で、合法則的条件説は「『排除法則』を用いず、自然的法則を媒介として、『行為』から『結果』までの因果関係を正面から判断する」[43]。第3に、条件説と合法則的条件説では、特定される因果関係の範囲が一致しない。例えば、汚職罪の場合、条件説によれば事実的因果関係を肯定できる可能性があるが、合法則的条件説であれば、事実的因果関係を肯定するのは相当困難であろう[44]。そうであるとすると、条件説にとって、合法則的条件説は「帰因」レベルでの代替理論なのだろうか。それとも、「帰属」レベルでの補足理論なのだろうか。合法則的条件説は「方法の側面では、条件説を補った説明を付すだけであり、もう1つの独立した理論ではない」と考える学者がいる[45]。これは、妥当ではない。かりに合法則的条件説が、ただ方法の側面で補足説明機能を備えているとすれば、条件説は、因果関係の判断過程で必ず役目を果たすはずである。だが、合法則的条件説における三段論法の推論は、根本的には、条件説が役目を果たすことを許さない。これに対し、合法則的条件説の支持者は、「これにとって、『条件公式』には何のメリットもなく、メリットがあるかどうかは専門家の判断である」と指摘した[46]。そのほか、合法則的条件説は、事実因果関係があるか否かを判断する理論であり[47]、事実的因果関係が存在することを前提に結果帰属を検討することではない。したがって、合法則的条件説は、条件説の代替理論である。

しかし、合法則的条件説は、一般的因果関係のレベルと具体的因果関係の

レベルでの欠陥を抱えているため、条件説を代替することに成功したとはいえない。(1)一般的因果関係のレベルでは、「法則」の具体的内容は明らかでない。合法則的条件説における法則をいかに理解すべきかをめぐって、理論上は、狭義説と広義説に区別される。狭義説は、法則はただ「決定論による自然法則」の範囲内にのみ限定される、と唱えている。例えば、Armin Kaufmannが見るところによれば、「統計上高度の相関性は、因果法則の影響を受けた可能性があるが、完全な偶然によるものかもしれず、したがって、因果関係があるとは認定できない[48]」。広義説によると、法則は必然的法則に限定せず、蓋然的法則と経験的法則をも含む[49]、という。これらの違いの原因は、社会科学レベルでの相当因果関係を否定してから、因果関係の領域において、この理論によって処理された内容をいかにして解決するのか、にある。

　まず、未知の自然科学法則によって生じる不明確さである。人は常に、決定論による自然科学法則を完全に認識することはできず、これにより、一般的因果関係を認定することは困難である。ドイツ連邦通常裁判所の有名な皮革用スプレー事件[50]は、これを説明するのに適した事例である。この事件の争点は、以下のとおりである。ある製品が人身に傷害を生じさせたことは確定できているが、具体的には、この製品の何の物質であるかは分かっていない。これは一般的因果関係の認定にとって十分か。「代替的原因を排除することを通じて、因果関係を論証する[51]」ドイツ連邦通常裁判所は、肯定的な回答を導き出した。しかし、これに対しては学説上疑問が呈された。可能性を有する原因を完全に認識できない場合は、それらが原因となる可能性を排除すべきではなく、また、確実に排除することはできない[52]。多数の学者は、「代替的原因を排除する方法」を擁護し、その方法の適用範囲を厳格に、その他の要素が原因となる可能性をすべて排除したという前提のもとに、限定を行ったにもかかわらず[53]、批判的見解はより深いレベルでの問題点を指摘した。それは、「代替的原因を排除する方法」が実際には挙証責任の転換であり、形式を変えて被告人を強制し自らの罪を証明する、というものである。

これは、被告人の負担を不当に重いものとし、法治国家の原則に違反している。その後の木材防護剤事件では、この問題はいっそう明らかとなり、より激しい疑問を生じさせた。端的にいえば、このとき、「合法則」性による結論は、事実判断（裁判官が代替的原因を「排除した」）というより、むしろ価値の選択（被告人に代替的原因の反証を提供させる）による結果というべきである。

　次に、社会科学領域における法則の不明確さである。社会科学レベルでの相当因果関係説を否定するとすれば、合法則的条件説が直面する問題は、社会科学法則は本当に存在するか、である。肯定説によると、社会科学には「客観性」を有する法則があり、自然科学法則よりも正確でないことは往々にしてあるが、社会科学法則による解釈の妥当性を否定することはできない。[54] しかも、肯定説は、主に3つの側面から社会科学法則の妥当性を証明する。第1は、統計法則の観点から社会科学法則を証明することである。例えば、Ingeborg Puppeは、統計法則によって心理的因果関係を解釈することができる、と考える。Eric Hilgendorfは、さらに統計法則の適用を、第三者が介在する場合にまで拡大した。[55] しかし、社会科学領域の統計法則によって正確な定量化ができないということは、すでに周知の事実である。それとともに、今日、刑法上の因果関係を解釈するために、統計法則を用いる学者は稀である。第2は、例外的代替方法で社会科学法則を証明することである。例えば、Heinz Koriathは、心理的因果関係の場合に、因果関係の分析を行うことはできない、と考え、合法則的条件説と条件説を適用することを拒否した。彼は、「非因果的帰責原則」を新たに提唱した。[56] しかし、心理的因果関係を否定する場合に、因果関係の分析を行うことができるとの前提から、「非因果的帰責原則」を主張することは、帰責の基礎が客観ではなく、主観にあることを明示するものである。これにより、社会科学法則を証明することは適当ではない。第3は、1つの事件に関わる仮法則を具体化するという観点から、社会科学法則を証明することである。これは、実際には、決定論の思索を社会科学領域で厳格に活用することである。これにより、すでに発生したすべての結果は、必然性を備えたものとなる。これは、明らかに合理

42

的ではない。実際のところ、肯定説は、条件説と社会科学レベルでの相当因果関係説の因果判断を一体のものとして解決することに等しい。

専門家グループによって決定する場合に、合法則的条件説にはリスクが潜んでいると指摘される。これは、妥当ではない。自然科学法則それ自体の真理性は、支持者の数によって決せられるわけではなく、実在する自然科学法則と専門家グループによる実際の決定は、因果関係の認定について齟齬が生じたとき、そこには必ず認知上の原因がある。そうすると、解決の方向性は、対象や事実の取違えによって合法則的条件説を批判することではなく、決定プロセスを、よりいっそう真理性を有する認知にいかにして近づけるか、にある。つまり、自然科学法則のレベルでは、専門家グループの決定によって引き起こされた因果関係判断の錯誤は、刑法上の因果関係論そのものが解決すべき問題ではないし、また解決できる問題ではない。

(2)具体的因果関係のレベルでは、合法則的条件説に依拠した方法と導き出された結論との間に、隠された矛盾がある。合法則的条件説が終始注目する重点は、合法則関係があるか否か、であり、方法論的側面では、自然科学レベルでの「力」が有する機能に頼ることとその解釈を断念した。周知のとおり、因果関係において、不作為犯は作為犯と異なる。「すべての不作為について因果関係を否定する者においては、不作為の場合は、結果発生を有効に『生じさせた』力が欠けること、そこにいう『生じさせた』力を自然科学の観点から理解することが重要であり、因果関係の面では、『過程』力学の発揮、および発展手順にかかわらず、ただ2つの条件ロジックと関係がある――認識論で結び付いているにもかかわらず、『無から有は生まれない』という時代遅れの公式が依然として崇拝され、『原因過程』を探索することが叫ばれている」[57]。物理的存在または形式にかかわらず、これは、思索と認識方法だけに関係がある。したがって、合法則的条件説は不作為犯に適用される。しかし、通説は、この結論に賛成しながら、ある意味で、原因が必ず結果を「確実に惹起した」点を強調する。これは、物理学における「力」の機能に回帰することを意味する。この意味で、合法則的条件説と不作為犯の因

果関係との間に矛盾があることは明らかである。

　このほか、累積的因果関係、超越的因果関係、または仮定的因果関係に関わる事案では、合法則的条件説は、条件説を越える優越性を備えた見解とみなされている。ところが、実際にはそうではないおそれがある。まず、累積的因果関係については、各条件は補完関係または協同関係にあり、したがって、条件説によって導き出された事実的因果関係の結論は簡潔である。例えば、妻Aは夫Bを殺害するために、故意に毒物を混入したチャーハンを夫に食べさせた。だが、彼らの息子は遺産を相続するために、Aよりも早く、Bの料理に毒を盛っていた。しかし、この点についてBは知らなかった。Bは２つの毒の相乗効果により死亡し、しかもAまたはBの毒を単独に投与すれば、その毒の量では、人を死に至らしめることはできなかった、と判明した。条件説からみれば、Bの死について、AまたはCが毒を盛った行為がなかったと観念することはできない。これには２つの行為が必要であり、一方の行為がなければ、その毒の量では人を死に至らしめることはできないからである。したがって、AとCが毒を盛った行為と、Bの死亡との間には因果関係がある。単独での毒の量が不足していたため、犯罪の中止をめぐる争いを引き起こす可能性があるという議論であれば、これは、因果関係論によって解決される問題ではない。

　次に、超越的因果関係について、条件説による因果関係判断はかなり明確である。例えば、妻Aは夫Bを殺害するために、致死量の慢性毒を入れたチャーハンをBに食べさせた。Bはこれを食べた後、散歩中に、Aの愛人であるCに射殺された。条件説から見れば、妻Aが毒により夫Bを殺害する因果経過はすでに開始している。だが、愛人Cによる射殺行為は、Bの死を独立のものに繰り上げた。この具体的な殺人既遂の構成要件的結果について、投毒行為がなかったと観念することはできるが、射殺行為ならこのように観念することはできない。したがって、Aが毒を盛った行為とBの死との間には、因果関係がない。「一言でいえば、超越的因果関係の中に因果関係がないという結論は、条件説の例外ではなく、条件説を活用した結果である」。もち

ろん、これは、Aの行為が犯罪でないということを意味するわけではなく、Aは殺人未遂罪で処罰されるべきである。なぜなら、これは、典型的な因果関係の錯誤だからである[60]。

　また、仮定的因果関係について、条件説の結論は、簡潔で説得力を有する。例えば、電気椅子で死刑囚に死刑を執行する前に、被害者の父が復讐のために、執行官を隣に押しのけてから電気椅子のボタンを押し、その結果、電流により死刑囚が死亡したとしよう。これは、日本刑法の教科書における典型的な事例である。多くの学者は、条件説を基礎とする場合に、スイッチを押す行為と死刑囚の死亡との間に因果関係があることを肯定しにくい、と考えている[61]。これは、条件説に対する誤解といえるであろう。条件説によれば、執行官がボタンを押す前に被害者の父がボタンを押したという殺人行為は、被害者の死亡という結果を早めた独立の介在要素である。このような具体的な殺人既遂という構成要件的結果に関して、執行官がボタンを押す行為がなかったと観念することはできるが、被害者の父がボタンを押したという殺人行為がなかったと観念することはできない。すなわち、被害者の父がボタンを押した行為と被害者の死亡結果との間には因果関係がある。条件説によれば妥当でない結論に至るとの見解は、主観により余分な内容が付け加えられたものである（「付け加え禁止説」）。日本において、曾根威彦教授らの学者は、この問題性を認識し、積極的に「付け加え禁止説」を唱えている[62]。

　合法則的条件説の上述のような誤りの優越性は、明確性原則を犠牲にすることによって得られたものである。これに対して、批判的見解には鋭いものがある。すなわち、「こうした『合法則的関係』の具体的内容は、もとより全面的に解明されていない。この合法則的関係は、人の直感により推測され詳細な証明がない因果関係を主張するために、単に内容のない公式として用いられることがある。その一方で、その他の状況では、『合法則的関係』を仮定することで、条件公式の前提は、経験的知識の存在という結論をもたらした」[63]。このように、条件説を代替する合法則的条件説には、条件説を越える実質的優位性がなく、しかも、条件説のような苦境から根本的に脱却して

いない。逆に、同説自体の克服しがたい欠陥のため、疑問と弁解という悪循環に陥っている。これにより、合法則的条件説は、条件説の代替に成功しているとはいえず、因果関係を制限する合理的基底にもなりがたい。後述のように、「合法則的条件説＋客観的帰属論」の因果関係モデルにも優位性がない。

三　経験と規範：刑事因果関係の制限のレベルアップ

　条件説の欠陥が認識されたことを契機として、因果関係論を発展させるための修正と代替への途が開かれた。だが、今日まで、代替への途は思いどおりに成功しておらず、条件説により認定された事実的因果関係を基礎としてさらに結果帰属の検討を行うことが、進むことのできる途である、と広く認められている。結果帰属論の探索中に見いだされた発展の軌跡は、因果関係の制限が社会科学のレベルと刑事政策学のレベルに延長されたことを意味する。つまり、相当因果関係説と客観的帰属論は、条件説の代替を目的とせず、条件説により認定された事実的因果関係に基づいて制限を行うために、社会科学と刑事政策学の観点から、刑法上それぞれ意味のある因果関係を選別することを目指すものである。したがって、相当因果関係説と客観的帰属論を準因果関係論と呼ぶこともできるであろう。相当因果関係説が条件説により認定された因果関係の第１次的制限であると考えるならば、客観的帰属論はその第２次的制限である。

㈠　社会科学レベルでの制限
　条件説の欠陥を契機として、相当因果関係説は社会科学の観点から因果関係を制限するものであったが、その趣旨は、刑法上の因果関係ではない。相当因果関係説の基本的主張は、刑法上の因果関係を認定する際に、行為と結果との条件関係のほかに、一般人の社会生活上の経験を参考にする必要があり、もし当該行為によって惹起された結果が相当であるならば、因果関係が

あると認定される、というものである。もともと、相当因果関係説は、刑法に取り入れられた概念であり、ドイツの学者v. Kriesは、刑法上採用された条件説の（特に結果的加重犯の場合の）苦境を克服するために、19世紀80年代末に当時民法で用いられていた、過失があるか否かを判断する（Gefährdungshaftung〔危殆化責任——訳者〕）因果関係の視点を刑法に導入した。その後、この視点は、ドイツでSauerとv.Hippelなどの学者により支持されたが、裁判実務ではこの理論は認められなかった。これと異なり、相当因果関係説は、日本および中国の台湾地域の裁判でよく用いられており、理論上も影響力がある。上述のように、自然科学から大きな影響を受けた刑法上の因果関係は、客観的なレベルで制限される。相当因果関係説が条件説を修正するために刑法に導入されたときも、このような特徴をはっきりと有していた。相当因果関係説は、可能性論の原理のもとに構築され、可能性論は、数学の確率論から導き出されたものである。社会生活経験により判断される相当性は、一種の可能性概念または確率概念であり、その趣旨は、一定時期に繰り返し生じる現象あるいはこれと類似の現象の総体であり、基本的に、統計学の意味における結論の相対的確実性を有しており、したがって、自然科学に要求される結論の可証（弁）性と一致し、相当因果関係説は厳格な客観性を有する。ゆえに、この考えは、相当性がないため発生しない条件、または偶然にしか発生しない条件を排除し、「因果関係は客観的である」という確信をできるかぎり掘り崩さない。この意味で、相当因果関係説は、事実的存在論の性質を維持していると考えられ、合理的な要素が欠けるところはないように思われる。ドイツにおける初期の学説によると、相当因果関係説が、因果関係の根底にある問題だ、ということである。これは、その点と関係があるであろう。

　もちろん、相当性による内包は、すでに経験的な社会科学のレベルにまで及んでいた。自然科学は万能ではなく、自然科学以外に社会科学も、「実然規範」（規律）の研究・検討を行う。「経験的社会研究は、社会グループの事実的行為を判断し、その結果を『社会』規範と呼ぶ。こうした規範は、まず

通常人もしくは多数人の事実的行為だけを表し、確定されるのは事実であって、必然ではない。多数人の行為は『通常』とみなされる[69]」。特筆すべきは、これが方法論の側面で重要な意味がある、ということである。事実的因果を基礎にして、行為者を理性的人間（社会一般人/平均人）と仮定し、何らかの行為が客観的に結果の発生を回避できたと考察し、刑法上の因果関係を制限する。これにより、単に存在論上の行為者の認識もしくは認識可能性が決定的な役割を果たすことができない、という点が明らかとなった。例えば、「パチンコによる傷害事件」では、社会科学上の因果関係を判断するとすれば、統計学の意味において、事件発生前に、物干しの周りに人が現れる頻度、便所の実際の使用率などを調査するだけではなく、規範が及んでいない場所（特に事件現場）でパチンコ（規制されていない器具）の練習をする際に、保護措置を講じるか否か、あるいはどのような措置を講じるかについて、一般人の認識も調査する。規範が及んでいない場所でパチンコの練習をするために必要な保護措置を講じるべきか否かに関する行為者の認識は、刑法上の因果関係を制限することに重点を置いたものではない。さらに、Aは、小型トラックで法定速度を超えて走行中に、前方の道路および通行人の動きを十分に観察することができなかった。それゆえに、道路で歩行中のBの肩が、Aの車の右側のバックミラーと衝突してBは転倒し（て軽傷を負い）、その後、同トラックの後方を正常に走行していたCのトラックにひかれてBは死亡した、とする[70]。この場合には、AおよびCの行為とBの死亡結果との間の因果関係は、単純な自然科学法則により解決されるわけではない。それに応じて、因果関係があるか否かの判断と、相当因果関係があるか否かとの結び付きが明らかになる。実際に、たとえ客観的帰属が認められた後であるとしても、蓋然性原理に基づきマイナス排除方式を利用し、不普遍・異常・奇怪な因果的つながりを偶然発生した条件とみなし、相当性がないがゆえに排除したとしても、この考えには価値がある。

　社会科学レベルでの相当因果関係判断が、刑法上の因果関係の範囲を制限する場合に、強力な「帰責」属性を帯びていることは容易にみてとれる。そ

もそも、同属性は、「生来の」ものである。それは、相当因果関係説が刑法に導入される以前の民法上の理論であり、同説が無過失責任を解決するために利用され、無過失責任における責任は、結果発生の要素だけを示すことができるにすぎない。つまり、同説は、「結果帰属」の問題を解決することができるのである。ドイツのRichard Honigは、「相当因果関係説は経験法則により相当因果関係を判断するわけであるが、これは一種の解釈原則であり、存在論上の因果関係概念以外の評価概念である。だが、相当因果関係説の論者ですらこの点に気付いていない」と指摘した。この意味では、相当因果関係説を条件説と同じレベルに置く観点・方法を実現することも難しい。

これ以外に、「相当性」の判断基底について、学説上は、主観説、客観説および折衷説の対立がある。そのうち、主観説は、行為時に行為者が認識していた事情、および認識しえた事情を相当性判断の基礎とする立場である。客観説は、行為時に存在したすべての事情、および行為後の予測可能な事情を相当性判断の基礎とする立場である。折衷説は、行為時に一般人が認識しえた事情、および、一般人は認識できないが、行為者が特に認識していた事情を相当性判断の基礎とする立場である。結果帰属により重点を置いて解決されるのは、どの行為が客観的合理的に結果発生を回避できるか、すなわち、社会科学レベルでの行為者ではなく、一般人の認識が決定的であり、そのため、相当性の判断基底に関する3つの説の優劣を見極めることは難しくない。

㈡ 刑事政策レベルにおける第2次的制限

刑法上の因果関係に対する制限は、経験的社会科学のレベルにまで延長されている。それでは、社会科学レベルでの制限は、因果関係を制限する終着点を意味するのか。答えは、否である。社会科学レベルでの欠陥があるがゆえに、相当因果関係は、因果関係の制限にとって依然として力量不足である。これは、因果関係の実質的制限が刑事政策レベルにまで及ぶことを推し進めるものである。

2 中国における刑事因果関係論の発展の概観 *49*

　最良の刑事政策とは、最良の社会政策である（Liszt, F. v.）。刑事政策の目的は、特定の価値観を含んでおり、そのため、「社会をつくる」ことは、刑事政策学の重要な役割である、と広くみなされている。これは、規範的刑事政策学と経験的社会科学との重要な区別であり、社会科学が果たすことのできない役割でもある。「社会をつくる」ことにおいて、刑事政策は「当為規範」の属性を有し、「刑事政策は、何かしらの統計の平均値、自然および歴史の規律を叙述するものではなく、行為命令を規定し、または語句を確定する。これらの行政命令または確定の語句は、規範的に、拘束力のある形で形成された意識を含むものである」[73]。経験的社会科学は、「社会をつくる」役割を果たすことができず、このため、このレベルでの相当因果関係説では、刑法上の因果関係の制限における欠陥を克服することは難しい。

　因果関係の限定において、相当因果関係説が不十分である点について、中国の学者・周光権教授は、その理由を以下の４点にまとめた。すなわち、規範的判断の精度が高くないこと、構成要件的行為（実行行為）を判断する具体的基準が欠けること、犯罪成立要件の判断における「位階性」を無視していること、および、一部の事案処理において刑事政策上の要求を考慮していないこと、がそれである[74]。特筆すべきは、客観的帰属論との比較という意味では、上記のまとめには大きな問題はない、ということである。だが、日本の刑法理論ではすでに完全な「実行行為」概念が生み出されており[75]、しかも、因果関係は「因」と「果」を離れないが、ただ両者の間の「ものごと」でり、相当因果関係説に実行行為の判断基準の提供を要求するためには、再度議論する必要がある。

　直観的に考えれば、相当因果関係説の判断基準がはっきりしていないということは、公知の欠陥である。例えば、相当因果関係説を採用する西田典之教授は、「因果経過・介在事情が稀有であるかは相対的である。介入事情が稀有であっても、それが行為によって『支配』『誘発』されたのであれば、介在事情の異常性は緩和され通常性に転化し得るのである」[76]。こうした理論の思弁的合理性は、法執行者の恣意を有効に拘束することが難しい。この欠

50

陥の背後にあるよりいっそう深い原因は、相当因果関係説が規範ではなく、数学上の蓋然性原理をもとに構築されている点にある。しかし、単なる蓋然性の高さと経験性を叙述することによって、相当性の明確な判断基準が提供されるわけではない。[77] これは、一定の社会的相当性を有する因果経過の場合に、よりいっそうはっきりとする。例えば、江西省の南昌にある無許可のタクシー運転手は、３名の女子大生を送迎し、その間に「妓楼に売ってやろうか」、「村に売って村民の嫁にしよう」などという「冗談」を途切れなく言い続けた。そのうちの学生の１人は、怖くなって慌てて車から跳び出して重傷を負った。警察側は、重過失傷害の疑いで、この運転手に刑事拘留を命じたが、検察側は逮捕申請を認めなかった。その理由は、運転手の冗談行為と重傷結果との間には刑法上の因果関係がなく、それは偶然による事故だったからである。学者らの意見には、さらに食い違いがみられる。[78] その後まもなく、運転手は、重過失致傷罪で逮捕された。[79] 上述した立場の転換は、刑法上の因果関係に対する異なる認定と直接関係があり、そのことは明白であるが、この２つの異なる結論は、相当性の判断基準の不明確さによるものである。

　相当性判断の不明確さゆえに、民法において広く活用されていた相当因果関係説は、新たな理論に取って代わられた。その原因は、結果帰属の認定について、社会科学レベルでの相当因果関係説において、方法と目的が調和していないことによる。すなわち、経験的方法が因果関係を合理的に制限するという目的を果たすことは、かなり困難である。これにより浴びせられた批判については、多言を要しない。例えば、相当性を広義の相当性と狭義の相当性とに分け、ドイツで大きな影響を及ぼしたのは、Karl Engischである。Engischに対しては、以下のような批判的意見がある。すなわち、「Engischは、実質的には、相当性説が等価説を見直す唯一の手段として、いまだ不十分であることを認めていた。なぜなら、それは一部の事案において、行為と結果との間に高度の蓋然性があり、因果関係を客観的に完全に予見できたにもかかわらず、これらの事案では、刑法において行為者に結果責任を負わせ

ることは、刑事政策上合理的ではないからである」、と。この点で、相当因果関係説の欠陥と中国の伝統的な「必然－偶然」因果関係論は、共通するものがある。張明楷教授は、「『偶然的因果関係』をどのように判断するかについては、まだ研究する必要がある。このほか、偶然的因果関係説は、基本的に事実判断であり、同様に規範的判断が欠ける」と批判した[81]。

　これにより、結果帰属の認定において、刑事政策の規範を内包させることは、避けられないであろう。今日、この方向において、修正された相当因果関係説と客観的帰属論は異なるルートである。そのうち、前者について、その基本的な立場は、相当因果関係説に規範を内包させることであり、しかも、相当性判断の名のもとに、刑法解釈論上の構造を整え、かつ再構成するものである。例えば、多数の学者は、注意規範の保護目的を相当因果関係説の範囲に含めた。興味深いのは、学説史上、民事責任の限界が不明確であるという相当因果関係説の問題点を克服するために、責任の程度を判断する際に規範の目的を考えるべきであるという代替性説が提唱され、かつ活用された、という点である[82]。その後、この考えは、刑法上の客観的帰属論にまで影響を与えた。したがって、刑法上の相当因果関係説には、規範の保護目的という内容が生来的に備わっていたわけではない。しかも、社会科学レベルでの立場からみれば、注意規範の保護目的という規範と密接な関係にある内容は、相当因果関係説の中に入れることはできない。また、客観的帰属論にすでに吸収された規範レベルでの「結果回避可能性」[83]は、相当性の判断基底とされた。実に多くの日本の刑法学者は、この問題を見逃していない。佐伯仁志教授は、「日本において、一般に刑法上の因果関係は事実的因果判断を含むだけではなく、結果帰属の判断をも含めていると考えられる。しかも、最近の相当因果関係説は、実は客観的帰属論の内容を取り入れている」旨を指摘した[84]。井田良教授、吉田敏雄名誉教授も同じような意見を述べた[85]。さらに、山中敬一名誉教授は、学説上は相当因果関係の中に、客観帰属論を取り入れているだけではなく、実務も客観帰属論に助けを求めていた、と指摘した[86]。この現象は、中国の台湾でもみられる。換言すれば、相当因果関係説

は、中国の台湾において、依然として、裁判実務の基本的立場である。しかし、近年の実務は、次第に客観的帰属論に傾斜してきており、実際の判断では、「規範の保護目的」、「合法的代替手段」または「結果回避可能性」などの客観的帰属論の審査方式を活用し、これにより相当因果関係への内包が拡大・変更された[87]。中国大陸においては、劉艶紅教授も、上述の意味での相当因果関係説を提唱した。すなわち、相当因果関係説の判断は、「明らかに、純粋な自然科学的蓋然的レベルでのロジック推論ではなく、価値中立的形式的な考慮でもなく、行為者により実際に引き起こされた客観的事実をもとに、しかも行為者の予見可能性と結果回避可能性などを刑法規範レベルで思索し、そして刑事政策、法律の目的などを借用して、結果を行為者に帰責するか否かを判断するものであり、実質的には帰責の問題である[88]」、と。この意味からすると、学説上有力な客観的相当因果関係説であれ、主流の折衷的相当因果関係説であれ、規範論を内包することにより、修正された相当因果関係説となった。もちろん、規範に内包されることにより、相当因果関係説本来の相当因果関係の認定範囲は狭まった。

後者について一般に、客観的帰属論は、「行為者の行為は、行為の対象に許された危険以外の危険を創出した場合にだけ、行為者により惹起された結果が、客観的構成要件に帰属されうる[89]」。ドイツにおいて、客観的帰属論に関する文献は非常に豊富であるが、真の意味で海外にも影響を与えたのはClaus Roxinの（現代的な）客観的帰属論である。この理論は、法的に許されない危険の創出、危険の実現、および、構成要件の効力範囲内にあるものとして構成される[90]。これは、本質的な規範的判断論である。その源流を遡ると、新カント主義が新古典的・目的的犯罪論体系的な基礎であり、この主義は、文化的価値観と概念の上では明確でない、という問題がある。それゆえ、刑法体系特有の刑事不法基準により代替される必要があるが、この基準は、現代刑事政策の基礎となった現代刑罰目的論である[91]。それと同時に、刑事政策と刑法体系の関係について、Roxinは、「個別的犯罪類型——構成要件該当性・違法性・有責性——を刑事政策の機能的視点から観察し、展開

し、体系化する」ことを試みた。「刑事政策の目的設定（主に予防の考慮）に
解釈論上の努力を導入した」という指導的背景のもとに、客観面において、
法益侵害結果を行為者に帰属すべきか否かの判断を行う際に一般予防の理念
を貫徹し、しかもこうした帰属は、行為者が規範の要求に違反したか否かに
基づいて判断された。現行「法のもとでは、因果関係のような概念であって
も、規範性を有し、しかも立法者または法実務家は、因果関係に一定の限度
で刑事政策上の要求を適合させることができる」。これに対して、ある日本
の学者は、大要以下のように総括した。すなわち、客観的帰属論とは、「体
系性、政策性という観念のもとに、各種事案から具体的な下位基準を体系化
し、目的理性の立場から、規範的・事実的視点を基づき帰属基準を意識的に
総括する方法論である」、と。そのほか、客観的帰属論の効果も、刑法上の
因果関係の成立範囲を制限するものである。同理論の発展途上において、客
観的帰属の概念は、因果関係の問題を解決するわけではない、と説いた学者
がいたが、こうした説明は、素直ではない。客観的帰属論の目標は、因果関
係に対し、規範性と評価性により制限を行うことである。ただ、その後、同
理論はナチ政権に不当に利用された。第2次世界大戦後、西ヨーロッパにお
ける伝統的自由主義により、同理論は必要な形で整理され、人権保障理念を
取り入れ、よってナチ的色彩が除去されため、活力が取り戻された。目下、
客観的帰属論の検討は、必ず「結果」が発生し、かつ「条件関係」が認定さ
れてから開始される。つまり、客観的帰属論は、規範的刑事政策論の視点か
ら、刑法上の因果関係を制限するのである。もちろん、例外はある。被害者
が特殊な体質を有し、あるいは介在要素が自然や動物侵入・襲撃などである
場合には、責任主体が相対的に欠けるため、刑事政策の影響は、刑法上の因
果関係の認定を相対的に慎重なものとする。今日まで、ドイツの判例は、お
おむね同じような立場を示してきた。全体的にみて、相当因果関係説が刑法
上の因果関係に対する第1次的制限であるとすれば、客観的帰属論は、第2
次的制限のための理論である。さらに、条件説の後の、因果関係論の基本的
発展ないし軌跡は、条件説によって規定された因果関係の範囲を実質的に制

限する理論であり、刑法上意義を有する因果関係論である。そのうち、相当
因果関係説は、条件説によって確定された因果関係の第1次的制限であり、
客観的帰属論は第2次的制限である。

四　択一と折衷：中国における刑事因果関係論の方向性

㈠　2つの途における違いの本質

　前述の分析で述べたように、修正された相当因果関係説と客観的帰属論
は、規範を内包してから、「帰責」レベルで因果関係を制限する2つの理論
である。全体的にみて、ドイツと日本の刑法理論は、異なる選択を下した。
ドイツにおいて、客観的帰属論は、学説上の通説である。これに対して、日
本の場合、相当因果関係説は、学説上も実務上も通説であり、しかも、本質[98]
的には修正された相当因果関係説である。では、2つの途から1つを選ぶこ
とについて、この2つの途の違いは一体何であろうか。これは、中国刑法の
因果関係論が発展する過程を探索しなければ解決できない問題である。私見
によれば、刑事政策学レベルで規範を内包させる条件のもとで、これらの違
いの本質は、結果帰属を判断する際に、どちらがよりいっそう明確な刑法解
釈論上の基準を提供することができるか、にある。

　修正された相当因果関係説は、規範を内包するものであるが、結果帰属の
判断にとって明確な解釈論的基準を有効に提供したとはいえないように思わ
れる。一方で、同説には依然として「生来」の欠陥がある。上述のように、
刑法に取り入れられた相当因果関係説は、当初は、民法上の無過失責任の問
題を解決するために用いられた理論である。無過失の場合、責任は結果発生
の要素だけを指し、しかも責任を負うかどうかを考えるうえでは、行為者の
主観的過失を考える必要はない。しかし、刑法上は、主観的故意または過失
がなければ結果犯は成立しえない。これは、刑事責任が結果発生を引き起こ
した要素を指すだけでなく、主観的故意または過失（民法における過失責任に等
しい）をも指し、しかも責任を負うのは、主観的故意または過失を必ず考慮

するということを意味する。これにより提起された問題は、刑法において、相当性基準で解決される因果関係の問題が、故意または過失の概念を検討することによって、ほぼ同じ結論を導き出せる、ということである。実はその後、民法における相当因果関係説の適用範囲の変動も、この問題を適切に解決することができなかった[99]。刑事法の領域において、相当性基準が不明確であるという欠陥は、かえって上述のような考えないし道筋を発展させた。特に、相当性判断が困難であるとき、過失犯論から解決の方法が求められた。これにより、殺人犯を生んだ母親は、刑事責任を負わない。なぜなら、殺人の主観的構成要件の故意が欠けるからである。日本において、西田典之教授は、相当性あるいは過失の存在を否定すれば、問題を解決することができる、と考える[100]。中国では、この問題に気付いた学者もいる。例えば、相当性基準が不明確であるがゆえに、異常な因果関係を排除する場合、主観的構成要件の検討が必要であり、特に「予見可能性」という概念を頼りにしないと、帰属を排除することができない、と主張されている[101]。その後、ドイツにおいて、刑法理論は、この問題を事後的に考察する因果関係の問題とせずに、「社会的相当性」という概念を故意・過失概念の領域に導入し、構成要件の問題として処理している[102]。これと同時に、1953年のドイツの第3次刑法一部改正法では、結果的加重犯の改正に伴い、相当因果関係説は、ドイツ刑法においてほぼ認められていない[103]。

その一方で、同説は、相当性基準が不明確であるという問題を依然として解決できていない。上述のとおり、伝統的な相当因果関係説は、蓋然性の高さと経験的叙述によって因果関係を評価しているが、これは、基準が不明確であるという点に欠陥がある。規範の内包を受け入れて以降、そうした内包は、もともとの経験的内包と補完的または代替的関係にある。

(1)前者であれば、それは、社会科学から得られた同説の経験的基礎を動揺させるものではない。しかし、問題は、伝統的因果関係説における判断基準の不明確さという欠陥がまさにこの経験的基礎に由来するところにある。経験の通常性は、一般に蓋然の高さ・異常性の程度・寄与度の大きさなどを明

確に示すことができず、判断時の基準ではなく、注意すべき要素であり、相当性の判断基準が何であるか、が明確でない。それと同時に、規範の内包は、本来の問題を解決できないうえに、新たな問題を引き起こした。例えば、人質を助けるために、テロ犯罪の被疑者への拷問を認める場合は、無罪論が有力な見解である。その理由は、正当防衛が成立するからであり、すなわち相当因果関係が肯定されるからである。これと異なるのは、次の事例である。すなわち、テロリストは人質Aを拉致し、政府に身代金と拘留された仲間の釈放を要求し、さもなければ、Aを殺すと脅迫したが、政府の総理Bは関係部局にこの不法な要求を拒否するよう指示し、これによりAは殺害された、としよう。Bには犯罪が成立しない、というのが学説上の通説である。つまり、Bの行為と、Aの死亡結果との間の相当因果関係は否定された。だが、肯定か否定かという判断に至る結論は、裁判官による正確な蓋然性の数学的統計に基づくものではなく、これは価値観の選択である。これに対して、ドイツのGünther Jakobsは、相当因果関係説は規範の内包を根木的に受け付けていない、すなわち、同理論は統計学上の基準と一般人の感知により因果関係を評価し、この基準の規範的相関性を解釈することはできない、と批判した。ドイツ連邦通常裁判所は、この批判的立場を支持した。日本の山中敬一名誉教授も、いわゆる相当因果関係説の危機に対し、規範的客観的帰属論の内容を盛り込むという修正は、転機ではなく、同説の「内部崩壊」につながりかねない旨を指摘する。本質的には、これは、経験的内容を因果関係判断における主導的作用とするのを空洞化あるいは断念するものであり、規範的内容は、経験的内容を補足するというより、実際には代替するというべきである。つまり、経験的内容の主導的作用を堅持するか断念するかによって、修正された相当因果関係説は、伝統的な相当因果関係説の旧来の方式に回帰するか、あるいは同説の名のもとに、実際には客観的帰属論になる、ということである。この意味で、相当因果関係説によって、結果帰属の判断時に必要とされる刑法解釈論的基準を提供することには優位性がある、ということは誤りである。

2　中国における刑事因果関係論の発展の概観　　*57*

　⑵後者であれば、これは、本質的には客観的帰属論を採用することに等し
い。代表的なのは、山口厚教授［現・最高裁判所判事］の「危険の現実化」
説である。同説は、事実連関と規範の限定という２つの段階をもとに、「行
為の危険性が結果へと現実に転化したか」を基準として、因果関係の判断を
展開する。すなわち、因果関係において順番に検討されるのは、起点として
の構成要件的行為（実行行為）、事実的関係としての因果関係（条件説）、危険
の現実化としての因果関係（相当因果関係説）という３つの内容である。形式
的にみれば、この説は危険の現実化によって相当性の解釈論的構成を補充す
る見解であり、修正された相当因果関係説に属する。しかし、西田典之教授
は、ドイツの客観的帰属論を説明した際に、「この理論〔客観的帰属論――
筆者〕の核心は、許されない危険の創出とその結果への実現であるが、それ
は、わが国〔日本〕における実行行為性の判断と相当因果関係論に対応する
ものといえよう」と指摘した。これと比較すれば、山口教授の因果関係に関
する見解は、客観的帰属論とあまり変わらない。これに対して、山口教授自
身も、「このような立場は、規範的考慮に基づき結果の行為への帰属を問う
客観的帰属論……ともはや差はない」と認めている。そうである以上、相当
因果関係説が結果帰属判断に必要な刑法解釈論的基準を提供するために、依
然として比較的優位性があると考えることは、明らかに誤っている。
　客観的帰属論についても、結果帰属の判断にとってすでに必要な解釈論的
基準を提供したとはいえないように思われる。これは、少なくとも以下の３
つの内容を含む。⑴客観的帰属論の内部は比較的雑然としている。客観的帰
属論は、表面的にみれば明晰であるが、その内部は相当雑然としている。
Roxinは、客観的帰属論を設計した際に、規範の保護目的、被害者による自
傷、被害者の同意取得、第三者責任などの概念を慎重に用い、しかも違法性
における正当化事由との区別を図ったにもかかわらず、厳しい批判に晒され
た。しかも、許された危険によって引き起こされた各原則間の重なり合いの
ため、同理論の内部はよりいっそう雑然となった。これに対して、Eric
Hilgendorfは、客観的帰属論を「構成要件と正当化事由の未解決問題を積み

残したユーティリティールーム」と評した。さらに、Gerhard Seherは、目
下「この概念の具体化にとって本質的な貢献を果たした著作は珍しい[113]」と言
う。同様に、Thomas Weigendは、「『客観的帰属』には、解釈論上、確立し
た規則がない[114]」と考える。

(3)客観的帰属論は、故意犯と過失犯に同じように適用されるべきか否か。
Yesid Reyesによれば、客観的帰属論は、故意犯と過失犯に等しく適用され
るべきである[115]。Roxinは、客観的帰属論が「主として過失犯に」、場合によ
っては一部の故意犯に適用される、と考える[116]。Bernd Schünemannによれ
ば、故意犯の帰属基準と過失犯のそれとは異なるので、客観的帰属論は故意
犯と過失犯に等しく適用されるべきではない[117]。現在、故意犯と過失犯をめぐ
っては、客観的帰属論の適用において違いがあるべきだ、との見解が有力に
なりつつあるが、具体的には、いかにして両者を使い分けるべきかについ
て、一致した結論は依然として出ていない。

(4)客観的帰属論は、階層的犯罪論における各階層間の混乱した関係をもた
らしたおそれがある。「刑法学の伝統的認識によると、客観的帰属を通じて、
構成要件該当性と違法性の間に、許されない混合現象が表れた。危険の減少
という客観的帰属の内容が、その典型例である[118]」。実際にこれは、同理論と
「正当化原理」との体系上の衝突から生じた結果である。

したがって、規範的刑事政策のレベルにおいて、結果帰属判断の明確な解
釈論的基準を提供することに関して、修正された相当因果関係説と客観的帰
属論のうち、どちらが比較的優位性がある、と断言することはできない。し
かし、帰属論が刑法上の因果関係論に必要な内容となって以来、修正された
相当因果関係説は、客観的帰属から発展した下位基準と内容を採用しなけれ
ば、これを改善することはできない。だが、同説が、理論的基礎に対する異
なる選択から生まれたという結果に照らすと、伝統的な相当因果関係説のか
つての途に回帰するか、それとも、本質的に客観的帰属論に傾斜するか、と
なる。これに対して、客観的帰属論の修正は、修正された相当因果関係説の
下位基準を必ず利用しなければならないという必然性はない。このほか、相

当性という要素と客観的帰属論は、相互に排斥し合うわけではない。経験的内容による相当性判断は、依然として帰属基準の1つであり、主として異常な因果経過を排除するのに有益である。[119] 例えば、重症の甲を救助するために、救急車の運転手乙は、速度制限が毎時70kmの通りを毎時100kmの速度で運転していたが、それゆえに丙を跳ね、同人に重傷を負わせたとしよう。この例について、条件説によれば、乙の運転行為と丙の重傷との間に因果関係があるか否か、だけを判断すればよく、その結論として、両者の間には因果関係がある。また、相当因果関係説によれば、乙の速度違反行為と丙の重傷との間に相当性があるか否か、を判断し、結論としては、刑法上意義を有する因果関係がある。さらに、客観的帰属論からみれば、重傷の甲を救助するために、制限速度が毎時70 kmの通りを救急車で毎時100kmで運転した行為が、法律上許可されるか否かを判断し、結論としては、刑法上意義を有する因果関係がないということになる。そのため、ドイツの判例は、今日もなお、客観的帰属論を支持するか、それとも反対するかを明言しておらず、連邦通常裁判所も、これに対する態度は曖昧である。[120] 日本においては、「注意規範の保護目的」、「被害者による危険の引受け」、「中立的行為による共犯」などの問題に関して、判例は、明らかに客観的帰属論に傾倒している兆しがみられる。[121] この意味で、客観的帰属論に以下のような態度を示すことが、よりいっそう妥当である。すなわち、論争のなかで客観的帰属論を発展させ、その発展の中で論争を解決する、ということがそれである。

(二) 帰属レベルで解釈論的構造を補足するという途

　上述のように、中国の伝統的因果関係理論には、必要な解釈論的構造が欠け、この欠陥を克服するために、学説上は、補足説と代替説という2つの策が示されている。補足説について、そこにいう補足の内容は、経験的内容に限らず、規範的内容をも含む。実は、中国の伝統的因果関係論は、因果関係は客観的であるとの認識のもとに、規範の内包に対して慎重なまたは否定的な態度を維持している。これと異なり、中国の裁判官は、実務的知見によっ

てより早く、特定の領域において、規範の内包を用いて結果帰属の判断を行っている。例えば、張興らの拉致事件では、被告人は、人質を移送する途中に交通事故に遭い、これにより人質は衝突により頭蓋骨と脳の損傷を受けて死亡した。裁判所は、交通事故は異常な介在要素であるとし、拉致行為との間には因果関係はなく、拉致行為によって「人質が死亡した」とはしなかった。もう1つの例として、汚水溺死事件と前述した証明書借金事件では、規範的視点から、規範の保護目的論に基づき、裁判官は、刑法上の因果関係がない、という最終結論を導き出した。これらの事件はすべて、事実的因果の後に、規範性による結果帰属の判断を取り入れたものといってもよい。しかし、総体的にみれば、補足説の目立った問題は、補足の内容が、問題を一時しのぎの措置により対応するだけで、根本的に解決しようとしていない点にあり、事実的因果と結果帰属の明確な階層性が欠けており、さらには、体系上明確な下位準則が欠けている点にある。今日まで、介在要素がある場合にのみ、補足される内容は、条件説、原因説、相当因果関係説などに関係する。こうした補足によるのでは、伝統的因果関係論が刑法解釈論的構造に欠ける、という問題を体系的かつ有効に解決することは難しい。

　代替説については、条件説、相当因果関係説、客観的帰属論があり、中国においてそれぞれの支持者がいる。条件説など海外の因果関係論には、比較的、刑法解釈論上一定の優位性があり、特に一部で問題となっている事案の紛争を収束させる作用があることにかんがみ、したがって、代替説は、中国の司法実務において影響力がないわけではない。例えば、介在要素がある場合に、「最高裁判所は、伝統的理論の『偶然』、『必然』などの概念に惑わされることなく、ドイツと日本の理論を参考にして新たな道を模索している。だが、ドイツと日本における因果関係論は、次々と新たな考え方が表れ、尽きることがないため、最高裁判所は、関連する理論を前にして、原因説と相当因果関係説の選択を躊躇している。そのうち、原因説に賛成したのは最高裁判所の第4刑事部であり、相当因果関係説に賛成したのは第1刑事部と第2刑事部である」。実務による客観的帰属論の採用はすべて「暗黙のうちに

2　中国における刑事因果関係論の発展の概観　*61*

処理」された、という観点は、片面的であるとの批判を受けて、実務におい
て「客観的帰属」という用語を使用しないこともあったが、実際には、「顕
在的客観的帰属方法[126)]」を用いた、という意見もある。周光権教授らは、客観
的帰属論がすでに裁判実務に受け入れられ、しかもそうした裁判例は少なく
ない、と主張する。代替説は、ただ「帰因」レベルで条件説を用いるもので
あり、故意と過失によって刑事責任を限定するのは、結果帰属判断の独立し
た価値を否定することになる。これは、疑いもなく、初期の因果関係論に逆
行しているということであり、方法論上欠陥があるだけでなく、方向性とし
ても誤りである。現在、代替説における論争は、主として修正された相当因
果関係説と客観的帰属論によって展開されている。その争いは、海外のそれ
と比べると本質的に違いがないがゆえに、上述した修正された相当因果関係
説と客観的帰属論に関する分析が同じように適用できる。

　言及しなければならないのは、4要件犯罪論体系は、客観的帰属論を採用
するうえで実質的な障害となるか、という問題である。肯定説によると、客
観的帰属論は、4要件犯罪論の体系内に居場所がなく、階層的犯罪論体系内
でのみその居場所を提供することができる[127)]。否定説によれば、客観的帰属論
は、刑法の「規範的判断方法」を活用したものであり、客観的構成要件の
「技術的問題」だけに関係し、しかも結果帰属は、結果犯を評価するための
客観的構成要件の必要的要素である、と考えるのであれば、客観的帰属論
は、特定の結果犯の既遂要件と帰属基準を判断する方法であり、どのような
犯罪論体系を採用するかとはあまり関係がない[128)]。たしかに、4要件犯罪論体
系は、階層的犯罪論体系とは異なる。だが、因果関係論の趣旨は、刑事責任
の追及に必要な客観的根拠を提供する点にあり、客観的帰属論は階層的犯罪
論体系を横断し、4要件犯罪論体系の構造および機能にそぐわないという意
見[129)]は、事実的因果と結果帰属の区別を混同している、といえよう。しかも、
4要件犯罪論体系では結果帰属判断を内包することができない、と主張する
一方で、修正された相当因果関係説という結果帰属論を提唱することは、明
らかに矛盾している。客観的帰属論は、客観的構成要件に対する規範性判断

だけであり、中国の裁判実務において、これを明瞭化したり、曖昧化したり
しながら結果帰属を行うものである。したがって、４要件犯罪論体系が客観
的帰属論の適用にとって実質的な障碍でないことは、明らかである。客観的
帰属論と「正当化原理」は、体系上、一定程度衝突するという問題について
も、４要件犯罪論体系が客観的帰属論を排除する理由にはならない。なぜな
ら、これは、４要件犯罪論体系独自の欠陥ではないからである。

　ここで、補足説と代替説にあって、補足説の刑法解釈論的構造に体系性を
与えるよう同説を再構成しないことには、すなわち、事実的因果と結果帰属
の２つの段階において、「必然─偶然」関係、および、「直接─間接」関係の
下位基準を改めて探究しないことには、比較的優位性があることを論証でき
ない。補足説とは異なり、代替説の各見解間の争点は、相対的にみて集中し
ている。そのほか、客観的帰属論の因果関係に対する制限は、修正された相
当因果説の下位基準を通じてこれを実現する必要はなく、その一方で、経験
性に基づく相当性判断は、すでに同説の下位基準の１つとなった。それと同
時に、かりに経験的内容の主導的地位を断念しないとなると、修正された相
当因果関係説は、伝統的な相当因果関係説のかつての類型に退行することに
なり、規範性が脆弱であるという欠陥は、結果帰属判断における難問を生じ
させる。もし、かりに経験的内容の主導的地位を明け渡すとすれば、同説
は、本質的には客観的帰属論に変化することになり、残された問題は、相当
因果関係説という名称を維持するか否か、だけとなる。したがって、結果帰
属を判断する場合、客観的帰属論にはよりいっそうの優位性がある。

　客観的帰属論に反対する多数の理由の中に、客観的帰属論が「実行行為」
概念と同じく、構成要件の客観面を制限する機能を有しており、そのため、
実行行為概念と相当因果関係説を放棄し、客観的帰属論により代替される必
要はない、という意見があるが、この意見にはかなりの影響力がある。[130]これ
に対して、中国の周光権教授は、５つの批判理由を提出した。[131]たしかに、客
観的帰属論と実行行為は互いに排斥し合うわけではない。もしそうでなけれ
ば、実行行為をもとに構成された二元的犯罪関与体系、故意犯の中止形態な

どをめぐって混乱が生じるはずであり、理論上、客観的帰属論を採用したドイツでは、そのような事実はない。実のところ、「実行行為は、構成要件に該当し、法益を侵害する切迫した危険がある行為であり、実行行為が類型的には法益侵害行為であるという考え方自体は、客観的帰属論の方法論を借用したものである[132]」。

　自覚すべきは、今日まで、因果関係論における学説はすべて完璧ではない、ということである。因果関係論の発展において、客観的帰属論は単に重要な１つの段階であり、しかも「学説の発展において、『客観的帰属論』は、決して最後の『因果関係説』ではない[133]」。換言すれば、刑事政策学レベルでの客観的帰属論は、結果帰属判断において大きな方法論的価値を有しており、同理論に内在する欠陥は、結果帰属判断の方法を変えるには遠く及ばない。客観的帰属論は、絶えず自らが完全なものとなるよう修正を行っている。これは、中国の因果関係論の発展にとって、積極的な建設的意味がある。実際に、客観的帰属論は、因果関係を有効に制限することができ、犯罪の成立範囲を狭めるものである。しかし、「新刑法には目立った特徴があり、これは刑事法の領域を厳密化し、刑法の社会保障機能を強化する[134]」。近年の刑法改正は、この特徴を抜本的に変えることができなかった。これにより、中国刑法には、犯罪の成立範囲が広すぎるという短所を有する。だが、ここ数年以来、「刑法による一体化」という観念が広がるとともに、寛大さの中に厳格さがあり、厳格さの中に寛大さがあるという刑事政策は、単なる刑事司法上の政策から刑事立法上の政策にまで進化した。犯罪の成立範囲をいかにして適切に制限し、刑法と刑事政策をどのように調和するかについて、中国の刑法学界は終始苦悩し続けている。厳格さと寛大さを備える刑事政策と調和する客観的帰属論には、潜在的価値が隠されている。

　つまり、事実的因果と結果帰属の進展にとって、条件説は、客観的な因果プロセスを対象として事実的因果を選別し、相当因果関係説は、社会科学の角度から異常な因果経過を取り除き、そして客観的帰属論は、規範の観点から刑法上の因果関係をさらに制限し、これが、形式的な段階的判断となる

（伝統的モデル）。相当因果関係を否定することを基礎とし、条件説に対する批判を契機として、合法則的条件説から新たなロジックを作出するわけであるが、これは、条件説と相当因果関係説の判断を一体化することに等しい。しかし、新たな問題と古くからの問題とが混在しているがゆえに、同説は、条件説を代替することに成功したとはいえない、すなわち、「合法則的条件説＋客観的帰属論」（ドイツ流の代替モデル）による因果関係判断を採用するべきではない。客観的帰属論を排除する前提として、「条件説＋相当因果関係説」（日本モデル）で刑法上の因果関係の選別を行うわけだが、相当因果関係説の中に含める内容をめぐっては、社会科学のレベルと規範レベルで争いがあるため、同説は、伝統的な相当因果関係説に回帰するか、または、本質的には客観的帰属論に傾倒するしかない。よって、中国刑法における因果関係論の発展は、解釈論的構造における伝統的因果関係論の欠陥を埋めるという途に進むことによって実現されるのであり、それは、規範的評価をその内容に取り入れるという途でもあり、事実的因果から結果帰属への推進にあたっては、伝統モデルを採用すべきである。だが、どのようなモデルであっても、事実的因果から結果帰属に至るまで、その趣旨は、刑法上の因果関係の範囲を制限するものである。客観的帰属論にいかに対処するのかをめぐっては、同理論の中に比較的成熟した下位基準を借用すること、例えば、規範の保護目的論などを参考にして、それと同時に中国刑法の現状に基づいてこれを選別・改善することが有益である。

五　結　語

　今日まで、因果関係論の発展は、自然科学レベルから社会科学レベル、さらには刑事政策レベルの推進という、明快な進路を指し示している。自然科学法則は、自然的因果経過を明らかにすることにとって唯一無二の役割を果たし、条件説は、事実的因果関係を判断する基準である。代替条件説については、新たな問題と古くからの問題が混在しているがゆえに、合法則的条件

説は成功とはいえないが、条件説は、依然として、刑法上の因果関係を制限する合理的な基礎である。因果関係の判断は、事実的因果のレベルをいったん突破し、結果帰属判断を避けることはできず、したがって、事実的因果判断から結果帰属判断へと進展することとなる。相当因果関係と客観的帰属論は、それぞれ、社会科学と刑事政策学の視点から、刑法上の因果関係の範囲を積極的に制限する、結果帰属レベルでの理論である。しかし、厳格にいえば、結果帰属判断の理論は、伝統的な意味における因果関係論ではなく、刑法上の因果関係の範囲を限定するという意味では、同理論は、「刑法上意義を有する」因果関係論である。結果帰属レベルで因果関係を制限する客観的帰属論は、過渡的な特徴しか備えておらず、決して、刑法上の因果関係が行きつく最終的な理論ではない。

中国における伝統的因果関係論は、刑法解釈論上の明確な構造を提供できておらず、しかも、事実的因果と結果帰属という2つレベルの問題が有効に区別されてない。したがって、実務の事案を正確に処理するために、適切かつ実行可能な判断基準を提示できていない。こうした危機に対応するために、中国の伝統的因果関係論は、補足説と代替説という2つの途を切り開いた。補足説は、事実的因果と結果帰属を有効に区別することができておらず、また、体系上明確な下位基準が欠けている。代替説について、合法則的条件説は、条件説よりも本質的な優位性を備えていないため、「合法則的条件説＋客観的帰属論」というドイツ流の代替モデルを採用すべきではない。それと同時に、修正された相当因果関係説は、「生来の」欠陥からまだ脱却できていない。しかも同説は、規範の内包を認めても、相当性基準が不明確であるという問題を有効に解決できておらず、逆に、同説をめぐって、伝統的な相当因果関係説に回帰するか、それとも本質的に客観的帰属論に傾倒するか、という選択しがたい境遇に陥った。すなわち、「条件説＋修正された相当因果関係説」という日本モデルも採用できない。したがって、中国刑法における因果関係論の発展は、刑法解釈論上の構造において伝統的因果関係論の欠陥を克服するという途に進むことによって実現されるのであり、それ

は、規範的評価をその内容に取り入れるという途でもあり、事実的因果から結果帰属への推進にあたっては、自然科学レベルから、社会科学レベルに、さらには刑事政策レベルへと進展する伝統モデルをよりいっそう妥当なものとして採用すべきである。だが、いずれのモデルによって立つにしても、事実的因果から結果帰属へと進展することの趣旨は、刑法上の因果関係の範囲を制限することでなければならない。

注
1） 劉志偉・周国良（2007）,『刑法上の因果関係をめぐる特定のテーマの整理』, p80, 中国人民大学出版社, を参照。
2） ［ドイツ］Ruthers（2005）『法理学』, 丁暁春・呉越訳、p129, 法律出版社.
3） ［ドイツ］Claus Roxin（2005）,『ドイツ刑法総論』（第１巻）、王世洲訳, p223, 法律出版社.
4） 储槐植：《一个半因果关系》, 载《法学研究》1987年第３期を参照。
5） 張春発（1988）「刑法における直接的因果関係と間接的因果関係に関する管見」,『法律学習と研究』1998年第５期を参照。
6） この事案の詳細は, 以下のとおりである。被告人である張富有は、医師許可書と医療機構営業許可書を持っていない状況で、医療機構を運営し、治療活動を行った。2012年６月４日、被告人は、心臓疾患を抱えた趙氏（男性。49歳で死亡）に治療を施した。人工呼吸、心臓マッサージ、期限を過ぎたニトログリセリンの注射などの措置を講じた。上述の措置は奏功せず、被害者の趙氏はその当日に死亡した。鑑定により、被害者の趙氏は、心臓の冠状動脈疾患、急性心筋梗塞、軽度脂肪心などの心臓疾患により引き起こされた心不全で死亡したということが明らかにされた。鑑定意見は, 以下のとおりである。すなわち、被害者が生前に心臓疾患を抱えていたということが、発生した死亡の基礎にあり、趙富有は、違法に開業し、違法な治療を施し、治療行為と死亡結果との間には直接的因果関係はなかったが、張富有の行為は、客観的にみて救助時間を遅延させ、レスキューによる救命の機会を失わせ、趙氏の死亡過程に対して一定の責任を負い、その寄与度は50％とする、と。2012年８月２日に、被告人の張富有は逮捕された。臧德勝・劉歓・魏穎（2015）「無免許医事案における因果関係の把握」,『人民司法』2015年第12期.
7） 林亜鋼（2014）『刑法教義学（総論）』, p179, 北京大学出版社, を参照。
8） 劉士心（2017）「刑法における因果関係の判断準則」,『政治と法律』2017年第２期を参照。
9） 前掲注[7], 林亜鋼書, p179.
10） 事件の詳細は, 以下のとおりである。被害者の陳碰獅との口論により、被告人の洪志寧は、被害者の胸部と頭部を連続して殴打した。その後、被害者は被告人を追跡し、

2 中国における刑事因果関係論の発展の概観 *67*

2歩か3歩で倒れて死亡した。鑑定によると、被害者は、もともと心臓の冠状動脈疾患を抱えており、口論により感情が高ぶったこと、胸部を殴打されたこと、運動が激しかったこと、および飲酒など多様な要素の影響により、心臓の冠状動脈疾患が誘発され、冠状動脈の痙攣により心臓の動きが突然停止して、突然死に至った。

11) 事件の詳細は，以下のとおりである。被告人の孫超と被害者の葉長青とは、些細なことで揉めごとを起こした。葉長青は、オートバイを運転しながら孫超のセダン車のボックスの左側後部を叩き、孫超を罵った。それによって拍車がかかり、孫超は葉長青を追跡し、車道で、自車の先端で葉長青のオートバイの右側末端に追突した。それにより、オートバイは対向車線に転倒し、倒れた葉長青は対向車線から来たタクシーに跳ねられて死亡した。

12) 『中国指導案例』編集委員会（2013）『裁判所指導案例裁判要旨のまとめ（刑事第一巻）』，p85‐86，中国法制出版社，2013年版.

13) 前掲注「6」，臧徳勝ほか著.

14) 実際には、後述する内容と合わせて以下の内容が明らかにされた。事実的因果関係判断と結果帰属判断の意味では、目下、ヨッロパには主に、条件説＋相当因果関係説＋客観的帰属論という伝統的モデル、合法則的条件説＋客観的帰属論モデル、および条件説＋相当因果関係説モデルがある。

15) 馮亜東・李侠（2010）「客観的帰属から主観的帰責まで」，『法学研究』2010年第4期を参照。

16) 張明楷（2016）『刑法学（上）』（第五版），p174以下，法律出版社，を参照。

17) 劉艶紅（2011）「客観的帰属：疑問と反省」，『中外法学』2011年第6期を参照。

18) 周光権（2012）「客観的帰属論の方法論的意義」，『中外法学』2012年第2期を参照。

19) 楊彩霞（2004）「刑事因果関係論の危機・反省・突破口」，『国家検察官学院学報』2004年第4期を参照。

20) 儲槐植・汪永楽（2001）「刑事因果関係の研究」，『中国法学』2001年第2期を参照。

21) 前掲注[3]，Claus Roxin書，p235.

22) 許玉秀（2005）『当代刑法思潮』，p427，中国民主出版社.

23) ［ドイツ］Johannes Wessels（2008）『ドイツ刑法総論』，李昌珂訳，p95，法律出版社.

24) ［日］辰井聡子（2006）『因果関係論』，p7，有斐閣，を参照。

25) 前掲注[3] Claus Roxin書，p234；［ドイツ］Hans-Heinrich Jescheck・Thomas Weigend（2001）『ドイツ刑法教科書』，徐永生訳，pp346-347，中国法制出版社；［ドイツ］布莱恩·瓦利留斯「因果関係と客観的帰属」，梁根林・［ドイツ］Eric Hilgendorf編（2015）『刑法体系と客観的帰属』，」p127，北京大学出版社等。

26) ［ドイツ］Urs Kindhäuser（2015）『刑法総論教科書』，蔡桂生訳，p80，北京大学出版社.［ドイツ］Eric Hilgendorf（2015）『ドイツ刑法学：伝統から現代へ』，江溯ほか訳，p265，北京大学出版社；前文の引用[3]Claus Roxin書，p234等を参照。

27) 前掲注「3」，Claus Roxin書，p235.

28) 前掲注「22」，許玉秀書，p430.

29) ［日本］大塚仁（2002）『刑法概論（総論）』（第三版），馮軍訳，p92，中国人民大学出版社.

30) ［イタリア］Padovani Tullio（2004）『イタリア刑法学原理』（注釈付）陳忠林訳，p137，中国人民大学出版社.

31) ［日本］西田典之（2007）『日本刑法総論』，劉明詳訳，p69，中国人民大学出版社；［日］山口厚『刑法総論』（第2版），付立慶訳，p53，中国人民大学出版社；［ドイツ］Urs Kindhäuser（2015）『刑法総論教科書』，蔡桂生訳，p80，北京大学出版社；［ドイツ］Eric Hilgendorf（2015）『ドイツ刑法学：伝統から現代まで』，江溯訳，p265，北京大学出版社；前掲注［3］，Claus Roxin書，p234，等。

32) 客観的には，下水油を食べた人の健康にとって危害があるか否かを鑑定で確認できないということは，事実上必ずしも危害がないとはいえない。

33) 前掲注［23］，Johannes Wessels書，p97.

34) 林鈺雄（2009）『新刑法総則』，p121，中国人民大学出版社.

35) 労東燕（2015）「事実的因果と刑法における結果の帰責」，『中国法学』2015年第2期.

36) 李聖傑（2002）「刑法における因果関係についての思索」，『中原財政法学』2002年第8期.

37) 前掲注［16］，張明楷書，p181.

38) ［ドイツ］Hans-Heinrich Jescheck・Thomas Weigend（2011）『ドイツ刑法教科書』，徐永生訳，p347，中国法制出版社，を参照。

39) 前掲注［22］，許玉秀書，pp426-428.

40) 黄栄堅（2009）『基礎性法学（上）』（第3版），p175.

41) ［ドイツ］Eric Hilgendorf（2015）『ドイツ刑法学：伝統から現代へ』，江溯ほか訳，p273，北京大学出版社，から引用した。

42) 徐凌（2014）「刑事製造物責任事案における因果関係の認定問題」，『政治と法律』2014年第11期から引用した。

43) 前掲注［34］，林鈺雄書，p123.

44) 前掲注［16］，張明楷書，p185.

45) 黄荣坚：《刑罚的极限》，台北元照出版公司1999年版，第62頁。

46) 前掲注［38］，汉斯・海因里希·耶赛克等书，第345頁。

47) 邹兵建：《合法則性条件説的厘清与质疑》，载《环球法律评论》2017年第3期を参照。

48) 前掲注［42］，徐凌波文。

49) ［日本］小林憲太郎：『因果関係と客観的帰属』，弘文堂，2003年，199-200頁を参照。

50) ［ドイツ］克劳斯·罗克辛：《德国最高法院判例·刑法总论》，何庆仁、蔡桂生译，中国人民大学出版社2012年版，第248-253頁を参照。

51) ［ドイツ］Urs Kindhäuser（2015）『刑法総論教科書』，蔡桂生訳，p81，北京大学出版社，を参照。

52) 前掲注［3］，Claus Roxin書，p236.

53) 前掲注［38］，Hans-Heinrich Jescheck・Thomas Weigend書，p346.

2 中国における刑事因果関係論の発展の概観 *69*

54）　前掲注［41］Eric Hilgendorf書，pp285-286.

55）　前掲注［41］，Eric Hilgendorf書，pp286-290.

56）　前掲注［41］，Eric Hilgendorf書，p287.

57）　［ドイツ］Liszt（2006），『ドイツ刑法教科書』，徐永生訳，p196，法律出版社.

58）　鄭逸哲（2014）『刑法入門』，p50，著者出版，を参照。

59）　前掲注［34］，林鈺雄書，p121.

60）　梁雲宝（2014）「反面的構成事実錯誤の識別」，『中国法学』，2014年第5期を参照。

61）　［日本］松宮孝明編（2015）『ハイブリッド刑法総論』（第2版），p64，法律文化社；
　　　［日本］山口厚（2011）『刑法総論』（第2版），付立慶訳，P59《刑法総論》（第2版），
　　　中国人民大学出版社；［日本］山中敬一（2008）『刑法総論』（第2版），pp256-257，成
　　　文堂、等を参照。

62）　［日本］曾根威彦（2005）『刑法学の基礎』，黎宏訳，p184，法律出版社，を参照。

63）　前掲注［41］，Eric Hilgendorf書，p274.

64）　前掲注［38］，汉斯·海因里希·耶赛克等书，第348-349頁。

65）　前掲注［23］，约翰内斯·韦塞尔斯书，第102頁。

66）　［イギリス］H.L.A.Hart・Tony Honore：《法律中的因果关系》，张绍谦、孙战国译，
　　　中国政法大学出版社2005年版，第423頁を参照。

67）　［日本］曽根威彦：『刑法総論』，弘文堂2008年版，第79頁を参照。

68）　黄荣坚：《刑法问题与利益思考》，中国人民大学出版社2009年版，第84頁を参照。

69）　前掲注［2］，魏德士书，第47頁。

70）　丁栋生、张达伟：《碰撞致他人被后面车辆碾死如何定性》，载《检察日报》2005年3
　　　月4日版を参照。

71）　前掲注［38］，汉斯·海因里希·耶赛克等书，第349頁。

72）　转引自许玉秀：《主观与客观之间》，法律出版社2008年版，第178頁。

73）　前掲注［2］，魏德士书，第134頁。

74）　前掲注［18］，周光権文。

75）　［日本］西原春夫：『犯罪実行行為論』，戴波、江溯译，北京大学出版社2006年版，第
　　　13頁以下を参照。

76）　［日本］西田典之（2007）『日本刑法総論』，劉明祥・王昭武訳，p80，中国人民大学出
　　　版社.

77）　歴史的には、これによる弊害は早期に明らかにされた。例えば、v. Kriesは、原因
　　　が顕著に増加するというだけで、結果発生の蓋然性は相当性を有すると主張している。
　　　その一方で、Tarnowskiらは、蓋然性がきわめてわずかに増加しただけで、ある条件
　　　を相当な原因とするのは十分である、と主張している。前掲注［66］，H.L.A・Hartほ
　　　か書，p439.

78）　作者不詳『江西のある無許可運転手が女子に対し妓楼に売りとばすとの冗談。女子
　　　は車から飛び降りて植物人間に』，http://www.jxcn.cn/system/2014/08/14/
　　　013268695.shtml（2017年3月16日アクセス）を参照。

79）　許卓『女子大学生が無許可の運転手に脅され、車から飛び降りて植物人間に。「脅

70

迫」者は逮捕』http://jiangxi.jxnews.com.cn/system/2014/09/16/013329296.shtml (2017年4月10日アクセス) を参照.

80) ［ドイツ］Schünemann『客観的帰属について』,許玉秀・陳志輝編『一生懸命法律と正義のために献身する——許乃曼教授刑事法論文集』,pp549－550,台北新学林出版株式有限公司.

81) 前掲注[16],張明楷書,p175.

82) 前掲注[38],Hans-Heinrich Jescheckほか書,p349；蘇俊雄((1998)『刑法総論II』(修正版),p105,作者1998年版,等.日本の山中敬一教授らにより提唱された規範の保護目的論は,当初は刑法学の見解から生まれたが,広くは支持されていない.

83) 結果回避可能性は,かつて伝統的過失論において,過失犯を判断する要件の1つとして掲げられたものであり,その後,不法リスクを実現するための下位基準の1つとして客観的帰属論に吸収された.前文の引用[34]林鈺雄書,p384.相当因果関係説は,すでに結果回避可能性を検討するものであったが,主に経験的社会科学レベルにおいてこれを行った.

84) ［日本］佐伯仁志(2004)「因果関係（2）」,『法学教室』第287号.

85) ［日本］井田良(1999)『犯罪論の現在と目的的行為論』,p79以下,成文堂；[日] 吉田敏雄(2010)「因果関係と客観的帰属」(下),『北海学園大学学園論集』2010年第146号を参照.

86) ［日本］山中敬一：『日本刑法学における相当因果関係の危機と客観的帰属論の台頭』,林東茂ほか(1998)『犯罪と刑罰：林山田教授還暦祝賀論文集』,台北五南図書出版公司,p34以下を参照.

87) 王皇玉：《刑法总则》,台北新学林出版股份有限公司2014年版,第185頁を参照.

88) 前掲注[17],劉艶紅文.

89) ［ドイツ］托马斯・魏根特：《客观归责——不只是口号？》,载梁根林,［ドイツ］埃里克·希尔根多夫主编：《刑法体系与客观归责》,北京大学出版社2015年版,第95-96頁。

90) 前掲注[3],克劳斯・罗克辛书,第237頁以下.

91) 周维明：《雅各布斯的客观归责理论研究》,载《环球法律评论》2015年第1期を参照.

92) ［德］克劳斯・罗克辛：《刑事政策与刑法体系》,蔡桂生译,中国人民大学出版社2010年版,第20頁を参照.

93) 前掲注[89],托马斯·魏根特文,第103頁。

94) 鈴木茂嗣：『刑法総論（犯罪論）』,成文堂2001年版,第87頁を参照.

95) ［ドイツ］K.H.舒曼：《论刑法中所谓的"客观归属"》,载《清华法律评论》编委会编：《清华法律评论》(第六卷 第一辑),清华大学出版社,2012年版,第223-224頁を参照.

96) 梁云宝：《客观归属论之要义：因果关系的限缩》,载《法学》2014年第1期を参照.

97) ［ドイツ］布莱恩·瓦利留斯：《因果关系与客观归责》,载梁根林,［德］埃里克·希尔根多夫主编：《刑法体系与客观归责》,北京大学出版社2015年版,第130頁を参照.

98) 前掲注[24],辰井聡子書,p58.

99) 前掲注[66],H.L.A.Hartほか書,p432.

100) 前掲注[76]，西田典之書，第85頁。

101) 前掲注[87]，王皇玉書，第182頁。

102) 蘇俊雄：《刑法总论II》（修正版），作者1998年版，第104頁を参照。

103) 前掲注[97]，布莱恩·瓦利留斯書，第128頁。

104) ［日本］山中敬一：『刑法における客観的帰属の理論』，成文堂1997年版，第85頁を参照。

105) 转引自周光权：《行为无价值论与客观归责理论》，载《清华法学》2015年第 1 期。

106) 前掲注[91]，周维明文。

107) 前掲注[23]，Johannes Wessels書，p102.

108) 前掲注[86]，山中敬一文，pp55-56.

109) ［日本］山口厚『刑法総論』（第 2 版），付立慶訳，pp58-60，中国人民大学出版社，を参照。

110) 前掲注[76]，西田典之書，p85.

111) 前掲注[109]，山口厚書，p59.

112) 前掲注[72]，許玉秀書，pp206—207.

113) 前掲注[89]，Thomas Weigend文，p95.

114) 前掲注[89] Thomas Weigend文，p104.

115) 前掲注[72]，許玉秀書、p209.

116) 前掲注[3]，Claus Roxin書，p246.

117) 前掲注[80]，Bernd Schünemann文，pp557－558.

118) 前掲注[95]，K.H.舒曼文，p230.

119) 前掲注[97]，布莱恩·瓦利留斯文，第128頁。

120) 前掲注[97]，布莱恩·瓦利留斯文，第129頁。

121) ［日本］安達光治：《日本刑法中客观归属论的意义》，载《国家检察官学院学报》2017年第 1 期を参照。

122) 陳進龍（2013）「張興らの拉致事件」，中華人民協和国最高裁判所刑事審判第一庭から第五庭編：『刑事審判参考』，2102年第 4 集，P39，法律出版社，を参照。

123) 本件事案の詳細は、以下のとおりである。1999年にA県において、ある電気鍍金工場は、環境保護の検査に合格した後、しばらくの間、ひそかに汚水排出口を変更し、汚水をもとの審査により認可された場所から、長い期間をかけて村民たちにより形成された大きな窪みに移動させた。この窪みの東、西、南は、民家のすぐ隣である。A県の環境保護局局長の甲と環境観察大隊隊長の乙は、ともにクレームを受けたことがある。2006年から2007年の間、同県の環境保護局は、同工場にて現場検査を行い、その汚染状況に基づき、期限内にこれを整理する旨の通知を下したことがある。だが、期限内の整理で効果が上がらなかったのに、法執行者は、さらなる措置を講じなかった。このため、同工場が違法に汚水を排出することが10年以上にわたり続いていた。この間、同工場は大量の強酸を含んだ汚水を排出した。2008年、坑西岸のある村に住んでいた 6 歳の男児は、不注意により坑に転落し救助されたが、救命措置の甲斐なく死亡した。鑑定によると、同男児は、「湖水によって呼吸機能障害が引き起こされ、心

不全により死亡した」。しかも水中の酸化物・六価クロムが、窒息の速度を早めた、という。

124) 楊海強（2014）「刑事因果関係の認定」,『中国刑事法雑誌』2104年第 3 期.

125) 熊琦（2102）「『冗談による殺害』事件から見た客観的帰属の『規範の維』」, 陳興良主編《刑事法判断についての分析》（第11巻）, p3以下, 人民法院出版社.

126) 周光権（2105）「客観的帰属論における中国実務」, 梁根林、［ドイツ］Eric Hilgendorf主編『刑法体系と客観的帰責』, p74以下, 北京大学出版社を参照。

127) 陳興良（2009）「客観的帰属の体系的地位」,『法学研究』2009年第 6 期.

128) 前掲注[126], 周光権文, p93.

129) 李冠煜（2017）「中国刑法因果関係論宜采取修正的相当因果关系说」,『政治と法律』2017年第 2 期, を参照。

130) ［日本］井田良（2005）『刑法総論の理論構造』, p63, 成文堂, を参照。

131) 前掲注[126], 周光権文, p92.

132) 前掲注[126], 周光権文, p92.

133) 黄常仁（2009）『刑法総論：ロジック分析とシステム論証』, p31, 台北新学出版株式有限公司.

134) 儲槐植（1997）「新刑法の社会保護機能」,『法制日報』1997年 5 月24日第 7 版.

第2セッション

正当防衛の理論と実務問題研究

3 正当防衛の司法認定
——王洪軍事件と于歓事件に関する比較的考察——

北京大学法学院教授

陳　　興　　良

（謝　佳君　訳：甲斐克則　補正）

　正当防衛制度は、中国刑法において重要な位置を占めている。立法機関により、国民には犯罪と戦うことを奨励する機能が付与されている。1997年の刑法改正にあたり、刑法20条1項に正当防衛の概念を規定するほか、2項では、防衛行為が、必要な限度を著しく超えて重大な損害を生じさせた場合にだけ、過剰防衛が成立する、と規定されている。3項では、無過当防衛が規定され、身体の安全に著しい危害を及ぼす暴力犯罪に対して、防衛行為を行うことによって不法侵害者に死傷の結果を生じさせたときは、過剰防衛とはならない、とされている。立法機関は、正当防衛と過剰防衛に対して防衛行為者に十分有利な規範設定をしている、とも言えよう。一方、実務においては、正当防衛と過剰防衛に関する認定はどうなっているだろうか。これは、検討すべき課題である。本稿では、王洪軍事件と于歓事件を比較することにより、中国の司法実務における正当防衛制度の実際的運用状態を考察する。

一　王洪軍傷害事件の分析

㈠　判　決

　被告人王洪軍は、海龍とも呼ばれる男性であり、1979年9月15日、中国の広西隆林各族自治県に生まれ、中等専門学校卒業後、中国の広西隆林各族自治県にある興隆鉄合金工場の寮に住んでいた。2003年4月23日、傷害罪で隆林各族自治県の公安局により勾留された。そして、同年5月15日に広西隆林

各族自治県公安局が事件を取り消し、釈放された。2007年11月29日、隆林各族自治県人民検察院は再び逮捕状を発し、同年12月13日、広西隆林各族自治県公安局は王洪軍を逮捕した。

　隆林各族自治県人民検察院は、審理によって、以下の事実内容を明らかにした。すなわち、「2003年4月22日夜の11時ころ、被告人王洪軍は、龍山街で友人と遊んでいるとき、被害者陸建からの電話を受けた。被害者は、下品な言葉を使って被告人に悪口を言い、両方は口喧嘩をした。その後、龍山街で被害者と被告人は、偶然顔を合わせ、また口喧嘩することになり、その場に居合わせた人に止め入られた。その後、被害者陸建は、オートバイで黄学夢のところへ行き、黄学夢に「被告人王洪軍を殴りたい。」と言った。それから、2人は、興隆街43号に位置している中国建設銀行の正門の前で被告人王洪軍を見つけた。黄学夢はオートバイから降り、何発か連続で被告人王洪軍の顔を張り、被害者陸建は握り拳で被告人王洪軍の頭を打った。その後、2人は、共に被告人王洪軍を殴った。他人に止められ、両方は喧嘩を止めて言い争いながら新しい駅の方に向かって行った。被告人王洪軍と被害者陸建が歩いていたとき、黄学夢は、路肩に立つ高圧線の鉄塔のところで、ぼろぼろのセメントのレンガを拾って、後ろから追いかけ、そのレンガで被告人王洪軍を打とうとし、同時に被害者陸建は、再び被告人王洪軍を殴り始めた。こうした状況で、王洪軍は、鍵のキーホルダーを取り出して、そこに掛かっている平南ナイフ^{*)}でむやみに突き刺し始め、黄学夢と被害者陸建を刺した。被告人王洪軍も、黄学夢からのセメントのレンガで頭を打たれた。隣で見ていた陳光勇は、被害者陸建と黄学夢とが怪我をしたことに気づき、被告人王洪軍を止めてナイフを奪い取った。その後、被告人王洪軍は、公安機関へ自首した。当日の夜、被害者陸建は、病院に送られたが、死亡した。法医学者による解剖の結果、被害者陸建は、脾臓の動脈が切られ、出血過量によって循環ショックで死亡したとのことであった。被告人王洪軍は、軽傷であった。事件後、被告人王洪軍の親族は、「被害者の親族に14500元を賠償した。」と言った。裁判所は、次のような判決を下した。

3　正当防衛の司法認定　*77*

「傷害罪とは、行為者が不法に他人の身体を傷害する行為であるが、急迫不正の侵害から自己を守るため、不正な侵害に対して必要な防衛手段を取った場合は、正当防衛であり、刑事責任を負わない。本件では、事件の前に、死者の陸建は、被告人王洪軍と口喧嘩をした。その後、黄学夢に頼んで『共に街へ王洪軍を探しに行き、殴ろう。』と言った。そして、被告人王洪軍を見つけて暴行を加えた。主観面でも行為面でも、陸建と黄学夢は、明確に不正の侵害を行った。一方、被告人王洪軍は、明らかに消極的な防衛の立場であった。不正の侵害が継続的に行われる間に、黄学夢はセメントのレンガを持って被告人王洪軍に立ち向かい、陸建は拳を振るって王洪軍を殴った。黄学夢と陸建は、被告人王洪軍の安全を脅かす行為を行っていた。被告人王洪軍は、憤慨しつつも恐れを抱いていたため、被害者陸建、黄学夢の不正な侵害の意図及び侵害の程度について一時に判断することが困難であった。適当な防衛手段を選ぶことができなかったところ、むやみにナイフを振りかざし、陸建の死亡という結果に至ったが、陸建と黄学夢の不正な侵害により起こされた結果と比べてみれば、明らかに必要な限度を超えてはいなかった。そこで、被告人は、進行中の不正の侵害から自己を守るために、不正の侵害に対して防衛手段を取り、しかも明確に必要な限度を超えなかった。被告人の行為は、正当防衛の客観的要素があり、正当防衛が成立し、刑事責任を負わない。被告人王洪軍を無罪と宣告すべきである。検察側が被告人王洪軍を傷害罪として起訴したことに関して、本裁判所は支持しない。付帯私訴の原告人から被告人が民事上の損害賠償の責任を負うべきだ、という訴求について、本件では、被害者陸建が被告人王洪軍に不正な侵害行為を行い、被告人王洪軍が正当防衛を実行しただけで、被害者陸建を死亡させたから、被告人王洪軍は、民事損害賠償の責任を負うべきではない。しかし、被告人王洪軍の親族が積極的に被害者である陸建の家族に経済上の損害を賠償したことについては、それは当事者が自ら進んで賠償したのであり、法律の規定に違反していない。被告人王洪軍及びその弁護人が提出した意見は、事実上及び法律上の根拠があ

り、本裁判所はこの弁護人の意見を承認する。国民の人身の権利に対する侵害から守るために、不正な侵害した者に対して、怯えることなく勇敢に不正侵害者から自己又は他人を守ること、又は積極的に不正な侵害行為と戦うこと、そして不正の侵害を止めることを提唱する。以上の事実に基づき、中国人民共和国刑法20条1項の規定により、被告人王洪軍は無罪である。」

㈡　事実関係

王洪軍傷害事件は2003年4月22日に発生し、被告人は翌日に公安機関により刑事勾留され、5月15日に事件が取り消され、釈放された。2007年11月29日に人民検察院が再び勾留を承認し、同年の12月13日に公安局は王洪軍を逮捕した。こうした事件の時系列を通じて、処理したプロセスの難しさが想像できる。公安機関が事件発生の直後に、王洪軍を勾留し、30日未満の間に事件を取り消し、被疑者を釈放した。これは、決して公安機関の議決ではなく、人民検察院が勾留を承認しないからである、と思う。もちろん、判文には、事件を取り消して王洪軍を釈放したことについて具体的な原因が書かれていないが、私は、それは人民検察院が勾留を承認しなかったからだ、と容易に推測する。そこで、最初から人民検察院が正当防衛になる、と認定した。人民検察院が勾留を承認しないということにより、事件の訴訟プロセスが中断された。2年余りが経ち、2007年11月29日、人民検察院が勾留を承認したのは、公安機関の立場を堅持したからではないはずである。その理由は、中国刑事訴訟法90条、人民検察院刑事訴訟規則105条、106条の規定によるものである。中国刑事訴訟法90条は、「公安機関は、人民検察院の勾留不承認決定について誤りがある、と認めた場合は、再議を請求することができる。しかし、被逮捕者は直ちに釈放しなければならない。意見が受入れられない場合には、一級上の人民検察院に再審議を請求することができる。上級の人民検察院は、直ちに再審査し、変更するか否かの決定を下して、下級の人民検察院及び公安機関に通知し、執行させなければならない。^{**)}」と規定する。人民検察院刑事訴訟規則105条は、「公安機関が勾留不承認を再審査する

ことを請求する事件については、人民検察院は、勾留審査部門の担当者を別に指定して再審査させなければならず、再審査請求書及び事件書類を受け取った日から7日以内に変更するか否かの決定を行い、公安機関に通知しなければならない。**)」と規定する。また、106条は、「公安機関が一級上の人民検察院に対して勾留不承認事件を再審査することを請求する場合には、一級上の人民検察院は、再審査請求意見書及び事件書類を受け取った日から15日以内に、検察長又は検察委員会が変更するか否かの決定を行うとともに、下級人民検察院及び公安機関に通知して執行させなければならない。原決定を変更すべき場合には、勾留承認決定書を別に作成しなければならない。必要な場合には、上級人民検察院は直接に勾留承認の決定を行い、下級人民検察院に通知して公安機関に送達して執行させることができる。***)」と規定する。上述の規定によれば、検察機関が勾留を承認しない議決について公安機関が再検討、再審を請求する場合には、厳格な時間限制があり、2年を延ばすことは不可能である。再び逮捕された原因は、死者の家族が諦めずに引き続き上訴し、陳情に行ったからである。結局、検察機関はやむをえず屈服し、本件の被告人王洪軍を傷害罪で起訴した。本件は、事件発生の2年後に再び司法プロセスに入った。

　本件の事実概要に関して、公訴機関の意見と判決の認定とはほぼ一致し、あまり大きく食い違うところがない。以下の3つの詳細な問題点から本件の事実を分析しよう。

1　原因について

　まず、本件の被告人王洪軍は、陸建から侮辱の電話を受けて、2人は電話で口喧嘩をした。これが事件の始まりである。電話での口喧嘩は、隔たっていたため、直接に身体を接触させることには至らなかった。裁判所が認定した事実に基づけば、陸建は電話で罵った後、オートバイで黄学夢のところに行って、黄学夢に「王洪軍を殴りたい。」と言った。その後、2人は、興龍街43号門の前で被告人王洪軍を見つけ、共に王洪軍を殴った。ということで、陸建は他人を誘い、積極的に被告人を挑発して殴ったりして、揉め事を

起こした。全体的に事件の原因から見れば、明らかに陸建側の過ちである。

2 殴打について

陸建は、王洪軍を見つけてから、黄学夢と共に王洪軍を殴った。判決によれば、黄学夢はオートバイから降りて、直後に被告人王洪軍の顔を張って、それから陸建は前に行って拳で王洪軍の頭を殴った。裁判所は、加害者が王洪軍の顔を張り、拳で頭を殴るという暴力的襲撃を加えたことを認定したほか、陸建と黄学夢が共に王洪軍を殴ったことも認定した。そのとき、王洪軍からの反撃が見られなかった。殴られた後、被告人は、そこを離れて退避することを急いだ。しかし、陸建は王洪軍を追って、また罵った。事件が最終的にエスカレートし、黄学夢は、セメントのレンガを拾い、後から早いスピードで王洪軍に追いつき、そのセメントのレンガで王洪軍を殴るつもりであり、そのとき、陸建もまた拳で王洪軍を殴った。こうした状況下で、王洪軍の防衛行為を招いた。

3 反撃について

陸建と黄学夢の不正な侵害に対して、最初、王洪軍は、耐えながら、退避することで対応した。不正な侵害がエスカレートするにつれて、本人の人身の安全がひどく脅かされたとき、王洪軍は反撃行為を行った。判決によれば、被告人王洪軍は、キーホルダーを取り出し、そのキーホルダーに掛かっていた平南ナイフを開けて、むやみに突き刺し、黄学夢と陸建をそれぞれ突き刺し、王洪軍自身も黄学夢からセメントのレンガで頭を殴られた。上記事実から見ると、王洪軍は、防衛用の道具が普段携帯しているナイフであり、反撃方式はむやみに突き刺すことであった。

判決は、「むやみに突き刺した。」という言葉を使っているが、そこには3点の意味が含まれている。1点目は、反撃行為の目的性がないことである。ここでの「むやみに」は、そういう意味であり、王洪軍がわざと急所を狙って突き刺したわけではないということが判明した。2点目は、反撃行為のパニック性である。陸建らに殴られることに対して、王洪軍は、パニック状態で反撃し、反撃の道具及び反撃を加えた部位を選ぶ余裕がなかった。現場で

道具を取り、むやみに突き刺した。3点目は、反撃行為の急迫性である。一般的に「むやみに突き刺した。」は、急迫不正の侵害と向き合うときに、不正の侵害を制止するために、やむをえずにした反撃行為である。以上のように、むやみに突き刺したことによる反撃行為には急迫性があったことが判明した。

㈢ 性質の判断について

本件においては、起訴書と判文が認定した事実内容が完全に一致するが、なぜ検察側は被告人王洪軍の行為を傷害罪であるとして起訴し、過剰防衛にもならないのであろうか。しかしながら、裁判所は、被告人王洪軍の行為を直接に正当防衛である、と認定し、過剰防衛でもない、と認定した。こうしてみると、公訴機関と裁判所は、性質判断について大きな差異がある。判文に直接に弁護人の意見が書かれなかったのは残念である。裁判所は、「被告人王洪軍及びその弁護人から提出された弁護人の意見は事実上及び法律上の根拠があり、本裁判所は上記弁護人の意見を認める。」と述べただけである。判文から、弁護人が正当防衛を主張したことを推測できる、と思う。もし、裁判所が公訴機関の控訴意見を列挙した後、被告人の弁解と弁護人の意見を述べながら、公訴人と弁護人の意見を評論したうえで、裁判の結論を出すのであれば、一番理想的である。なぜなら、これは、公訴人と弁護人が公訴の立場によりそれぞれの意見を提出し、一定の方向を指す考えでまとめる結論だからである。しかしながら、裁判官は、中立の立場で、公訴人と弁護人の意見を十分に考えたうえで判決を下すのであり、このように下した裁判の結論こそ客観性と公正性がある。判文では、被告人の行為は正当防衛になるか否かについて、公訴人と弁護人の争点を分析してないため、この判決は、他人の考えに耳を貸さずに自分だけで決めた、というような感じがする。

裁判所は、主に以下の3つの問題点から理由を述べ、陸建を死亡させたこと及び黄学夢を怪我させた被告人王洪軍の反撃行為が正当防衛である、と認定した。

1 侵害の不正性

裁判所は、陸建の方が先に揉め事を挑発したという事実に基づいて、本件の正当防衛は原因行為の違法性がある、と認めた。防衛原因に対しての認定は、以下のとおりである。「本件の死者である陸建は、事件が発生する前、被告人王洪軍と口喧嘩をした。その後、黄学夢を誘って2人は共に街へ出て被告人王洪軍を捜し、「陸建は被告人王洪軍を殴る。」と言いふらした。そして、「被告人王洪軍を見つけてから、被告人王洪軍を殴った。陸建と黄学夢が主観的にも行動上も明らかに不正の侵害を実行し、被告人王洪軍は明らかに防衛の立場にある。」とした。本判決は、被告人王洪軍と死者の陸建との関係について正確な判断を下した、と言える。これは、確実に侵害と防衛との関係である。実務においては、正当防衛あるいは過剰防衛の認定について一番問題となりやすいのは、上記のような防衛の性質の持つ行為と相互喧嘩行為を混同することである。後で詳しくこの点を分析したい。本件では、公訴機関も、死者が先に被告人を罵って殴って、さらには仲間がセメントのレンガを1つ拾って、後ろから被告人を襲ったという事実まで認定していたものの、なぜこの場合、被告人王洪軍の反撃行為を直接に傷害罪と決定し、完全に死者側の加害を無視しているのか。検察機関の起訴書では、相互喧嘩と認定していないが、防衛として認めない論理的な前提は、両方の行為が相互喧嘩として認めるしかない。本判決は、死者側の不正の侵害について、正確な判断を下した、というべきである。したがって、被告人の行為が正当防衛と認定されたのは、完全に正当である。

2 防衛の適時性

本件では、不正の侵害の進行中の問題について、あまり異議がない。それは、最初王洪軍が陸建に罵られて殴られたものの、罵られて殴られた間に反抗もしなかったからである。王洪軍は、黄学夢が拾った1つのセメントのレンガで殴られた緊急のときに防衛行為を実行した。それにしても、黄学夢のセメントのレンガから襲撃を避けることには失敗した。裁判所は、不正な侵害の持続的過程という概念を指摘した。それが正しいと思う。本件では、電

3 正当防衛の司法認定 *83*

話での罵りから、顔を合わせた後の殴打を経て、セメントのレンガで襲われるまで、不正の侵害がずっと持続的に進んでいた。正当防衛を認定するとき、単独の侵害行為のみを見るべきではなく、一連の行為を結び付けて、不正の侵害を全体として考察すべきである。具体的なケースを分析するには、不正の侵害の行為が実行し終わったとしても、侵害者がすぐ現場を離れず、防衛者は、自分が襲われる危険が消えるか否か、を正確に判断できない場合には、不正の侵害者に対して、防衛者の防衛の権利を否定することができない。もし侵害が発生していた瞬間に防衛時刻を限定されれば、殺人行為に対する防衛時刻もきわめて短くされるが、これは、被侵害者の防衛権を保護することにとって非常に不利である。これは、正当防衛に関する中国刑法の立法意図に反している。

3 限度の適正性

　反撃行為を防衛の性質を認定したうえで、この反撃が正当防衛の必要な限度を超えたか否かは、正当防衛と過剰防御との根本的な区別である。注意すべきは、中国刑法20条1項では正当防衛が規定され、2項では過剰防衛が規定され、3項では無過当防衛が規定されている。それでは、本件の場合には、被告人の正当防衛は、1項の正当防衛になるのか、あるいは3項の無過当防衛になるのか。裁判所は、刑法20条1項の規定によって、被告人王洪軍が無罪である、という判決を下したのである。そこで、裁判所は、被告人王洪軍の行為が刑法20条1項に規定されている普通の正当防衛であり、3項に規定されている無過当防衛ではない、と認定した。王洪軍の防衛行為を無過当防衛として認定しない理由は、主に不正の侵害が著しく王洪軍の身体の安全を脅かしたものの、身体の安全に対する重大な侵害の度合いに達していなかったからである。そのとおりだと思う。注意すべきは、裁判所が、王洪軍の行為が「必要な限度を著しく超えなかった。」と判断した点である。すなわち、王洪軍の防衛行為は、必要な限界を超えたが、著しく必要な限度を超えたのではなかったのである。必要な限度を超えた、というのは、結果から見た結論である。被告人の防衛行為により、侵害者の1人が死亡し、もう1

人が怪我をしたという結果に至ったのである。これは、比較的重大な死傷結果である。しかし、中国刑法によると、正当防衛の必要な限度を著しく超えた場合にだけ、過剰防衛を認定できる。したがって、正当な防衛の必要限度を超えたと判断した場合に、さらに著しく上回っているか否かも判断すべきである。裁判所は、被告人王洪軍の防衛行為が著しく正当防衛の必要な限度を超えたことがない、と判断した。主な理由は、次のとおりである。

　客観面から見れば、被侵害者がナイフでむやみに突き刺した行為は、防衛にとって消極性がある。ここでいう「ナイフを持ってやたらに振り回した」のは、事実概要に書かれた「むやみに突き刺した」ということである。これは、抵抗型の暴力であり、たとえ侵害者の死亡結果をもたらしたとしても、著しく正当防衛の必要な限度を超えた、とは言えない。

　主観面から見れば、不正の侵害により、被侵害者に憤激的でありながら恐怖を伴う心理的影響を与えた。違法な不正の侵害に対して、被侵害者はきわめて緊迫された状態で、精神が外界からの重大なプレッシャーを受けていた。これは、防衛結果にある程度の影響をもたらした。そこでは、厳密な防御方法を選択することも、防衛の度合いを制御することも困難である。この状況は、侵害者によって引き起こされたので、不利な結果は侵害者が負担すべきである。

　特に注意すべきは、本判決が正面から王洪軍の防衛行為を認めている点である。そして、「国民の人身の権利を侵害から守るために、国民を、不法の犯罪者を怯えなく、勇敢に不法の犯罪者の手から自己または他人を守ること、そして積極的に不法の犯罪行為と戦って不正の侵害を制止することを支持している。」と指摘した。これによって、王洪軍は無罪になり、法律上も道義上も顕彰された。有罪か無罪かは、雲泥の差がある。

二 于歓傷害事件についての分析

㈠ 判決について[1]

被告人于歓は、男性であり、1994年8月23日山東省の冠県に生まれ、高校卒業後、冠県工業パークにある源大工貿株式会社の職員であった。冠県の建設南路13号2生活区1列2号に住んでいる。2016年4月15号に傷害罪の疑いで身柄を拘束され、同年4月29日に逮捕された。現在、山東省冠県の刑事施設に留置されている。

山東省聊城市地方裁判所の審理により、以下の事実関係が明らかになった。2014年7月、山東源大工貿株式会社（冠県工業パークに位置している。）の責任者である蘇銀霞は、趙栄栄から100万元を借りて、両者は口頭で月利は10%と約束した。2016年4月14日午後4時前後、趙栄栄は、借金が全部返済されていないのを理由にして、郭彦剛、程学賀、厳建軍など十数人を寄せ集めて、取立てのために、次々と山東源大工貿株式会社に行った。4月16日夜8時ころ、杜志浩は車で同社に着き、同社のオフィスビルの大門の外で、ほかの人とバーベキューをしながら酒を飲んだ。夜9時50分ころ、杜志浩らは蘇銀霞及び蘇銀霞の息子である于歓がいるオフィスビルの1階にある応接室で、借金の返還を促し、2人に侮辱の言葉も加えた。夜10時10分ころ、冠県公安局経済開発区派出所の警察は、通報を受けてから、応接室に駆けつけて状況を聞き込んだ。その後、さらに状況を調べるために、庭に行った。被告人于歓は、応接室を離れようとしたが止められて、于歓が杜志浩、郭彦剛、程学賀、厳建軍などと争いを起こし、刃物で杜志浩、郭彦剛、程学賀、厳建軍を突き刺して怪我をさせた。警察は、これを聞いて応接室に戻った。警察は、于歓に刃物を出せと命令し、杜志浩、郭彦剛、厳建軍、程学賀を病院に運んだ。杜志浩は出血性ショックにより、翌日深夜2時ころ死亡した。郭彦剛、厳建軍が2級の重傷で、程学賀は2級の軽傷であった。

被告人于歓の弁護人は、于歓の行為には正当防衛の状況があり、過剰防衛

が成立し、処罰を減軽すべきである、と主張した。裁判所は、次のように判示した。

「弁護人の意見についてみると、被告人于歓は、刃物で数人の被害者の腰部と背部を刺したのであり、当時、被告人于歓の人身の自由の権利が制限されて、罵りと侮辱を受けていたといっても、向こうは道具を利用したわけでもなかった。そして、警察が通報を受けてすでに現場まで駆けつけたので、被告人于歓と彼の母親にとっては現に生命まで危険される可能性が比較的に低く、防衛の急迫性がなかった。したがって、于歓が刃物で被害者を突き刺したことは、正当防衛の意義上の不正な侵害という前提が存在していなかった。かくして、弁護人が主張した意見を認めることができない。また、付帯私訴の原告人、各被害者の訴訟代理人が主張した、被告人于歓が殺人罪であり死刑を求める意見についてみると、被告人于歓が被害者らに囲まれた後、応接室の比較的狭い範囲内で刃物により４人の被害者の背部と腰部をそれぞれ１回刺したが、その中の誰かを狙って連続で突き刺して死亡に至る行為を実行したわけでもなく、そして遠く離れていた人を刺したこともなかった。当時、被告人于歓が置かれた立場及び被害者の刺された部位・回数、事件発生の午後から取立ての被害者側に付き纏われていたこと、警察が現場に駆けつけた後急いで応接室を離れたい気持ち、以上の３つの点から総合的に分析すれば、于歓が向こうを傷つけた故意があり、公訴機関が主張した傷害罪であるという求めは、客観面でも主観面でも傷害罪の要件が具備したことを認め、ただ被害者の死亡という結果が出ただけで故意殺人罪である、と認定すべきではない。被告人于歓が『殺してやる』と言ったことがあるという証人の証明があるにもかかわらず、それは、ただ紛争していた間の無礼な言葉だけである。これだけによって、行為者の主観的な故意内容を断定することができない。そこで、各代理人の上記主張を認めることができない。」

そして、裁判所は、次のような判決を下した。

「被告人于歓は、人数の多い取立人の長時間の付きまといに対して、正

確に衝突を処理することができなかった。刃物で複数の人を刺して、1人が死亡、2人が重傷、もう1人が軽傷という結果に至った。その行為には、傷害罪が成立する。被告人である于歓が犯した傷害罪の結果は重大であり、その結果に相当する法律上の責任を負うべきである。しかしながら、本件の場合では、被害者側が数人を寄せ集めて、企業の正常な経営秩序にマイナスの影響を与え、他人の人身の自由を制限し、また他人を侮辱する不当な取立て方式を利用したことによって事件を引き起こしたのである。被害者側にも過ちがあり、しかも被告人于歓は逮捕されて送検された後、事実のとおりに自らの犯罪事実を告白した。以上の情状から考え、刑罰を軽くすることができる。そこで、『中華人民共和国刑法』の第234条第2項、第61条、第67条第3項、第57条第1項、第36条第1項、及び『最高裁判所「中華人民共和国の刑法訴訟法」についての解釈』の第155条第1項・第2項、『最高裁判所「人身損害の賠償事件の審理用の適用法律」に関する若干の問題についての解釈』の第17条、第19条、第20条、第21条、第27条の規定により、被告人于歓には傷害罪が成立し、無期懲役に処され、政治的権利を終身剥奪する。」[****)]

(二) 事実概要について

裁判所が認めた本件の事実内容から見れば、被告人である于歓の行為の性質に対する認定について、下記の3つの重要な問題点を指摘できる。

1 債権回収

本件の原因は債権回収であり、これは裁判所により認定された事実である。判文では、「債権回収の催促」という表現を使用した。常識によって分かるように、借金を返還するのは当たり前のことである。本件の原因から見れば、取立人側は道徳上の有利があり、借金を取り立てられた側に対しては不利な状況に置かれていたようである。なぜなら、本件の原因は、取立人が債務者に殺されてしまった、という結論になってしまいそうだからである。こうして、被告人が同情を喚起することが難しくなる。しかし、本件の原因

が債権回収であるとしても、それだけでは単なる表であり、さらに深く検討すべきなのは、何の債務なのか、である。裁判所が認めた債務の利息から考えれば、被害者側が回収したのは、高利貸しであることが分かった。こうしてみれば、本件を通して中国の一部の地方において高利貸しが盛んでいるという歪んだ金融現象が暴露されたのである。被告人于歓の母親である蘇銀霞は、2009年に冠県工業パークにある山東源工貿株式会社を創立し、主に自動車用ブレーキパットを製造していた。会社の資金に困ったために、仕方がなく借金することになった。蘇銀霞の証言によると、彼女は呉学占から借金したことがある。「2014年7月に呉学占から100万元を借りて、口頭で10％の月利を約束した。その後、次々と152.5万元を返した。」と述べた。現金で返還したほか、蘇銀霞は70万元の140平方メートルのマンションで債務を償ったが、まだ17万元の借金が残る。本件では、回収されたのは、上述の残った17万元の借金である。しかし、本件の証人の趙栄栄の証言によると、蘇銀霞が借金したのは、趙栄栄からである。「蘇銀霞は2回、私から計110万元を借りた。第1回は2014年7月28日、100万元で、第2回は2015年11月1日、10万元で、金利は月利10％である。」と述べた。いったい誰から借金をしたかについて、2人の意見が異なったにもかかわらず、裁判所は、蘇銀霞が趙栄栄から100万元を借金し、口頭で月利10％を約束したという事実内容を認めた。趙栄栄は名義上の債権者であり、実の貸出し人は呉学占であるかもしれない。中国の法律によると、10％の月利は、国が規定する36％までの合法的な年利をすでに上回っていた。したがって、本件の債権は、典型的な高利貸しに属し、法律によって保護されない。それにしても、高利貸しの呉学占は何者なのか。商工業の資料によると、2012年、呉学占は、源県泰和不動産開発会社を成立し、登記資金は1000万元ということである。呉学占は、不動産会社の名義で、高い利息により預金を吸収し、職務のない人員を寄せ集めて高利貸し取立ての業務に従事していた。当地の警察の資料によると、2016年8月3日、聊城市公安局の東昌府支局により、冠県の呉学占を主とする暴力団が潰されて、主な被疑者の呉学占がすでに逮捕された。この後、本件では10

人の取立人（11の中の杜志浩はすでに死亡した。）が全員逮捕された。現在、被疑者の呉学占、取立てのリーダーである趙栄栄は、半年前に逮捕され、事件は人民検察院へ移送されて、人民検察院により起訴されている。

　事件発生当日、趙栄栄は、債権者として、10人を寄せ集めて蘇銀霞のところへ借金を取立てに行った。その後、現場を離れた。現場にいった10人全部は債権者ではなく、趙栄栄に集められた取立人である。したがって、この10人は全部債権回収の主体ではなく、これは違法な債権回収行為である。しかし、裁判所は、高利貸しを取り立てたという事実はわざと漏らし、于歓の刃物で人を傷害した行為に対する正当防衛の認定に対して、障害を招いた。本件が裁判所により正当防衛と認定されるとすれば、違法に高利貸しを取り立てたという事実が強調されるはずであった。こうした判決の結論に拠ってから事実内容を述べるというやり方は、実務では必ずしも珍しくはない。

2　監禁について

　正当な債権の場合なら、債権回収のために司法的救済を講じることができる。しかし、本件に関わる高利貸しは、司法上の保護がないため、強引な手段により取り立てるしかない。ここには、債権回収の人にしても債権者にしても、重大な人身の安全に対する危険が隠れている。判文によると、債権回収は当日の午後4時から夜10時に事件が発生するまで、6時間近く続いていたということが分かった。死者の杜志浩が現場に着いた夜8時は、その時間帯を2つの段階に分けるものであった。取立人は、杜志浩が現場に到着まで于歓と彼の母親を応接室に閉じ込めた。取立人の李忠の証言によると、「借金を取り立てた時に、私たちは蘇銀霞、于歓を殴ったことがなく、ただ閉じ込めただけ。2人はどこへ行っても、その後ろに付いていた。殴らなかったが、罵ったりひどいことを言ったりした。」ということが判明した。こうしてみれば、この段階では債権回収の暴力の特徴はまだ明らかになっておらず、主に言葉での罵りであった。杜志浩の到着後、債権回収がエスカレートし始めた。于歓と彼の母親を応接室に閉じ込めさせたほか、この間、取立人らは、特に杜志浩が于歓と彼の母親に侮辱と殴打を加えた。そうした中、弁

護側の証人である劉付昌の証言によると、「蘇社長と于歓が座っていたソファーの前でその２人と向き合っていた人が言った。その人がズボンをお尻以下までに脱いだところを見た。」ということである。検察側の証人である張書森の証言によると、「取り立てていた最中、杜志浩がズボンと下着を太股まで脱いで、男性器をあのお金を借りた女に向けた。そのほか、あの金を借りた男の靴を脱いであの親子の前に振った。彼は、あの女にひどいことを言って、あの男の顔を１回張ったところを見た。」ということである。上述の証言によると、弁護人側の証人と検察側の証人とも、杜志浩が于歓と于歓の母親に向かって、言葉上と及び行為上の侮辱を与えて、しかも相当厳しい度合いであった。于歓と彼の母親の目の前でズボンを脱いで男性器を出した。これこそ、マスコミが力を入れて報道した「母親への侮辱」ということであった。したがって、本件は、「母親への侮辱による殺人事件」とも呼ばれる。「事件発生中に、確かに、きわめて下劣な情状があったが、しかし、これは、事件を引き起こした口火の１つにすぎず、直接に于歓が暴力を振った結果に至るものではなかった。」母親への侮辱ということが、本件をして、驚くほどのスピードでマスコミに伝播されることに大きな役割を果たしたのである。しかし、これは、本件の被告人である于歓が正当防衛になるか否かを分析するうえでの重点ではないし、それを重点にするべきではない。

3 警察の出動について

６時間近く閉じ込められた間に、上述のとおり、取立人たちは、于歓と彼の母親に侮辱と殴打を与えたが、于歓は強烈に反抗したことがなく、さらに彼の母親である蘇銀霞も反抗しなかった。この親子は、一貫して我慢を重ねる態度であった。債務があるという前提の事実以外、力の面において、両方の格差が非常に現実な問題であった。于歓と彼の母親は、どうしても太刀打ちできなかった。もし反抗すれば、疑いなくより厳しい扱いを受けたであろう。杜志浩が男性器を出したときに、蘇銀霞側の人が警報を出した。判文によると、警察の朱秀明と徐宗印は現場に着いて、まずは警報を出した人を探し、紛争の両者が債権回収ということを知った後、「借金を取り立てるのは

問題ないが、でも人を殴ってはいけない。」と言いながら外へ出た。両者を隔てて事情を聞き取ることはなかった。ここまでで肝心なことがあった。それは、警察が外へ出て現場を離れてもはや調べようとしなかったか、あるいはよりよく事情を調べようとしたのか、である。これは、警察の責任と関連し、同時に于歓の防衛行為に対しての性質への特定にも関わって、重要な意義を持っている。監視ビデオによると、「22時13分に1台のパトカーが到着した。警察が下車した後オフィスビルに入った。22時17分ごろ、一部の人が警察をオフィスビルの外へ送り、また戻った人がいた。22時21分ごろ、警察が急いでオフィスビルに戻った。」ということを示した。警察は応接室に出入りした時間は4分間くらい、すなわち、22時13分から22時17分までの間であった。それでは、警察は22時17分から22時21分までの間にいったいただ離れた状態であるか、あるいは事情などを調べに行ったのか、ビデオを通して真実を確かめることができるはずである。裁判所は、警察が応接室を出てさらに状況を調べに庭へ行った、と認めた。しかし、この結論がビデオによって認定したかどうかは、知る由がない。[4]

4　ナイフで刺したことについて

　警察が外へ出た時、于歓は警察が現場いった機会を利用して、取立人の監禁から逃げるために、外へ出ようとした。しかし、取立人に止められた。このとき、事件の発生まではただ一歩離れた。では、このときの現場では何が起こったか。裁判所は、「被告人于歓が応接室を出ようとしたが、止められた。杜志浩、郭彦剛、程学賀、厳建軍などと紛争した。」と述べた。それでは、ただの紛争なのか。判文で引用された証言によると、債権回収側は于歓が応接室を出たことを止めただけと述べたが、于歓と蘇銀霞は取立人が于歓を殴打した、と述べた。両方の証言の内容は矛盾している。応接室の外にいった証人の劉付昌の証言によると、「私はオフィスビルの中へ走って入って、応接室の中の借金回収の連中が于歓を囲んで、于歓に向って椅子を持って突いた人があり、于歓はずっと後ずさりし南の方へ下がった。」ということである。ここで、証人により、当時、取立人たちは、于歓を止めただけではな

く、しかも暴力を振ったということが証明された。全体の状況から見れば、
于歓が刃物を刺し出したとき、彼は殴られた状態であった。こうした状況
で、于歓は事務机の上にあった果物ナイフを取った。そして、ナイフを持っ
たまま取り立て人たちに警告し始めた。取立人の李忠の証言によると、「私
は、于歓が大声で『誰も来るな、そうしないと殺してやる。』と叫んだこと
を聞いた。私が顔を向いて、于歓がナイフを持って応接室の南東方向の隅に
立ってそう叫んだ。」と述べた。ほかの取立人も、李忠と同じような陳述が
あった。ここで注意すべきは、証人が「大声」で于歓の警告を形容した点で
ある。これにより、于歓の警告の声の大きさが考えられる。現場が大騒ぎで
あるにもかかわらず、その場に居合わせたすべての取立人は、于歓の警告が
聞こえたはずである。しかし、于歓が刃物を突き刺したとは誰でも思わなか
った。取立人は、そのまま突き進んで、于歓を取り押さえようとした。この
瞬間に、悲劇が起こった。取立人の幺伝行は、「女の社長の息子がどこかで
ナイフを取って、彼は『来るな、誰も来るな、そうしないと殺してやる。』
と言った。杜三（杜志浩）は于歓の方へ近づいて、于歓がナイフで杜三の腹
を刺した。郭彦剛は西から于歓の方へ近づいて、その後西へ逃げようとした
とき、于歓が跳んで前に手を伸ばして、郭彦剛が手で背中を塞いで血が出て
きた。程学賀と厳建軍も、于歓の方へ近づいたとき刺されたはずだ。」と述
べた。これは、警告無効の後にナイフを刺した状況に関する最も詳細な叙述
である。この証言により、死者も傷者も、于歓からの警告を聞いたあと、そ
のまま「于歓の方へ近づいて」から刺されたことが明らかとなった。ここで
は、単に「于歓の方へ近づいて」と書かれているが、実はその意味がきわめ
て深い。もし身につまされたら、われわれは、「于歓の方へ近づいて」と叙
述された実際な状態を理解できる。ここで注意すべきは、郭彦剛のことであ
り、彼は刺されたところが背中である。郭彦剛は、「私は于歓がナイフを出
して一人ずつ1回刺したところを見た。彼がナイフで人を殺したのを見て、
私は北へ引き返しようとしたが、彼は私の後ろのカラーを掴んで、背中を刺
しながら『殺してやる。』と言った。」と述べた。郭彦剛の証言により、この

刺突は、後ろから刺したものということがわかった。これに対して、取立人の張書森も、郭彦剛が逃げようとしたとき、于歓にナイフで背中を刺された、と証明した。この刺突は背中を刺したため、現場に居合わせた全部の者が、背中を刺した、という情状を見た。于歓は、「私がテーブルの上からナイフを取って、彼らを指して、『来るな。』と言った。だが、彼らは、やはり私の方まで来て、私を殴った。それで、私がナイフで自分を囲んだ人の腹を1回刺した。いったい何人を刺したのかは、自分にもよくわからない、2人か3人かも。」と述べた。したがって、当時の非常に混乱した状況で、于歓は自分の方へ殺到した取立人に対して、やたらに刺して、暴走状態であった。特定の人あるいは特定の部位を刺したのではなかった。取立人の程学賀は、「私が応接室に戻った後、室内は騒がしかった。誰かが黒いもので私の腹を刺したが、なんとあの女の社長の息子だ。私はすぐに傷を塞いで、同時に郭彦剛も部屋を出て、彼は一方の手で背中を塞いだ。」と証言した。この叙述によると、程学賀は、郭彦剛が刺された後に、刺された。つまり、郭彦剛は最後に刺された人ではなかったということがわかった。これにより結論づけられるのは、于歓は、郭彦剛が逃げたときに追いついて故意に背中を刺したわけではく、掴み合ったときに背中を刺したはずであった。さらに、于歓がやたらに刺したとき、郭彦剛がこれを見た後慌てて後ろを向いて逃げたときに、ちょうど背中を刺された可能性が高い。これも正当防衛であった。

　残念なことに、裁判所には、上記の複雑な喧嘩についての詳細が欠けている。認定された傷害の事実内容は、「被告人于歓は応接室を出ようとしたが止められた。その後、于歓と杜志浩、郭彦剛、程学賀、厳建軍などと紛争が起こった。被告人于歓は刃物で杜志浩、程学賀、厳建軍、郭彦剛を刺して傷つけた。」というだけである。次のような詳細が見落とされてしまった。第1に、杜志浩などが于歓を殴った詳細が記載されていない。第2に、于歓が使ったのは応接室にあった果物ナイフであり、判文にはただ「刃物である」と記載されているにすぎない。事務机から手当り次第に取ったことの詳細は記載されていない。第3に、于歓がナイフで刺す前の警告、及び杜志浩など

が警告を聞いた後そのまま于歓へ押し寄せた詳細が書かれていない。これら
の詳細は、事件の性質の特定に対して非常に重要な意義を持っている。しか
し、これらの詳細は、全部証言の中にあったものの、判文の中では事実内容
として認められなかった。そこで、それらの詳細は、事件の性質の特定の事
実根拠として利用されていない。ここでは、裁判所が認定した事件の事実内
容と、証言や供述などからの事実内容との間に齟齬が生じてきた。もともと
前者は、後者からまとめられるべきである。しかし、実務では、裁判所が認
定した事実と判文で引用された証言及び供述とが一致しない場合もたまたま
ある。さらに、ときには、裁判所が証言及び供述とまったく反した事実を認
定したこともある。そして、それに関する説明もなかった。本件では、裁判
所が認定した事実は、被告人于歓にとって、正当防衛と認定されるにはいく
つかの有利な詳細内容が略された。これは、注意すべきところである。

㈡　**性質の判断について**

　本件の性質の判断について、弁護人は、被告人于歓が応接室に引き込まれ
て殴られ、そして、相手から侮辱の言行を加えられた。被告人于歓は、過剰
防衛であり、本件において、被害者には深刻な過ちがあった、と主張した。
しかし、検察機関は、被害者らが本件の発生について過ちがあり、被告人于
歓に対して刑罰を軽くすることができるにもかかわらず、無期懲役以上の求
刑という量刑意見を提出した。

　裁判所は、被告人于歓は刃物で複数の被害者の腹と背中を刺して、当時彼
の人身の自由の権利が制限されて、しかも相手に罵りと侮辱を加えられた。
しかし、向こうは１人も道具を使っていなかった。警察も駆けつけ、被告人
于歓と彼の母親は生命または身体を脅かす現実的な危険性が比較的に小さ
く、防衛の急迫性がなかった。したがって、于歓は、刃物で被害者を刺した
行為にについて正当防衛の前提である不正の侵害がなかった。弁護人が于歓
の行為が過剰防衛であり、しかもこれによって刑罰を軽くすべきである、と
いう主張を認めることはできない。こうしてみれば、裁判所は、于歓の行為

が正当防衛と認定しなかっただけではなく、過剰防衛さえも認めなかった。本件の被告人である于歓の行為は根本的に防衛の性質がない、と判断した。

本件では、被告人于歓がナイフで刺した行為は正当防衛であるか否か。この問題について、第1審により認定された事実内容、及び判文から提供した証言によって補足された事実に基づいて、以下の4つの点から論証することができる。

1　不正の侵害があったか否か

正当防衛は不正の侵害に対しての反撃行為であり、したがって、不正の侵害は正当防衛の原因である。不正の侵害がない場合には、当然ながら不正の侵害に対しての正当防衛もない。本件では、被告人である于歓の行為は正当防衛あるいは過剰防衛を構成したか否か、の判断について、まず不正の侵害があったか否か、を考察すべきである。

本件の原因は債権回収であり、これについて問題はない。単なる債権回収であれば、たとえ不法債務を取立てしても、不正の侵害と見られず、正当防衛があるか否か、という問題もない。肝心なところは、取立人が回収中に利用する手段が不正の侵害であるか否か、である。不正な侵害の場合には、正当防衛を行うことができる。本件に対して、裁判所は、「当時、于歓は人身の自由の権利が制限され、相手に罵りと侮辱を加えられたにもかかわらず、相手は1人も道具を使っていなかった、警察も駆けつけた。于歓と彼の母親は、生命または身体を脅かす現実的な危険性が比較的低く、正当防衛の急迫性がなかった。したがって、于歓が刃物で被害者を刺した行為には正当防衛の前提である不正の侵害がなかった。」と判断した。この結論により、本件では不正の侵害があった、ということが否定され、于歓の行為は防衛の性質があったことも否定された。裁判所は、取立て中に侮辱の言動と人身の自由を制限したことがあったということが認めたが、また人身侵害が発生する現実的な危険性は比較的低く、防衛の急迫性がなかった、と判断としたのである。

上述したように、取立中、于歓と彼の母親は、ひどく下品な罵りを浴びせ

られた。よりやり過ぎたことは、死者の杜志浩がズボンを脱いで、近いところで男性器を于歓と彼の母親に向けたことである。これは明らかに侮辱の行為であり、性質が非常に悪かった。もちろん、杜志浩は、上記の侮辱の言動を行ったとき、于歓はその場で防衛を行わなかった。したがって、侮辱の言行は、本件の防衛の原因ではなく、後で発生した防衛に心理的な動機を提供したにすぎない。本件では、最も明らかな不正の侵害は、不法監禁の行為である。注意すべきは、本院の判決では、取立人の留め置いた行為は不法監禁と認定されず、人身の自由・権利を制限した行為と定義づけられている点である。ここでは、中国刑法において不法監禁罪の理解に対して問題がある。中国刑法238条によると、不法監禁罪とは、他人を不法に監禁し、もしくは他の方法で不法に他人の人身の自由を奪った行為のことである。したがって、不法監禁罪の本質的な特徴は、不法に他人の人身の自由を奪うことである。いかなる方法を取ったのかは、制限がない。明らかに不法に人身の自由を奪うことと不法に人身の自由を制限することとは、性質上で異なるのである。中国刑法241条3項において、人身売買された女性と子どもを購入した場合には、その女性と子どもの人身の自由を制限すれば不法監禁罪となる、と規定されている。これは、特別な規定であり、普通は単に人身の自由を奪った場合には、不法監禁罪となり、他人の人身の自由を制限したことは不法監禁罪を構成しない。問題となるのは、本件では取立人の行為は、于歓と彼の母親に対しての人身の自由の制限したのか、それとも剥奪したのか、である。本件では、債権回収は、事件発生の当日の午後4時から夜10時まで続いた。しかも、証言によると、于歓と彼の母親は特定の場所に閉じ込められて、外出できなく、食事のときでも監視された。特に夜8時、杜志浩が現場に着いた後、杜志浩は于歓と彼の母親を応接室に2時間監禁した。この間、杜志浩は、于歓と彼の母親に罵りと殴打を加えた。中国刑法238条3項では、特に債権回収型の監禁罪は、次のように規定されている。[3]すなわち、「債権回収のため、不法に他人を監禁した場合に、前の2項の規定により処する。」と。本件の取立人の行為は、債務者を監禁した行為ではなかろうか。最高人

民検察院は、2006年7月26日に、『汚職侵権犯罪事件立案基準の規定について』により、不法に他人の人身の自由を奪い、暴力と侮辱を加えた行為は監禁罪を構成する、と表明した。だから、本件では、取立人の行為には監禁罪が成立する。これは、非常に明らかな不正の侵害である。

　本件では、防衛性質を否定した主な理由は、急迫性が欠けたことである。であるならば、何が本件の急迫性であるのか。私見によれば、防衛原因の急迫性とは、不正の侵害に直面しているとき、不法な侵害を消すには防衛行為が必要である、というものである。この意味では、防衛の急迫性は防衛の必要性であり、つまり防衛しなければ侵害を避けることができない、ということである。本件では、直面した不正の侵害は、主に不法監禁であった。不法監禁に対して正当防衛ができるかどうかについて、刑法理論上は、監禁罪に対して正当防衛ができる、という見解が通説である。例えば、私は、監禁罪に対する正当防衛について、以下のように意見を述べた。「監禁罪で侵害された客体は国民の人身の自由権であり、被害者の防衛行為の目的も監禁を解除し、自らの人身の自由を保護するためである。[6]」と。実務では、監禁罪に対して正当防衛と認めた判例は、きわめて珍しかった。しかし、一部の司法人員が、不法監禁により起こった傷害事件[7]を分析したとき、不法監禁に対して正当防衛を行うことを否定した。すなわち、「不法監禁の危害行為の実際的な存在は、急迫性がなかった。不法監禁の行為によった結果がすでに出されて、この不正な侵害の行為の状態は続いている。しかし、即時性や急迫性がない。それは、加害者がただ最初のころ軽く被告人を蹴ったりして、その後口頭上の脅迫以外の傷害を加えなかったからである。そのほか、この不正な侵害行為はまだ強いというほどでもなく、脅威性もなかった。しかし、主観面からみれば、被害者は、ただ被告人を威嚇し、目的は被害者の負われた借金を取り戻そうとした。したがって、被害者は、主観面においては傷害あるいは殺人の故意がなかった。現実の不正の侵害はまだ終っていないにもかかわらず、被告人の人身の権利は、現に急迫な脅威に落ちていなかった。この過程の中で正当防衛を取ったのは適当ではなかった、と言えよう。[8]」と述

べた。この見解は、不法監禁の行為は即時性と急迫性がなく、それに対して防衛行為を行うことができない、主張する。これは、正当防衛の性質に対しての誤解である、と思う。これに対して、詳細な検討は、後で行いたい、と思う。実は、客観的な不正の侵害があれば、その侵害を避けるため、国民は不正の侵害に対して防衛行為を行うことができ、不正の侵害に耐える義務はない。不正の侵害の結果が生じた場合を除き、防衛行為を排除することができない。不法監禁は、人身の自由に対して侵害性があり、これについては問題がない。しかも、監禁罪は、継続犯である。他人を拘束した後、他人の人身の自由を剥奪している間は、すべて犯罪行為を実行する時間帯であり、被害者は、防衛行為により不法監禁の状態を解除することができる。過剰であるか否かは、別途検討すべき問題である。本件では、不法監禁は６時間続いた。この間に侵害者は、絶えず于歓と彼の母親を罵ったり毆打したりし、精神的苦痛も加え、于歓をきわめて緊張した精神状態に陥らせた。警察が現場に着いた後、丁歓は、応接室を離れたいという要求を出した。ここでの「離脱」は、不法監禁の状態を解除する、と理解すべきである。しかし、取立人は、離れることを制止し、しかも暴力を加えた。こうした状況で于歓が事務机の上から果物ナイフを取って杜志浩などの取立人を刺したことは、侵害の急迫性を否定することにはならない。そこで、監禁事件では、自らに対する不法監禁を解除するため加害者に適当な暴力を振るうのは、防衛的性質がある、と考えるべきである。本件の全体の状況から見れば、于歓は、確かに、不正の侵害に対して防衛措置を取っており、防衛の原因があった。

2　本件の不正の侵害は進行中であるか否かについて

　不正の侵害が進行中であることは、正当防衛の時間的要素であり、進行中の不正の侵害に対してだけ正当防衛を行うことができる。不法監禁行為に対して防衛を行う場合には、監禁罪が継続犯であるから、不法監禁が持続している間、不正の侵害が進行している、と考えるべきであり、正当防衛を行うことができる。本件の詳細から見れば、午後４時から夜10時までは不法監禁行為が持続した時間である。問題となるのは、警報を出した後、警察が現場

に着き、この時刻に不法監禁を解除したか否か、である。裁判所は、判決理由の中では、「警察が現場に出動した状況では、被告人于歓と彼の母親の生命又は身体を脅かす現実的な危険性が比較的低く、防衛の急迫性がなかった。」という理由を強調した。ここでは、警察の出動効果に対する判断を深く分析すべきである。実は、警察は現場に着いた後、取立人が于歓と彼の母親を不法に監禁していたことに気づいておらず、ただ「取立てはいいけど、人を殴るのはだめです。」と言ってからその場を後にしようとした。警察の出動は、公的権利の介入と見なすべきである。于歓と彼の母親は、取立人により不法に監禁されていた状態で、警報を出したことを通じて公的権利の救済を求めようとした。これは、法律上与えられた権利である。残念なことに、出動した2人の警察は、ただちに于歓と彼の母親を救助しなかった。これは、于歓を絶望に陥れて、駱駝の背を折った藁となった。仮に警察が現場に来ていないとすれば、取立ては続くかもしれないが、いかに結末をつけるべきか、当然知る由がない。逆に、警察は、来てから現場を去ったことで于歓を刺激した。于歓は、監禁の場所を離れようとしたが、杜志浩などに暴力で制止されていたとき、ちょうど事務机の上に果物ナイフがあったことに気づいた。ここから事情が急に変わって、その瞬間に事件が起こった。事件の全体から見れば、本件では、不正の侵害が長時間続いた。于歓は、ナイフを刺したとき、不法監禁だけではなく、暴力にも対しても防止行動を取ったのであり、防衛時間があった、と思う。

3　本件は刑法20条2項を適用すべきか、3項を適用すべきか

これは、主に刑法20条の正当防衛の3項の規定に対する理解に関わる問題である。中国刑法20条1項により正当防衛の概念が規定され、2項では過剰防衛が規定され、3項では無過当防衛が規定されている。したがって、これの3項は、それぞれ正当防衛、過剰防衛、無過当防衛を定めている。これらの3項の論理的な関係を考えると、私は、1項が2項の前提であり、3項は2項の例外だ、と思う。つまり、通常の状況では、正当防衛は、必要な限度を超えたら過剰防衛が成立し、過剰防衛の場合には刑事責任が追及されるべ

きである。しかし、3項の規定を適用する場合には、過剰防衛が存在していない。ここで注意すべきは、3項に基づいて、不正の侵害が身体の安全に著しい危害を及ぼし、かつ暴力的な犯罪がある場合だけに適用する。そうだとすれば、本件においては、暴力的な犯罪行為があるか否か、そして暴力的な犯罪行為が身体の安全に著しい危害を及ぼす程度に達したか否か、を考えなければならない。私見によれば、刑法20条3項が規定する身体の安全に著しい危害を及ぼす暴力犯罪は、強姦と身代金略取を除く他の場合には、死亡あるいは重傷の深刻な程度に達する必要がある、と思う。本件の状況では、こうした程度に達しなかったかもしれない。相手は、貸付金を回収しに来て、目的は債権者のために債権回収を実現することである。取立中に、監禁と殴打、罵りなどの不正の侵害があったにもかかわらず、これは、債務返済のために債務者に精神的プレッシャーをかけたことである。この意味では、本件の取立人は、于歓と彼の母親を死傷させる目的での行為はなかった。したがって、本件では、于歓の行為は、刑法20条3項における無過当防衛の適用要件が満たされない。

4　本件が刑法20条2項を適用すれば、必要な限度を超えたといえるか否か

　本件において正当防衛が成立した、と認定される場合に、于歓が1人を刺し殺し3人を刺して傷害した行為は正当防衛の必要な限度を超えて過剰防衛になるか否か、に関する問題は、本件では正当防衛があったことを肯定することを前提とした後、やはりより深い検討をする必要がある核心的問題設定である。注意すべきは、中国刑法20条2項により、過剰防衛とは、著しく必要な限度を超えたことを指している、という点である。すなわち、たとえ必要な限度を超えたとしても、必ずしも過剰防衛を構成するわけではなく、また顕著に正当防衛を超えたか否か、を考察すべきである。

　刑法理論においては、正当防衛に必要な限度をいかに認定するかについて、まだ争いがある。ここで参照できるのは、日本刑法における正当防衛の規定と過剰防衛の判断基準である。日本刑法36条1項により、正当防衛は「やむを得ずにした行為」でなければならない、と規定されている。日本の

学者は、これが相当性の要件に属している、と考える。相当性の判断方法について、日本の学者は、相当性を行為相当性と結果相当性に分けることができる、と考えている。行為の相当性とは、防衛行為と侵害行為の間に相当性がある、ということである。行為に相当性さえあれば、たとえ防衛行為による結果がたまに侵害された法益より大きいとしても、過剰防衛にならない、と考えられている。結果の相当性とは、必要な限度を超えたか否かを考察するとき、行為が相当か否かだけではなく、しかも結果を結び合わせて総体的に判断すべきである。西田典之教授は、「行為の相当性を取るべきであり、しかしある場合では、結果相当性も参考の意義がある。[9]」と考える。中国刑法では、正当防衛について「やむを得ず」の要件がない。したがって、刑法の条文からみれば、中国刑法においては、正当防衛の限度に関する立法規定は、日本の刑法より一層緩いのである。昔は中国の刑法理論では、相対適応説が主張された。この説は、日本の刑法理論の結果相当性という観点に類似していた。なぜなら、相対適応であるか否か、を考察するとき、より結果に傾いていたのである。私は、中国の刑法においての必要な限度を考察する際に、同時に必要性と相当性という2つの要素を考察すべきである、と思う。

　本件は、不法監禁に対する正当防衛であった。この前、監禁罪の正当防衛の必要な限度について、私は、「監禁罪に対する正当防衛の必要な限度を確定する際に、まずは不正の侵害者に加えた人身損害が、監禁を解除するために必要なものであるか否か、を考察すべきである。例えば、被害者はドアを破って監禁場所を離れようとしたが、不正の侵害者に制止された。被害者は、監禁を抜け出すために、侵害者に正当防衛を行うことができる。しかし、防衛の強度は、監禁を解除するのに必要な限度内に制限されなければ、正当防衛の必要な限度を超えたこととなる。もちろん、不正の侵害者は、監禁の間に、殴打や侮辱などを加えたり、あるいは被害者が逃げたときに暴力で制止したりする場合もある。これに対して、被害者は正当防衛を行い、その必要な限度は、殴打、侮辱と暴力の強度、緩急などの次第である。[10]」という意見を述べた。この見解は、具体的な事件に対して述べた意見ではないの

で、的外れしたかもしれない。于歓傷害事件は、監禁罪に対する防衛を行うのに必要な限度の考察を判断する際の絶好な事案を提供した。

本件では、于歓の防衛行為が過剰か否か、を考察する際に、次の要素を考えなければならない。第1に、人数比である。相手は大兵肥満で、事態の発展をコントロールでき、于歓と彼の母親は親子2人だけで、立場が弱かった。第2に、ひどい侮辱行為があった。侮辱行為は、犯行行為の前に起こったにもかかわらず、明確に被告人に憤激の気持ちを起こさせた。これにより、于歓は、心理的に刺激され、後の反撃措置を取った。第3に、侵害時間は、6時間続いた。これは、一般的な監禁ではなく、継続的に殴打と侮辱を加えられた状態で長時間監禁されたものである。第4に、警察が出動した後、有効に不正の侵害が解除できなかったことで、于歓を絶望させた。自力救済は、公的救済から助けを得られないという特別な場合に、自己の身体または財産を保護するための措置である。本件では、警察が公的救済を代表して現場に辿り着いたが、しかし、有効に不正の侵害を制止できなかった。このとき、于歓は、自力救済を求めた。第5に、于歓と彼の母親が応接室を離れたとき、相手から暴力で制止された。殴打の行為があったため、于歓を刺激させた。第6に、道具は、意図的に用意されたものではなく、手当たり次第に机の上から取られたのである。これは、ランダム性があった、と言える。もし、当時この果物ナイフがなかったら、于歓はナイフで刺す防衛行為を行わなかったであろう。したがって、現場にある道具のナイフで防衛行為をしたのは、一定の合理性がある。第7に、複数の人を刺したのは、相手に囲まれて外へ出ようとすることが阻止され、そして殴られた状況での反応である。それは、ある程度の消極性がある。以上の要素に基づき、簡単に人を刺し殺し、人を刺傷したという死傷の結果から、その行為が過剰である、と結論づけた。私見によれば、于歓の防衛行為が明らかに正当防衛の必要な限度を超えたことはなく、過剰防衛にならないと思う。たとえ刑法20条2項の規定によるとしても、過剰防衛となるべきではない。それは、相手が長時間に侮辱と殴打を加えたなどの非常にひどい侵害を与えていたからである。于

歓は、公的権利が介入しても自分を不正の侵害から解除できなかったという状況で防衛行為を行ったのであり、正当防衛の必要性を超えた、と考えるべきではない。正当防衛の必要性を考察する際に、客観的に暴力の程度、力の差異だけを考えるべきではなく、長時間にわたって苦しめられることによる被告人のプレッシャーと憤激も考察すべきである。これらの主観的な要素は、責任を免除する理由である。中国では条文にはまだ明確な規定がないが、必要な限度を超えたか否か、さらに刑事責任を負うべきか否か、を考察する際には、これらの主観的要素及び客観的要素を考慮して、総合的な分析を行うべきである。

　注意すべきは、中国刑法20条2項と3項との間の関係について、中国の学者が例外関係の1つであると考えながら、3項に対して反対の解釈をし、以下の結論を出したことである。すなわち、「現に行われている暴行、殺人、強盗、強姦、身代金略取その他の身体の安全に著しい危害を及ぼす暴力犯罪ではない場合に、防衛行為を行い、不正の侵害者に死傷の結果を生じさせたときは、過剰防衛となり、刑事責任を負うべきである。[11]」と。これによって、防衛行為が不正の侵害者に死傷さえ生じさせたとすれば、2項の過剰防衛となる。本件では、于歓が不正の侵害者に死傷を生じさせた防衛行為が3項の無過当防衛にならないから、2項の過剰防衛となるしかない。その理由は、「普通の防衛行為の場合においては、防衛者が遭遇したのは身体の安全に著しい危害を及ぼさない普通の不正な侵害であるが、不正の侵害者に身体の安全に危害を及ぼす防衛手段を取り、死傷の結果を生じさせても刑事責任を負わないというのは、明らかに法益のバランスを崩してしまった。[12]」ということである。この見解によれば、普通の正当防衛行為の場合においては、不正の侵害者に死傷の結果さえ生じさせたとすれば、過剰防衛となる。私は、この見解にまったく賛成できない。このような見解は、明らかに不適切に正当防衛の成立範囲を縮小し、過剰防衛の成立範囲を拡大するものであった。実は実務においても、このような見解によって正当防衛と過剰防衛を判断するのではない。例えば、前述の王洪軍傷害事案においては、裁判所は、王洪軍

の防衛行為を20条3項の無過当防衛とはならず、普通の正当防衛が成立する、と認めた。不正の侵害者に死亡の結果を生じさせたとしても、裁判所は、やはり過剰防衛ではなく正当防衛である、という判決を下したのである。上記の見解に賛成できない主な理由は、主張者が反対解釈という方法を間違えて運用したからである。刑法の解釈論では、いわゆる反対解釈とは、正面から規定した法律条文を反面的な意味を推論することである。反対解釈は、論理学の反対関係に基づいたうえで、反対関係はAと非Aの関係を指す。しかし、中国刑法20条2項と3項は、Aと非Aの関係ではないから、3項の反対解釈で2項の内容を制限することができない。

三　正当防衛の司法認定：反省と検討

　王洪軍傷害事件と于歓傷害事件は、10年間を隔てて、しかも2つの違う地域の裁判所によって判決が下され、事件の詳細も幾つかの異なったところがある。しかし、これは、この2つの事案の比較的検討を妨げることにはならない。そこで、この2つの事案を選んで、刑法解釈学理論の高度な視点から中国の正当防衛の司法認定を反省し、再検討を行う。

　王洪軍傷害事件と于歓傷害事件の1つの共通点としては、起訴側の検察機関がこの2件に対してともに傷害罪で起訴し、防衛行為として認めなかったことである。これは、検察機関が防衛行為を正当防衛か過剰防衛か、として認定する際の役割と関係がある。検察機関は公訴機関として、公安機関から移送された刑事事案に対して審査の責任を負っている。審査と起訴の段階で、もし容疑者の行為が正当防衛になる、と認めれば、不起訴を議決することができる。もし容疑者の行為が過剰防衛になる、と認めれば、起訴または不起訴を議決することができる。現在把握しているデータによると、2014年から2016年までの3年間に、全国で検察機関が起訴を審査する際、正当防衛あるいは過剰防衛で不起訴処分のケースは、合計91人である。この中で、正当防衛による不起訴処分をしたのは76人、過剰防衛で不起訴になったのは15

人、毎年平均30人であり、この数はきわめて少ないのである。正当防衛ある
いは過剰防衛と認定されるべき数多くの事案に対して、検察機関は、正しい
結果を出しておらず、普通の犯罪として裁判所に起訴した。本文に取り上げ
た王洪軍傷害事件と于歓傷害事件は、非常に典型的な事案である。検察機関
の職責は、犯罪を告訴し、刑事司法の手続の流れを進めることであるが、刑
事訴訟の過程において、容疑者の合法的な権利を保障することも、同じく検
察機関の職責の１つである。公安機関から移送された事案の起訴を審査する
際に、事実と法律に基づき、正当防衛あるいは過剰防衛の性質を正確に認定
するのが、検察機関の重要な職責である。しかし、検察機関が起訴を審査す
る際、犯罪を食い止めることしか考えていなくて、国民を守るという使命を
捨ててしまうのは、遺憾きわまりないのである。このような現象が現れたの
は、主に検察機関が正確に職責を果たせなかったからである、と思われる。

　裁判所へ移送した後、裁判所がいかに正しく正当防衛あるいは過剰防衛を
認定するかは、審判機関にとって試練でもある。王洪軍傷害事件で、検察機
関は、正当防衛と過剰防衛となるのを承認しなかったが、裁判所が正確な判
決を下し、有効的に被告人の合法的な権利を守った。しかし、于歓傷害事件
に対して、１審裁判所は、正確に正当防衛と過剰防衛を認めることなく、簡
単に検察機関の意見に拠って被告人于歓を無期懲役に処した。その後、全国
で大きな影響力を持つメディアである『南方週末』が2017年３月23日に『母
親を辱める者を刺殺』という文章を掲載し、于歓傷害事件の事実に基づいて
報道した。そこで、全国の国民の注目を集めると同時に、最高人民検察院と
最高裁判所の注意も引くことになった。かくして、于歓傷害事件が今まで一
番高い注目を引いた正当防衛の事案である、と言えよう。全国で毎年審理さ
れる事案は130万件くらいもあり、もしメディアの報道がなかったら、于歓
傷害事件も他の事案と同じように誰も知らずに果てしない事案の海に沈んで
しまっていたであろう。

　王洪軍傷害事件と于歓傷害事件を比較してみると、この２件にも共通点が
ある。原因から見れば、同じく死者の方が先に過ちを犯したのである。王洪

軍傷害事件では、死者が電話で王洪軍を罵った後、他の人を集め、被告人に暴行を加えた。この事件の暴行でも、道具は使われなかった。しかし、その後、中の１人である陸建がセメントのレンガを拾い、後ろからレンガを掲げながら王洪軍を追いかけていた。このような状況で、王洪軍はナイフで相手を刺し、１人が死亡し、もう１人が怪我したという結果を生じさせた。相手の加害行為から見ると、身体や生命に危険を及ぼすほどの程度に達してはいなかった。たとえ王洪軍がレンガで殴打されても軽傷にすぎなかったが、裁判所は、王洪軍の行為が正当防衛を構成する、と認めた。相当性から言うと、防衛行為は確かに必要な限度を超えたが、裁判所は、正当防衛の必要な限度を著しく超えなかった、と判断した。この認定は、国民の防衛権を保障することにとって重要な意味がある、と言えよう。一方、于歓傷害事件では、不正の侵害の程度は、さらに王洪軍傷害事件を超えた。この事案では、不正の侵害者が10人に達し、まさに人が多ければ勢いも大きい。この人たちは、賃金返済を理由に丁歓母子に６時間も付きまとい、絶えず罵り、侮辱と暴力を加え、于歓母子の人身の自由を剥奪し続けていた。そして、夜10時過ぎ、警察が来ても于歓母子を救出することなく現場から立ち去ろうとした。于歓も、応接室から離れようとするとき、何名かの取立人が彼を止めて殴った。このような状況で、于歓は事務机にあった果物ナイフを取り、相手を警告しても効かなかったので、取立人に対して果物ナイフをむやみに振り回した。もし王洪軍の行為が正当防衛だ、と認定できるのならば、于歓の行為も、同じく正当防衛と認定されるはずである。しかし、結局、全然異なった結果になった。すなわち、王洪軍が無罪で、于歓は無期懲役であった。

　于歓傷害事件から、中国の司法人員による正当防衛に対する見解には、多くの誤りが見られる。もしこれらの誤りを反省または検討しなければ、わが国の正当防衛の制度は依然として棚上げにされ、正当防衛の規定も執行されない条文となる。

3 正当防衛の司法認定　*107*

㈠　**暴力行為**だけに**防衛ができ、非暴力の侵害に防衛ができない**

　防衛行為は必ず暴力行為として表現されるが、これは、法律が国民に与えた権利であるから、合法的な暴力行為である。このような見解に基づき、一般的には防衛の対象を暴力行為に限定し、暴力侵害にしか正当防衛を行ってはならないのである。したがって、正当防衛は、暴を以て暴に易う、という性質を持つ。こうすれば、非暴力侵害に対しては防衛できなくなる。このような理解は釣り合わない、と思う。身体の安全に著しい危害を及ぼす暴力犯罪に対して、中国刑法20条3項が特別に無過当防衛を定めた。2項が規定する過剰防衛は、2種類の防衛客体が含まれている。1つ目は、著しいほどに達していない暴力犯罪である。著しいほどに達していないから、暴力犯罪とは言えるが、3項の無過当防衛に適用されず、2項の防衛客体に属する。正当防衛が必要な限度を超えた場合には、過剰防衛が成立する。2つ目は、非暴力犯罪である。例えば、不法監禁、住居の不法侵入、入室の窃盗及び他の身体の権利または財産の権利を侵害する不正な侵害行為である。日本の刑法理論では、防衛客体の不正な侵害に対する理解はきわめて広い。例えば、大塚仁教授は、「侵害というのは、他人の権利に実在の危害または危険を及ぼす行為であり、その行為が故意なのか、過失なのかとは関係なく、作為または不作為に基づくのである。しかも、犯罪に相応する行為までも要求されることもない。」[13]と主張した。大塚仁教授は、さらに、住居侵入者が住宅から離れない場合には、それに対する屋外へ退去させる行為が不作為の侵害に基づく正当防衛である、と具体的に論述した。

　中国の実務においても、住居不法侵入に対する防衛行為の判例がある。例えば、趙泉華傷害事件は、まさに住居侵入罪に対する正当防衛の判例である。この事件では、上海閘北区人民裁判所が公開審理により以下の事実内容を明らかにした。被告人と被害者王企児及び周鋼は、上海にあるクラブで揉め事を起こした。その後、損をしたと感じた王が、2000年1月4日19時ころ、周鋼と共に趙泉華の家で門を蹴り壊して押し入り、自宅に居る被告人趙泉華に凶器で打たれて怪我をした。法医学者によると、王企児は、顔に何箇

所の打撲傷がなり、軽傷である、と鑑定された。上海閘北区人民裁判所は、
被告人趙泉華が故意に他人の身体を害して軽傷を負わせ、その行為が傷害罪
を構成し、法律によって処罰すべきだとした。しかし、趙泉華が事件発生後
に取った行為は、自首行為である、と見なされるから、法によって寛大に処
理することになる。『中華人民共和国刑法』第234条第1項、第67条第1項と
第72条の規定に照らして、被告人趙泉華が傷害罪となり、拘役3ヶ月、執行
猶予3ヶ月に処する、という判決を下した。1審判決が言い渡された後、被
告人趙泉華は、自分の行為が正当防衛であることを理由とし、上訴した。上
海第2地方裁判所は、「被告人趙泉華は、王企児、周鋼とは元々面識がなく、
両方はクラブで些細なことで言い争いを起こした。その後、王企児、周鋼は
何回も趙泉華の家で、門を蹴るなどの方法で趙泉華を挑発しようとしたが、
趙泉華に避けられてうまくいかなかった。2000年1月4日夜7時ころ、王企
児、周鋼が再び趙泉華の家まで行き、門をノックして中に入ろうとするが、
趙が開けてくれなかった。王、周は直ちに強引に鍵が掛けられているドアを
蹴り（錠のボルトが曲がってしまう）、趙の自宅に押し入り、趙が不正の侵害を
阻止するため、凶器を使って王、周に対して振り回し、王企児の頭、顔に打
撲傷を負わせたが、法医に軽傷と鑑定された。周鋼が頭皮に裂傷、左の二の
腕に打撲傷で法医に軽微傷と鑑定された。事件当時、現場にいた趙の同僚が
110番に通報し、警察が現場に来て両方を警察署に連れて行ったのである。
上海第2地方裁判所の意見では、王企児、周鋼が個人的な恨みを晴らすため
に何回も趙泉華を挑発して、今回は強引に趙宅のドラを蹴り壊して押し入っ
て趙家に対して不正の侵害を行った。趙泉華は、本人の身体と財産の権利が
進行中の不正の侵害を避けるために不正の侵害者に軽傷を負わせたが、趙の
行為は、大幅に必要の限度を超えずに著しい損害を生じさせなかったので、
中国刑法に定められた正当防衛の構成要件に一致し、正当防衛となり、法に
よって刑事責任を負わない、とされた。原判決は、王企児、周鋼の不正の侵
害行為を正しく認定せず、ただ趙泉華が王企児に対する傷害の結果だけを根
拠に趙泉華の行為が犯罪を構成する、と認定したが、刑事責任を追及するの

は不適切であり、判決を見直し、趙泉華の上訴の理由が受け入れるべきであった。『中華人民共和国刑事訴訟法』第189条第2項、『中華人民共和国刑法』第20条第1項の規定により、判決は以下のとおりになった。「1、上海閘北区人民裁判所（2000）閘刑初字第628号刑事判決を取り消す；2、上訴人（元審被告人）趙泉華が無罪である。」という判決を下した。

　趙泉華傷害事件は、住居侵入罪に対する防衛が正当防衛と認定された典型的事案である。第1審が過剰防衛と認定し、第2審は、改めて正当防衛と認めた。第2審の裁判理由は、以下のことを指摘した。すなわち、「本案の被告人趙泉華と王企児、周鋼は、元々面識がなく、両方がクラブで些細なことで揉め事を起こした。社会生活で衝突や軋轢などはよくあるが、王企児、周鋼は何回も趙泉華の家で、ドアを蹴るなどの方法で趙泉華を挑発したが、趙泉華に避けられてうまくいかなかった。そこから見れば、趙泉華が再び争いを引き起こす気がなく、相手を傷つける故意もなかったことが明らかになった。2000年1月4日夜、王企児、周鋼が再び趙泉華の家に来て、趙家のドアを蹴り壊して中に押し入り、錠のボルトが曲げられて、家も散らかっていて、壊されたものもあった。王企児、周鋼が住宅の持ち主人の同意なしに、強引にドアを壊し、他人の住宅に押し入り、他人の合法的権利を侵害し、不正の侵害行為を行ったのである。中国憲法第39条によれば、中華人民共和国国民の住宅を侵害することができない。不法捜査あるいは不法に国民の住宅を侵入することを禁じる、と規定する。中国刑法第245条は、不法住居侵入罪を定め、他人の住宅に不法侵入した者に対して3年以下の有期懲役または拘役に処する。「他人の住宅に不法侵入」とは、住宅の持ち主の同意なしに、強引に他人の住宅に押し入り、または住宅の持ち主に立ち退くことを要求されても離れず、他人の正常な生活と居住の安全を危害する行為である。住居の不法侵入の行為に対して、住宅の持ち主は、自ら法によって不法侵入者に対する必要な正当防衛などを含む相応する阻止措置を行う権利がある。本件では、被告人趙泉華が王企児、周鋼の不法住居侵入の行為に対して、まさに正当防衛の合法的な権利を実行したのである。」[14]と述べた。

110

もちろん、非暴力侵害は、身体の権利を侵害する程度が低いので、激しい暴力を使うことができない。さもなければ、過剰防衛となる。そこで、暴力侵害にしか正当防衛することができず、非暴力侵害に対しては防衛できないという見解は、どうしても成り立たない。

大量の事案では、暴力侵害と非暴力侵害の両方が混在した場合が多い。于歓傷害事件も、そうである。もし単純な不法監禁行為ならば、非暴力侵害である、と言えるが、被害者を監禁している間に暴力を振るうかもしれない。しかも、不法監禁中、罵りや殴打なども伴う。不法監禁罪は、身代金略取罪のあり方と客観的には違うところがあまりないが、不法監禁罪は、財物を目的としない身代金略取であり、逆に言えば、身代金略取罪は、財物を目的とする不法監禁である。中国刑法238条3項は、債務履行を要求するために他人を拘束、監禁する場合は不法監禁罪として処罰される、と規定する。于歓案においては、もし相手の主観的目的が債務履行を要求するのではなく、財物を目的とするならば、本件は正当防衛を認定することには異議がなくなるだろう。そこで、非暴力侵害に対する防衛行為を実行してはならないとする考えは、成立しえない。必要な限度を超えたか否かについては、防衛の程度に対する判断の問題なので、防衛の性質と混同すべきではない。

㈡ 暴力侵害が発生する瞬間にしか防衛できない

刑法によって、進行中の不正の侵害にしか正当防衛はできないのである。どの程度不正の侵害が進行中であるか、を理解する際に、よく誤解されやすい問題が生じてくる。一番誤解されやすいのは、不正の侵害を、侵害が発生する瞬間だけとして理解してしまう場合である。例えば、刀で人を殺す場合には、刀で叩き切る瞬間、銃で殺人する場合は引き金を引く瞬間などのようである。こうすれば、防衛の加減を把握するのは非常に難しくなり、防衛に必要な時間もほとんど残らない。普通の人は、そこまでに正確に防衛の時間を把握することができない。そこで、防衛の時間を問わずにすべてを制裁し、罪を定めることは、防衛者にとって不公平である。私は、不正の侵害に

対して全体的に初めから終わりまで考察し、殺傷が出た瞬間しか防衛を実行することができないわけではない、と思う。不正の侵害の開始時間と言えば、相手が現実的に侵害する可能性を発見さえすれば、それに対する防衛を実行することができる。例えば、銃で不正の侵害がなされる場合に、相手が銃を挙げて撃とうとする形跡を発見したら、防衛行為を実行することができる。刀で不正の侵害がされる場合に、相手が自分に迫って来るときに防衛することができる。不正の侵害の終わりの時間と言えば、侵害者の侵害行為が終わったので引き続いて防衛することができなくなるのではなく、再び侵害される可能性があるかどうか、によって、もし侵害される危険がまだ解除されていないのならば、防衛行為を実行することができる。侵害が終わり、侵害者が現場から離れた場合、再び侵害される危険が排除されたならば、被侵害者の人身の安全が保証され、防衛を理由とし侵害者を報復することはできない。

　防衛の時間に関しては、王洪軍傷害事件が一番正確に把握しているが、侵害者がレンガを投げてきたときに王洪軍がナイフで侵害者を刺した。しかし、于歓傷害事件の状況は複雑なので、裁判所は、防衛を認定しなかった主な理由の１つとして、警察が出動したもとで、被告人于歓と其の母親の生命または身体の権利が侵害される現実の危険性が低く、防衛の急迫性が存在しなかったからである。実は、警察が現場に来た後、不法監禁行為を阻止しなかったので、警察が来たから于歓母子の人身安全が保証された、とは言えない。さらに重要なのは、于歓が外へ出ようとしたとき、借金取立人が彼を殴打して阻止した。このような状況で、于歓が不法監禁を我慢しないかぎり、暴力の防衛手段を使用しないで不法監禁の状態を解除するのは困難である。つまり、于歓は、進行中の不正の侵害に対して防衛行為を実行したのである。しかも、于歓母子が受けた不正の侵害の過程から見ると、午後４時から夜10時にかけての罵りと殴打は、于歓に強い心理的刺激を与え、その後の激しい防衛行為とも密接に関わった。原因と結果を結び付けて分析してはじめて、于歓の防衛行為の合理性と必要性を認識することができるのである。

㈢　両方が殴り合いすれば相互喧嘩となり、防衛行為とはならない

　正当防衛あるいは過剰防衛が認定されない事案においては、正当防衛また
は過剰防衛を相互喧嘩と混同するのは、中国の実務でよく見られることであ
る。相手がすでに侵害を実行した状況で、被侵害者が侵害行為に反撃するの
は、客観的に相互喧嘩として表現され、殴り合っているように見える。もし
正確に防衛行為と相互喧嘩を区別しなければ、正当防衛の制度は相互喧嘩の
泥沼に陥ってしまう。防衛行為と相互喧嘩を区別するのは、まさに泥沼から
抜き出された蓮根の身についている泥を洗い流して、その本来の姿を取り戻
すことである。

　防衛行為と相互喧嘩は、外観から見れば似通っているようであるが、両者
は根本的な区別があり、それは、事前に殴り合う意思があるかどうか、であ
る。両者が事前に約束し、お互いに殴り合う意思があるのなら、その後の喧
嘩行為が相互喧嘩であり、両方の行為がともに防衛の性質を持たない、と認
められる。もし一方が先に侵害したならば、相手側の当事者の反撃行為は、
殴打ではなく、防衛行為と認定される。確かに、防衛と相互喧嘩の中で、両
方の間に相互の侵害が存在する。私は、「防衛と相互喧嘩の限界」という論
文で、防衛と相互喧嘩を区別する２つのポイントを挙げた。すなわち、⑴意
図的な相互喧嘩に基づく反撃行為は、防衛行為と認定することができない。
⑵正の侵害に対してただちに反撃する行為は、相互喧嘩と認定することがで
きない。したがって、事前に約束のある相互の挑発しか、相互喧嘩として認
定することができない。もしこのような約束がなければ、一方から他人に対
して侵害を加える場合、その侵害を阻止するための行為は、防衛の性質を認
定すべきである。

　問題となるのは、一方の侵害行為が終わった後、被侵害者がどのような状
況において行った反撃行為が防衛行為だと認定できるのか、である。防衛と
いう言葉の本来の意味から言えば、侵害を防止する意味がある。不正の侵害
の寸前あるいは進行中において実行した防衛が侵害を避ける意味がさらに明
白であるならば、より容易く防衛の性質が認定される。しかし、侵害が終わ

った後、防衛の前提がなくなったようであれば、反撃行為も報復の性質を持つ段打行為と認定されがちである。私見によれば、侵害が終わった後、防衛の余地がなくなる、と簡単に決め付けることはできない。普通は、侵害は1度きりではなく、連続性を持つ場合が多い。第1回目の侵害が終わっても、全部の侵害が終わるわけではない。その後も侵害される可能性が排除できないかぎり、被害者は、完全に防衛を実行する権利がある。このような防衛は、相互喧嘩とは性質上区別される。防衛は正と不正の関係であり、相互喧嘩は不正と不正の関係である。防衛の性質を持つ反撃行為を相互喧嘩と認定するのは、正と不正の関係を混同するものであり、それには賛同できない。侵害が終わった後、侵害者が再び侵害する可能性がなくなり、被侵害者の人身の安全が保証できる状況においても、依然として暴力で報復する行為こそが防衛の性質を持たないものである。

　防衛と相互喧嘩の区別は、主に原因の性質における判断である。相互喧嘩の場合には、先に挑発した側が不法であるので、自分の行為が招いた反撃行為を受忍する義務がある。それに反して、他人の理由のない侵害に対して、被侵害者は、それを受忍する義務がなく、防衛する権利がある。実務において防衛と混同された相互喧嘩の事案は、司法機関が事件の原因についていつも軽く触れながら、「些かなことで起こしたトラブル」あるいは「あることで生じた衝突」だけで済ましてきた。このような中立的に見える判断は、完全に是非の区別がつかないもので、その後の錯誤の判断に繋がっている。例えば、于歓傷害事件について、裁判所は、「被告人于歓は、人数の多い取立人の長時間の付きまといに対して、正確に衝突を処理することができない。」と述べた。この判文は、取立人による于歓母子に対する長時間の不法監禁を相互の「衝突」として認定しただけではなく、于歓が「正確的に衝突を処理できない」ことを非難した。このような司法判断は、完全に常識から逸れるものであり、しかも刑法の規定と矛盾がある。そこで、民意の爆発を引き起こした。

㈣　死傷の結果を生じさせたら、過剰防衛になる

　防衛は、正当とは言え、何事もその限界があり、まさに「真理が前に一歩踏めば誤りとなる」という諺のとおりに、「正義が前に一歩踏めば不正義となる。」中国刑法20条3項が規定する無過当防衛については、必要な限度の制限がなくなったように見えるが、実際に厳重な暴力犯罪に対して防衛したら、侵害者の死傷を生じさせても必要な限度を超えないのである。そこで、その行為が必要な限度を超えたか否か、を司法機関が判断する代わりに、立法者は、直接にその行為が正当防衛だ、と規定したのである。2項では過剰防衛が保留されているので、このような普通の正当防衛が必要な限度を超えたか否か、に関する判断が求められる。正当防衛が必要な限度を超えたか否か、の判断において、一番誤解しやすいところがある。すなわち、死傷の結果を生じさせたら、過剰防衛となるのである。前述のように、中国の学説においては、2項の防衛結果は元々重傷と死亡という結果が含まれていない、と考える見解もある。言い換えれば、防衛行為が重傷または死亡の結果を生じさせたら過剰防衛となる。司法実務と刑法理論でのこのようなやり方および考え方に対して、私は、どうしても賛同できない。日本の刑法理論においては、行為相当性と結果相当性と2つの説がある。上のような死傷の結果を生じさせたら過剰防衛となる見解は、日本の結果相当性に類似している。いかなる防衛行為も、不正の侵害者のある程度の死傷結果を生じさせる可能性がある。問題となるのは、このような死傷結果は不正の侵害を阻止するために必要であるか、侵害行為に対して相当であるか、ということである。そこで、その行為が防衛の性質を持つことを前提としたうえで、その行為の強度及び死傷の結果を免れる可能性を考察すべきである。事件当時の推定時間と空間において、より低い強度の反撃行為が完全にできる状況で、防衛者が反撃の強度をコントロールなしに明らかに必要な限度を超えた防衛行為を実行した場合だけが、過剰防衛となる。これに反して、もし当時の状況において一定の強度の反撃措置しか取れない場合は、たとえ一定の死傷結果を起こしても、正当防衛の必要な限度を超えた、とは言えない。このような状況で

は、死傷の防衛結果を避けにくいからである。過剰防衛に対する判断は、被告人にとって厳しすぎであり、他人の身になって考えるべきである。さらに、中国刑法の規定によれば、正当防衛はやむを得ずにした行為ではなく、緊急避難だけが「やむを得ず」という要件が必要である。正当防衛が必要な限度を超えたか否か、に関する判断は、行為が進行中のときの判断であり、行為が終わった後の判断ではない。このような判断をするとき、防衛行為と侵害行為が客観的に相当であるかどうか、を考えるだけではなく、侵害行為が防衛者に与えたパニック、憤慨なども考慮に入れて考えるべきであり、さもなくば、これらが認識能力とコントロール能力を弱めた以上、正しく防衛の限度を把握することもできなくなるからである。王洪軍と于歓の2つの事案では、被告人が同じく刃物で防衛をした。王洪軍が使ったのは身に付けている刃物であり、于歓の場合はたまたま事務机に置いてある刃物であり、もし防衛の方法が、はむやみに刃物を振り回すことではなかったら、死傷の結果も生じさせなかったかもしれない。しかし、当時は防衛用の道具は刃物しかないので、われわれが王洪軍と于歓に刃物を使わずに他の防衛用具を使わせるとするのは理屈ではあるが、法律にも合わない。

四　結　語

　正当防衛及び過剰防衛の認定標準を下げることは、不正の侵害者の違法の難易度を上げることである。正当防衛及び過剰防衛の認定標準を上げることは、被侵害者が権利を守るときの難易度を上げることである。認定されるべきなのに認定されない正当防衛の実務の差異を反省することは、主に観念上の問題である。犯罪を取り締まるのは司法機関の負うべき職責であるが、司法機関は、この職責を履行する際、まずは罪と非罪を区別することによって、正確に犯罪を取り締まるべきであり、防衛行為を犯罪行為として認定すべきではない。こうするしか司法の正義が得られないのである。

注

1) 特に説明しておきたいのは、本件についての判決は、すべて1審判決を指し、本稿で論評するのも1審判決である。

2) 通報により出動した警察は、すでに取調べを行っていた。

3) 債権回収型の監禁罪の具体的な内容について、陳山『監禁罪の研究』(2009年、中国社会科学出版社) 84頁以下参照。

4) 陳興良『正当防衛論 (第2版)』(2006、中国人民大学出版社) 209頁-210頁。

5) 本件の事実概要は、以下のとおりである。張某は、賭博で黄某と龔某から何回も借金を借りた。2008年9月18日、夜明けころ、無力で借金を返すことができなかったため、黄某は龔某と、施某、陸某、黄某により上海のあるホテルに強引に連れていかれた。当日の夜、黄某と龔某などの3人がその部屋で張某を見張った。夜9時ころ、監視から逃げるため、張某は、持っていたステンレス製の折りたたみナイフで、黄某の右の胸と右の腕、右の足をそれぞれ1回刺した。また、龔某の胸、左の腕などを数回を刺した。2人が死亡、1人が軽傷という結果を生じさせた。本件に対して、下記のような2種類の意見があった。1つの見解は、被告人張某が行った行為は、傷害罪となり、彼に刑事責任を負わせるべきである、と主張した。もう1つの意見は、被告人張某による行為は、不正の侵害を制止するためであり、過剰防衛となる、と主張した。

6) 黄伯青「急迫性があるか否かは正当防衛を構成する鍵」人民裁判所報11月11号 (2009年)。

7) 西田典之 (著) 王昭武=劉明祥 (訳)『刑法総論 (第2版)』(法律出版社、2013年) 147-148頁参照。

8) 陳興良『正当防衛論 (第2版)』(2006年、中国人民大学出版社) 210頁。

9) 邢馨宇「于歓に正当防衛が成立する法解釈学からの質疑 ——陳興良、周光権、徐昕教授と検討の上」http://www.suilengea.com/show/bvvemhnd.html。

10) 邢馨宇「于歓が正当防衛に成立する法解釈学からの質疑 ——陳興良、周光権、徐昕教授と検討の上」http://www.suilengea.com/show/bvvemhnd.html。

11) 大塚仁 (著) 馮軍 (訳)『刑法概説 (総論) (第3版)』(2003年、中国人民大学出版社) 375頁。

12) 最高裁判所刑事審判第一庭、第二庭編『刑事審判参考』第38号103頁。

13) 陳興良「防衛と相互喧嘩の限界」法学6号 (2015年)。

* 訳者注：平南ナイフとは、折りたたむことができる小さなステンレスのナイフであり、平南はブランドである

* 訳者注：松尾浩也=田口守一=張凌 共訳「中華人民共和国刑事訴訟法全訳」ジュリスト1109号 (1997年) 62頁以下。

** 訳者注：野村稔=張凌「人民検察院刑事訴訟規則」比較法学35巻1号 (2002年) 202頁以下。

*** 訳者注：野村稔=張凌「人民検察院刑事訴訟規則」比較法学35巻1号 (2002年) 202頁以下。

**** 訳者注：中国刑法54条は、「政治的権利の剥奪は、次に掲げる権利を剥奪する

ことをいう。（1）選挙権及び被選挙権。（2）言論、出版、集会、結社、行進及び示威の自由の権利。（3）国家機関の職に就く権利。（4）国有の会社、企業、事業体及び人民団体の指導者的な職に就く権利。甲斐克則＝劉建利編訳『中華人民共和国刑法』（2010年、成文堂）。

4 喧嘩と正当防衛

――「喧嘩両成敗」の法理を手がかりに――

京都大学法学部教授

塩 見 　 淳

Ｉ　はじめに

1　問題の所在

日本刑法36条1項は「正当防衛」の見出しのもと、「急迫不正の侵害に対して、自己又は他人の権利を防衛するため、やむを得ずにした行為は、罰しない」と規定する。講学上、同項は、正当防衛状況（自己又は他人の権利、及び、これに対する急迫・不正の侵害）、防衛行為の必要性・相当性（やむを得ずにした行為）、及び防衛意思（防衛するため）という各要件に整理のうえ、その内容が詳しく検討されているが、加えて、全ての要件が一応充たされるように見えても、正当防衛の成立が否定されるべき場合がないかも古くから議論がある。喧嘩のケースにおける解決如何はそのような議論の中核をなしてきた。

　もっとも、「喧嘩と正当防衛」をめぐる現在の判例は、後に紹介するように、最高裁の昭和52 (1977) 年決定が示した積極的加害意思論と平成20 (2008) 年決定が採用した自招侵害論に集約され、「今後の実務においては、……両者の論理が併用されて、『喧嘩と正当防衛』をめぐる事案の解決が図られることになる」と指摘されている。これは「喧嘩」というカテゴライズされた視点を排除するものともいえる。しかし、他方で、「喧嘩と正当防衛」は（本稿もそうであるように）なお一般的なテーマ設定であるし、近時の裁判においても、検察側が喧嘩を理由に正当防衛の不成立を主張し、裁判所がこれに正面から答えるという場面は少なからず見受けられる。「喧嘩」という視

120

角もまた根強く維持されているのである。この理論状況をどのように考えた
らよいのか。判例の分析を通して明らかにする。

2　昭和7 (1932) 年判決

　喧嘩と正当防衛に関する初期の重要判例は大判昭和7 (1932)・1・25であ
り、次のように判示する。「所謂喧嘩を為す闘争者の闘争行為は互に対手方
に対し同時に攻撃及防禦を為す性質を有するものにして其の一方の行為のみ
を不正侵害なりとし他の一方の行為のみを防禦の為にするものと解すへきも
のに非す従て喧嘩の際に於ける闘争者双方の行為に付ては刑法第36条の正当
防衛の観念を容るるの余地なきものとす我国に於て古来『喧嘩両成敗』の格
言を存し喧嘩の闘争者双方の行為は互に違法性を阻却すへき性質を有するも
のに非すとして共に之を処罰すへきものとしたる理由も亦茲に存すと謂ふへ
し」、と。喧嘩において正当防衛が否定されるのは「互に対手方に対し同時
に攻撃及防禦を為す性質を有するもの」であるからという理由づけととも
に、それは古来の法理である「喧嘩両成敗」と考え方を等しくするものだと
述べたことで、判決はよく知られている。

　本判決の立場は戦後の昭和23 (1948) 年判決により転換されたと解されて
いる。即ち、最大判昭和23 (1948)・7・7は、「喧嘩は、闘争者双方が攻撃
及び防御を繰り返す一団の連続的闘争行為であるから、闘争の或る瞬間にお
いては、闘争者の一方がもっぱら防禦に終始し、正当防衛を行う観を呈する
ことがあっても、闘争の全般からみては、刑法第36条の正当防衛の観念を容
れる余地がない場合がある」と判示し、喧嘩にも「正当防衛の観念を容れる
余地」を認めたからである。「喧嘩」というカテゴライズされた視点を排除
する姿勢の原点はここに求められよう。しかし、留意を要するのは、正当防
衛の成否は「闘争の全般からみて」判断されるとした点である。判決はそれ
以上には述べていないが、このような判示を、闘争の全般からみて「喧嘩」
に当たる場合は「防衛」者も処罰する、即ち「(両) 成敗する」というよう
に理解するならば、昭和7年 (1932) 判決を補充的に支えた「喧嘩両成敗」

の法理は、「喧嘩」の範囲の限定・精密化を伴いながら維持されていると捉えうるし、また、正当防衛の成立を否定する根拠を表すものと性格づけることもできると考えられるからである。

II 喧嘩両成敗の法理——法制史家による分析

1 伝統的な理解

「喧嘩両成敗」の法理とはどのようなものと理解すべきなのか。法制史学上この議論の出発点に据えられるのが、三浦周行の『法制史之研究』に収録された論文「喧嘩両成敗法」[4]である。そこでは、喧嘩とは「単に言論を戦はし喧騒を致すに止まらずして、互に腕力に訴ふる」こと、両成敗とは「両造共に理非の糾明をなさずして制裁を加ふる」ことと定義されたうえ、同法の成立と推移が論じられている。

喧嘩両成敗法が上記の定義のような意味で登場するのは14世紀半ばのことであり、戦国時代（15世紀後半〜16世紀）には、領民の人心を収攬し統治を堅固なものとする必要から多くの領国法において採用されて「通法」となるに至り、政治的安定がもたらされた江戸時代（17世紀〜19世紀半ば）においても、両成敗法的な事案処理は行われていたとされる。そのうえで、喧嘩両成敗法について、三浦は、理非の究明を行うことなく両者を処罰するという、法制進化史上「退歩」と見るべき「暴法」としながら、「然れども今日に至る迄、広義の喧嘩に向っては、両成敗の冥々の裡、尚ほ社会の歓迎を絶」ったとはいえず、このような「遺法」でも当面は「徳義の制裁」として役割を果たしうると述べている。

時代遅れの遺法であるけれども、「喧嘩両成敗」は社会的に歓迎されているところもあるから当面は残るだろうといった喧嘩両成敗の法理に対する三浦のネガティブな評価は、法制史学において広く共有され、刑法学でも定着して今日に至っていると思われる。

2 新たな視点の導入

　しかし、伝統的理解とは異なる視点から喧嘩両成敗法を捉える論者も現れ
ている。石井紫郎は、鎌倉時代（12世紀末〜14世紀前半）から戦国時代に至る
法制度のみならず社会構造の変化も視野に入れて検討を行ったうえで、喧嘩
両成敗法が、法制進化史上の「退歩」であり、統治上の必要悪として（のみ）
存在したわけではないこと、即ち、紛争における「理非」の判断権が、裁判
権と裁判の既判力の確立を背景にして、在地領主から次第に国家（幕府、守
護大名等）に独占され、同時に「理非」の内容も「法度」として統一されて
いくという中央集権化の流れのなかで、同法理が領主らによる自力救済を理
念的に（も）排除するツールとして機能したことを明らかにする。

　このような分析は、喧嘩両成敗の法理が、国家による刑事裁判権が確立し
た明治時代以降においても自力救済の禁止の観点から意義をもつことを示す
ものといえる。ただし、正当防衛が「許容される自力救済」であるとすれ
ば、このような許容が再び禁止される限界がどこにあるのかがさらに明らか
にされねばならない。この点で注目されるのが、両成敗法の適用される「喧
嘩」とはどのような実力行使なのかを解明しようとした谷口眞子の見解であ
る。

　谷口の検討対象は近世・江戸期の法であり、そこでは、一時の事情から生
じた「当座の喧嘩」と遺恨に基づく攻撃を受けて行われた「宿意の喧嘩」が
区別されていたとしたうえで、概ね次のように説かれている。喧嘩両成敗法
は原則として当座の喧嘩に適用された。ただし、乱心や酔狂による攻撃や強
盗行為に対する防衛行為はお構いなしとの扱いであった。他方、宿意の喧嘩
については両成敗の処理は行われず、相手方の遺恨が「筋違い」かどうかを
吟味して行為者の責任が判断された、と。喧嘩両成敗法は、遅くとも近世に
おいて、理のある者にまで常に適用されたわけではなく、とりわけ「宿意の
喧嘩」では、遺恨を抱かれるだけの理由のある防衛者のみが処罰（成敗）さ
れたのである。

3 刑法学に与えられる示唆

喧嘩両成敗の法理をめぐる法制史家の分析は刑法学に幾つかの示唆を与えるように思われる。まず、喧嘩は「紛争解決の手段としての実力行使」という観念的レベルで捉えられている点が挙げられる。例えば、昭和7 (1932)年判決は、喧嘩闘争が「互に対手方に対し同時に攻撃及防禦を為す性質」を有することに着目しているように読めるが、斬り合いや殴り合いは、正当防衛状況の存在が認定された後に起こる事態であって、正当防衛をそれ自体として不成立とするように作用するとは考えにくい。重要なのは、なぜ、どのような経緯で喧嘩に至ったのかであろう。

次に示唆的なのは、宿意の喧嘩と当座の喧嘩の区別である。これを、当事者の間にもともと紛争が実質的に存在していた場合とそうでない場合として捉え直すならば、刑法学にとって意味あるものになると思われる。さらに、2で示された、自力救済の禁止が喧嘩両成敗の法理を支えるとの理解と併せてこの区別を説明すると、次のようになろう。従前より実質的に存在する紛争に「防衛」者の側も相応の責を負うにもかかわらず、その紛争を実力行使により解決しようとするのは、許されない自力救済、換言すれば「狭い意味での喧嘩」に当たり、正当防衛の成立が否定されるべきだ、と。

Ⅲ　判例の展開 (1)──戦前から戦後にかけて

実質的に存在する紛争の実力行使による解決という視座に立つとき、先の昭和7 (1932) 年判決は喧嘩両成敗の法理の適用例としてよりよく理解できるように思われる。殺人罪の成否が争われた直接の事実関係は、神社の祭礼において被害者である県立金沢第一中学の生徒から喧嘩を挑まれた私立金沢中学の生徒が、別の場所に移動した際に持っていた匕首を示して威嚇したけれども軽侮されたために憤激し、その匕首で被害者の胸を突刺して殺害したというものであった。ただし、この事件には伏線があり、一週間前に別の神社の祭礼において、被害者を含む一中生と行為者を含む金沢中生が喧嘩をし

ており、当日も仕返しを考えた一中生が行為者を捜し出し、集団で暴行を加えようとしていた。加害者である金沢中生は、数的不利の状況下で進んで喧嘩をするつもりはなかったとしても、一中生との紛争に相当の責を負い、また、一中生の申し入れに応じてその決着をはかるべく喧嘩を行ったのである。「狭い意味での喧嘩」の両当事者を罰するという実質化された喧嘩両成敗の法理から見て、正当防衛の主張を排斥することに理由があったと解される。

　正当防衛の成立を否定したその後の裁判例も、概ね事件以前に実質的な紛争が存在していたと評してよいものであったが、最判昭和22 (1947)・12・18[7]には留意を要する。事案は、家出をした妻の行方を探していた行為者が、妻を誘惑して連れ出したとの噂のある被害者Xに会って確かめようと、暴行を受けた場合の用意に刺身包丁を携えて、P宅を訪問中のXに会いに行ったところ、数人から暴行を受けてかなりの傷害を受けた後、Xによる暴行を察知して刺身包丁でXを刺したというものであった。判決は、「被告人が本件犯罪を犯すに至った事情については、まことに同情憫察すべきものがある」としながら、「本件の犯行は、喧嘩闘争を予測し兇器を用意して出掛けた傷害致死」とした原審の認定に違法はないとの簡単な判示により、少なくとも過剰防衛ではないかとの上告を棄却している。喧嘩に至るまでの経緯を重視せず、「喧嘩」に当たるからとしてかなり形式的に処理したのではないかとの疑念が残るように思われる。

Ⅳ　判例の展開（2）
——昭和23(1948)年判決、同32(1957)年判決とその後

1　昭和23(1948)年判決・昭和32(1957)年判決

　Ⅰで紹介したように、昭和23 (1948) 年判決において、判例は、喧嘩にもその全般から見て正当防衛の成立する可能性を認める方向に転換する。ただし、同判決は、本件は闘争の全般からみて正当防衛に当たらないとの結論を採りながら、正当防衛を排除する「狭い意味での喧嘩」の範囲を示していな

い。のみならず、事案からみると、むしろ「喧嘩」に当たるから正当防衛の
余地はないとする、喧嘩両成敗の法理の（悪しき）形式的適用とでも呼ぶべ
き処理が行われているように解される。事案は、浪花節を一緒に聴きに行っ
た友人が被害者に別の場所に連れ出されて殴打されたので、行為者が事情を
問いただしたところ、被害者と殴り合いとなったが、忽ち散々に殴られたう
え鉄条網に仰向けに押しつけられ、睾丸を蹴られるなどしたため、憤激の余
り所持していた小刀で被害者を切りつけたというもので、全体として行為者
の一方的な劣勢で事態が推移していたからである。

　この意味において、喧嘩と正当防衛の問題にとってより重要なのは最判昭
和32（1957）・1・22である。同判決は、昭和23（1948）年判決の趣旨を確認
しつつ、喧嘩闘争を予期しながら現場に赴き、同伴者Aと格闘中の被害者X
の尻を鋏で刺した後、Xから追跡を受けて追いつかれた機会に同人から刺身
包丁を奪ってその胸部などを突刺して殺害したとの事案で、過剰防衛の可能
性を指摘して原判決を破棄、差し戻している。注目されるのは、従前よりX
側はA一派に対して挑戦的態度に出ており、Aの属するB会の会員に暴行を
加えていたなどの原審の認定事実を踏まえ、「本件闘争関係がX一派のA一
派に対する全く一方的攻撃に終始した集団的対立」であることを重視した点
である。「一方的攻撃」を受け、紛争に特段の責を負わないと見られる行為
者らが実力行使に出た本事案は、昭和7（1932）年判決とは「喧嘩」の性格
を異にするが故に、結論において相違したと考えられよう。換言すれば、本
判決は喧嘩両成敗の法理の適用をその実質的意義において排除したわけでは
ないのである。

2　その後の裁判例

　(1)　昭和32（1957）年判決以降の裁判例では、正当防衛の判断における喧
嘩闘争に至る経緯の位置づけについて幾つかの方向性を認めることができ
る。その一つは、防衛意思ないし攻撃意思を認定する事情とするものであ
る。例えば、最決昭和33（1958）・2・24は、行為者が逃避が容易で他に救助

も求められたこと、被害者が泥酔していたこととと並んで、疎開に伴う同居中に費用の負担をめぐって「被害者と被告人とはかねて感情的に対立していた」との事情を指摘したうえで、本件行為は「日頃の忿懣を爆発させ憤激の余り咄嗟に……被害者を殺害せんことを決意してなした」ものだとして過剰防衛（殺人）の成立を否定する結論を導いている。さらに、喧嘩の予期に着目するものも見られる。「あらかじめ予期していた喧嘩の場面に遭遇」したもので過剰防衛の観念も容れる余地もないと判示する東京高判昭和46(1971)・3・23がその例である。[10]

しかし、攻撃意思や喧嘩の予期に着目する構成は、最判昭和46（1971）・11・16が「相手の加害行為に対し憤激または逆上して反撃を加えたからといって、ただちに防衛の意思を欠くものと解すべきではない」とし、また、「刑法36条にいう『急迫』とは、法益……の侵害があらかじめ予期されていたものであるとしても、そのことからただちに急迫性を失うものと解すべきではない」との態度を明らかにしたこともあり、判例の立場として広まることはなかった。[11]

(2) 裁判例において比較的に有力化したのは、端的に、争闘に至る経緯から「喧嘩」に当たるか否かを判断するもののように思われる。個人間の紛争のケースでは、喧嘩をする意思を既に有していたから正当防衛の成立の余地はない（あるいは、喧嘩をする意思はなく、正当防衛等は排除されない）とする判示が見られる。例えば、過剰防衛の否定例である秋田地裁大曲支判昭和48(1973)・12・21は、親子喧嘩の事案において、「被告人とその妻に対する被害者の執拗ないいがかりや攻撃的態度に激昂した被告人が、かねてからの反感も手伝って被害者を腕ずくで懲しめようと決意し、被害者に対し『外へ出ろ』と言ったことは判示のとおりであって、被告人としては、……戸外で殴り合いの喧嘩になることははじめから意図したところであるから……」との説明を行っている。[12]

暴力団等の抗争や労働組合の対立から実力による衝突が生じたケースでは、従前の経緯を含めて全体として喧嘩闘争といえるかという形で判断され

る。炭鉱の旧労組と被告人らの興行師グループとが敵対していたところ、当日は労組側のピケ隊と興行師グループらによる自動車行進隊との間で争闘が生じた事案で、「被告人らの……行動がピケ隊側との争闘を惹起するに至ることは当然予期していたものと認められるので、被告人らは他の自動車行進参加者らと共に自ら本件乱闘を誘発し、又は自ら争闘の禍中にその身をおいた」ものであり、正当防衛を認めることは「到底不可能」とする熊本地判昭和35（1960）・7・27がその例である。なお、裁判例において、暴力団の抗争事件であるから全て正当防衛の成立する余地がないとされているわけではなく、両当事者が遣り合うような実質的な紛争ではなく、一方的に攻撃が仕掛けられて受け身にまわっていたといった関係にあった場合、正当防衛・過剰防衛は排除されないことには留意を要する。

　(3)　もっとも、暴力的組織の抗争の処理を巡っては、昭和50（1975）年代以降、裁判例の着眼点は「喧嘩」かどうかから、積極的な加害行為があったか否かへと変移を見せる。積極的な加害行為ないし加害意思という考え方自体は既に昭和40（1965）年代の下級審裁判例にも現れていた。この状況のもと、先の最高裁の昭和46（1971）年判決が「かねてから被告人がX〔被害者〕に対し憎悪の念をもち攻撃を受けたのに乗じ積極的な加害行為に出たなどの特別な事情」がある場合に、防衛意思が否定される可能性を留保したことの影響は大きく、暴力的組織の抗争の処理にも反映されることになる。例えば、東京地判昭和50（1975）・8・27は、過激派による凶器準備集合の事案で、「相手方が襲撃を加えてきた機会を利用して、これを迎撃ないし反撃し、積極的に相手方の生命、身体等に危害を加える目的をもって兇器を準備して集合する場合は、もとより……〔凶器準備集合〕罪にいう共同加害の目的が存在するものとみて妨げない」として同罪の成立を肯定している。

　(4)　さらに、喧嘩を自ら招いたことに正当防衛を否定する理由を求める裁判例も現れている。例えば、怒鳴りあいの後、見ず知らずの被害者に挑発的な言辞を述べ、この者が自室の戸を激しく叩くので、闘争を予期して肥後守ナイフをポケットに入れて廊下に出、やがて取っ組み合いの喧嘩を始めたと

ころ、相手から鋏による攻撃を受けたので肥後守ナイフで反撃に出て被害者を死亡させた事案で、行為者の所為は「みずから招いた喧嘩闘争の過程においてなされた反撃行為であって、事の経緯を全体的に観察すれば、それが正当防衛にはもちろん、また、過剰防衛にも当たらないことは明らか」とする東京高判昭和46（1971）・10・26[16]が挙げられる。

V　判例の展開（３）——昭和52(1977)年決定とその後

1　昭和52(1977)年決定

Ⅳ2で見た裁判例の流れ——とりわけ、争闘に至る経緯から「喧嘩」に当たるか否かを判断する、進んで、積極的な加害行為ないし加害意思の問題として処理する、という方向性——の先に登場したのが最決昭和52（1977）・7・21[17]であった。事案は、C派に属する学生らが集会を開く準備中に、C派と鋭く対立するK派に属する学生らから襲撃を受け、一度は実力でこれを撃退したものの、再度の攻撃があることを予想してバリケードを築いたところ、予想どおりに襲撃があり、バリケード越しに鉄パイプを用いて応戦したというものである。再度の攻撃に対する、C派に属するAの反撃行為が正当防衛として共同暴行罪（暴力行為等処罰一条）の違法性を阻却するかが争われ、本決定は次のように述べて消極に解した。刑法36「条が侵害の急迫性を要件としている趣旨から考えて、単に予期された侵害を避けなかったというにとどまらず、その機会を利用し積極的に相手に対して加害行為をする意思で侵害に臨んだときは、もはや侵害の急迫性の要件を充たさないものと解するのが相当である。……原判決によると、被告人Aは、相手の攻撃を当然に予想しながら、単なる防衛の意図ではなく、積極的攻撃、闘争、加害の意図をもつて臨んだというのであるから、……侵害の急迫性の要件を充たさないものというべきであ」る、と。

本件は、争闘以前から集団的な対立・紛争が実質的に存在し、「防衛」側もその責任の一端を担っており、また、紛争を実力行使により解決しようと

した点において、昭和7（1932）年判決などと近似する、即ち、典型的な喧嘩のケースといえる。にもかかわらず、「喧嘩」の視点を明確に示さず、相手の攻撃を当然に予想したこと、その機会を利用する積極的な加害意思が存在したことを要件に正当防衛を否定した昭和52（1977）年決定は「喧嘩と正当防衛」の取扱に大きな影響を与えた。（攻撃の確実な予期に基づく）積極的加害意思の有無に着目して判断する裁判例はその後多数現れることになる。

2　その後の裁判例

（1）　もっとも、喧嘩の形態は多様であり、それらが全て積極的加害意思の有無をもって解決できるとも、それのみによって解決されるべきだともいえないであろう。実際、その後の裁判例でも、IV 2でも確認された、争闘に至る経緯から「喧嘩」に当たるか否かを判断する態度は一定の範囲で維持されていたと見られる。

（2）　そのような態度を示す裁判例のうち、個人間の対立に関するものとしては、被害者からナイフを手渡されて執拗に喧嘩を求められ、それに応じて相手方を刺殺した事案で、行為者は「あえて右屈辱を潔しとせずに喧嘩闘争を受けて立ったものである以上、その後の闘争の過程において自己の生命身体を相手の攻撃にさらすことになったとしても、特段の事情のない限り、右攻撃をもって刑法36条にいう『急迫不正ノ侵害』ということはできない」とした大阪高判昭和62（1987）・4・15[18]がある。「喧嘩闘争を受けて立」つというのは明白に実力による紛争解決を志向するもので（実質的に理解された）喧嘩両成敗の法理の適用場面ともいえよう。この種の事案では、積極的加害意思の存在から正当防衛等を否定する結論を導く裁判例も見られる[19]。たしかに同意思を認定できれば問題はないものの、相手方の侵害は十分に予想されるとしても、「防衛」側の攻撃力がとくに上回っていたなどの事情が認められないときに、「積極的な加害」との認定は微妙にならざるをえない。その意味で、「喧嘩」に着目した解決の方が明快に思われる。

　暴力的組織の対立を背景にするものとしては、暴力団組長である行為者

が、組の属する会の会長が理容店で散髪中に別の暴力団の組員X、Yほか数名から拳銃による襲撃を受けたので、氏名不詳者らとともに拳銃でこれに応戦し、X及びYを殺害した事案で、正当防衛等の成立を否定した大阪高判平成13（2001）・1・30[20]が挙げられる。同判決は、積極的加害意思を認定した第一審とは異なり、「侵害が予期されている場合には、予期された侵害に対し、これを避けるために公的救助を求めたり、退避したりすることも十分に可能であるのに、これに臨むのに侵害と同種同等の反撃を相手方に加えて防衛行為に及び、場合によっては防衛の程度を超える実力を行使することも辞さないという意思で相手方に対して加害行為に及んだという場合には、いわば法治国家において許容されない私闘を行ったことになる」などとして、「本件犯行は、侵害の急迫性の要件を欠き、正当防衛の成立を認めるべき緊急の状況下のものではなかった」と述べている。

実力行使が「狭い意味での喧嘩」に当たらない場合としては、まず、全体として「防衛」者が一方的な攻撃を甘受してきたと評価できるような場合が挙げられる。暴力団内部のいわゆる跡目争いで、実弟の家に身を隠していたところに武装した対抗勢力の襲撃を受け、反撃に出た事案で正当防衛の成立を認めた仙台高裁秋田支判昭和55（1980）・1・29[21]はその例といえる。次に、実質的な紛争といえるほどではない感情的な対立等があったにとどまる場合[22]や当事者間で和解が成立して紛争がひとまず収まっていた場合[23]も、正当防衛等は認められている。ただし、裁判例では、行為者に侵害に対する予期がない、あるいは、積極的加害意思が欠けるなどの理由付けによることも多い。さらに、諸事情を掲げて総合判断として「喧嘩」を否定する裁判例も見られる。例えば、長崎地判平成19（2007）・11・20[24]は、行為者には、相手方による侵害の具体的予期はなく、積極的加害意思も認められず、発言の内容が侵害の惹起を意図ないし容認したものともいえないとしたうえで、侵害者と行為者との間で「相互に身体の安全を侵害し合うという利益衝突状況を作出した第一次的責任は」侵害者側にあると判示している。最後に、喧嘩を挑発したとはいえないとして正当防衛等を肯定した裁判例[25]が認められる。これは、昭

和52（1977）年決定前に現れていた、喧嘩を自ら招いたかどうかに着目する裁判例と考え方を等しくし、次の(3)で取りあげる侵害の自招に着目する立場に連なるものといえる。

(3) 正当防衛、とりわけ侵害の急迫性の要件について判断する際に、相手方の侵害を自ら招いたといえるかどうかに着目する裁判例は、昭和52（1977）年決定以降、多く見られるようになる。同要件の否定例の一つが福岡高判昭和60（1985）・7・8[26]であり、次のように判示する。「相手方の不正の侵害行為が、これに先行する自己の相手方に対する不正の侵害行為により直接かつ時間的に接着して惹起された場合において、相手方の侵害行為が、自己の先行行為との関係で通常予期される態様及び程度にとどまるものであって、少なくともその侵害が軽度にとどまる限りにおいては、もはや相手方の行為を急迫の侵害とみることはできない」。本件では、「X〔侵害者〕の行為に先行する被告人の行為が理不尽かつ相当強い暴行、すなわち身体に対する侵害であるのに対し、それに対するXの行為は、屋内にいる被告人に向けて、屋外から住居の平穏を害する行為を5分ないし10分間にわたって続けたに過ぎないものであって」、これを被告人に対する急迫不正の侵害と認めることはできない、と。

侵害の自招に当たらないとされたケースでは、侵害を挑発ないし招致する意図が欠ける[27]、あるいは、そのような態様とはいえない、相手方の侵害行為を予期していない[28]、予期を超える激しい攻撃である[29]といった点が指摘されている。

Ⅵ 判例の展開（4）——平成20(2008)年決定とその後

1 平成20(2008)年決定

昭和52（1977）年決定の影響を受けて、積極的加害意思の有無をもって判断する裁判例が多くなる一方で、相手方の侵害に向けられた自招行為に着目するものも有力化する状況のもとで出されたのが最決平成20（2008）・5・20[30]

であった。事案は、行為者Aと被害者Xがごみ集積場でのゴミの投棄をめぐって口論となり、AがXを殴打して〔第1暴行〕走って立ち去り、腹を立てたXが自転車でAを追いかけて後方から殴打した〔第2暴行〕。起き上がったAがXに向かっていき、特殊警棒でXを殴打して〔第3暴行〕、Xに傷害を負わせた、というものである。Aによる第3暴行を第2暴行に対する正当防衛とする主張について、本決定は「被告人〔A〕は、Xから攻撃されるに先立ち、Xに対して暴行を加えているのであって、Xの攻撃は、被告人の暴行に触発された、その直後における近接した場所での一連、一体の事態ということができ、被告人は不正の行為により自ら侵害を招いたものといえるから、Xの攻撃が被告人の前記暴行の程度を大きく超えるものでないなどの本件の事実関係の下においては、被告人の本件傷害行為は、被告人において何らかの反撃行為に出ることが正当とされる状況における行為とはいえない」と述べて、これを排斥した。

正当防衛等が否定される自招行為について、最高裁として、不正の行為であること、相手方の侵害行為と時間的場所的に一連・一体であること、その程度を侵害行為が大きく超えていないことを要件として提示し、さらに正当防衛等が排除される理由を侵害の急迫性の欠如ではなく、「何らかの反撃行為に出ることが正当とされる状況」の不存在とした点において、本決定には大きな意義が認められている。

2 その後の裁判例

平成20 (2008) 年決定以降も、喧嘩と正当防衛のケースは、基本的には、事案に応じて、喧嘩に当たるか[31]、積極的加害意思が認められるか[32]、侵害を自ら招いたのかの観点から[33]、正当防衛等の成否が検討されている。

その中で注目されるのは東京高判平成27 (2015)・6・5であり[34]、暴力団員Xに対する貸金の取立に関する電話で同じ組の組員Yを激怒させたAが、自宅で実弟Bとともに、X、Y及びZの襲撃を受け、これにナイフで反撃してYを殺害した事案で次のように判示する。「被告人〔A〕は、被害者〔Y〕らを

挑発して、被告人に暴力を加えるために被害者らが被告人方に来る事態を招き、被害者らが被告人方に来て暴行を加えてくる可能性がかなり高いと認識していながら、そのような事態を招いた自らの発言について被害者らに謝罪の意向を伝えて、そのような事態を解消するよう努めたり、そのような事態になっていることを警察に告げて救助を求めたりなどすることが可能であったのに、そのような対応をとることなく、被害者らが暴行を加えてきた場合には反撃するつもりで、被害者らとは別の暴力団に属するBを被告人方に呼ぶとともに、殺傷能力の高い本件シースナイフを反撃するのに持ち出しやすい場所に置いて準備して対応し、被害者らから暴行を受けたことから、これに対する反撃として本件刺突行為に及んだものであり、被害者らによるB及び被告人に対する暴行が被告人らの予期していた暴行の内容、程度を超えるものでないことをも踏まえると、本件刺突行為については、正当防衛・過剰防衛の成立に必要な急迫性を欠くものといえる」、と。そこでは、自招侵害に関わる要素（挑発があること、自招行為と侵害行為との間に著しい不均衡がないこと）、積極的加害意思に関わる要素（相手方の侵害を高い可能性をもって予期していること）と並んで、紛争の解消に向けての努力や警察への救助依頼など、近時の有力説である侵害回避義務論[35]で重視する、事前の危険回避行動の可能性にも言及しながら、急迫性について総合的判断が行われているからである。[36]

VII　まとめ

「喧嘩と正当防衛」の問題を喧嘩両成敗の法理と関連づけながら考察を加えてきた。同法理は昭和23（1948）年判決によって刑法学から駆逐された観もある。しかしながら、喧嘩両成敗を支える思想を自力救済の禁止に求め、喧嘩に至った経緯に鑑みて、正当防衛がなお許される喧嘩と許されない「狭い意味での喧嘩」とを区別し、両成敗の取扱を後者の喧嘩に限るというように喧嘩両成敗の法理を再構成するならば、異なる考え方の道筋も見えてくるように思われる。

自力救済が許されないのは、従前より（単なる不仲といったものを超えて）実質的に存在する紛争に「防衛」者の側も相応の責を負うにもかかわらず、その紛争を平和的手段ではなく「喧嘩」により解決することを選択した点に理由が求められよう。このような視点からは、確実に予期された侵害の機会を利用し積極的に相手に対して害を加えるという積極的加害意思論が想定する事態や、相手方の侵害行為をそれと時間的・場所的に一連・一体の関係にある（それ自体として）不正な行為によって招致するという自招侵害論の掲げる要件も、さらには侵害回避義務論が重視する、事前の危険回避行動の可能性も、同法理が妥当する一つの類型ないし要素と位置づけられることになる。

喧嘩両成敗の法理に収斂させる以上のような把握は、積極的加害意思論などの個別的解決方法が掲げる諸要素を総合的に考慮する近時の裁判例の態度に親和性をもち、また、平成20（2008）年決定が判示した「なんらかの反撃行為に出ることが正当とされる状況」の実体を明らかにするものと考えられる。のみならず、Ⅴ2⑵で見たように、喧嘩に当たるかという判断手法も裁判例で排除されているわけではない。当該攻撃を招致したといえるような直接的な行為は存在しないうえ、攻撃が漠然としか予期されなかった、ないしは、同等の武器をもって応戦したようなケース、危険回避行動を少なくとも現実的には採りえなかったようなケースであっても正当防衛等は否定される余地がある。同法理はこのようなケースの解決においても機能すると解される。

「喧嘩両成敗」などと今の時代において唱えるのは時代錯誤にほかならないとしても、少なくとも、その背景にある考え方が正当防衛にとって有する意義は正しく評価されてよいように思われるのである。

注
1）　橋爪隆「正当防衛（1）」警論69巻3号（2016）156頁。
2）　刑集11巻1頁。
3）　刑集2巻8号793頁。
4）　三浦周行『法制史之研究』（1919）947-988頁（第6編　刑法　第27　喧嘩両成敗法）。

4 喧嘩と正当防衛　*135*

5）　石井紫郎『日本国制史研究II』（1986）73-108頁（第2章 中世の法と国制に関する覚書）。

6）　谷口眞子『近世社会と法規範』（2005）24-68頁（I法と理　序、第1章 喧嘩両成敗法の理念とその社会的背景）。

7）　裁判集刑1号231頁。

8）　刑集11巻1号31頁。

9）　刑集12巻2号297頁。

10）　東時22巻3号106頁。

11）　刑集25巻8号996頁。

12）　判タ304号123頁。

13）　判時236号6頁。

14）　仙台高判昭和49（1974）・7・8刑月6巻7号784頁。なお、暴力団員同士の争闘であっても組織的な対立を背景にもたない場合は、個人間の紛争と同様に「喧嘩をする意思」が個別に問われている。参照、和歌山地判昭和50（1975）・4・22刑月7巻4号564頁（示兇器脅迫罪〔暴力行為等処罰1条〕の適用について正当防衛の成立を肯定）。

15）　判時799号107頁。

16）　高刑集24巻4号653頁。東京高判昭和36（1961）・8・31東時12巻8号156頁、東京高判昭和37（1962）・10・20東時13巻10号246頁など。

17）　刑集31巻4号747頁。

18）　判時1254号140頁。

19）　大阪地判昭和63（1988）・11・18判タ702号265頁（対立抗争を背景とはしない暴力団員同士の喧嘩の事案）、高松高判平成14（2002）・7・25裁判所HP（一対一の喧嘩で決着をつけようとした事案）。

20）　判時1745号150頁。暴力団の抗争事件で「行為全般の状況から」急迫性の要件を否定したものとして大阪高判昭和56（1981）・1・20刑月13巻1＝2号6頁、「社会的に許容し得ない違法性の高い私的抗争であること」等の諸事情を指摘して急迫性が欠けるとしたものとして東京地判平成14（2002）・1・11裁判所HP。

21）　判タ423号148頁。侵害者からの一方的な攻撃を積極的加害意思が欠けることの認定事情とするのは東京地判昭和56（1981）・3・31判タ453号170頁（誤想過剰防衛）、防衛意思の認定事情とするのは最判昭和60（1985）・9・12刑集39巻6号275頁（過剰防衛を否定した原判決を破棄差戻）。

22）　東京高判昭和60（1985）・6・14高刑速（昭60）150頁（互いに民事訴訟を起こしていたが侵害の予期がなかったとして正当防衛を肯定）、浦和地判昭和61・6・10刑月18巻5＝6号764頁（敷地通行をめぐり対立していた事案。積極的加害意思がなかったとして正当防衛を肯定）。

23）　大阪高判昭和53（1978）・3・8判タ369号440頁（先行する喧嘩について雇主に仲裁を頼みに行った事案。「当初からのけんか闘争の一こま」とはいえないとする。過剰防衛）。

24）　判タ1276号341頁。大阪高判平成11（1999）・10・7判タ1064号234頁（防衛意思が欠

136

けるとして結論的には正当防衛を否定）、甲府地判平成17（2005）・10・27裁判所HPなど。

25)　東京高判平成 6 ・ 7 ・20東時45巻 1 =12号47頁（殺人につき過剰防衛、殺人未遂につき誤想過剰防衛を肯定）、大阪高判平成12（2000）・ 6 ・22判タ1067号276頁（過剰防衛）、山口地裁下関支判平成14（2002）・ 9 ・ 4 裁判所HP（高速道路上での車線変更を巡るトラブルからパーキングエリアでの被害者からの暴行は予想困難であるなどとして正当防衛を肯定）など。

26)　刑月17巻 7 = 8 号635頁。東京高判昭和60（1985）・ 6 ・20高刑集38巻 2 号99頁（直接には積極的加害意思の存在を理由として急迫性を否定）、東京地判昭和63（1988）・ 4 ・ 5 判タ668号223頁、東京高判平成 8 （1996）・ 2 ・ 7 判時1568号145頁、大阪高判平成14（2002）・12・ 3 刑集59巻 9 号1467頁（刃物の不法携帯罪〔銃刀32条 4 号、22条〕に関する）、仙台地判平成18（2006）・10・23判タ1230号348頁など。

27)　東京高決平成元（1989）・ 9 ・18高刑集42巻 3 号151頁（正当防衛）、東京地判平成 8 （1996）・ 3 ・12判時1599号149頁（先行して行われた喧嘩のきっかけは被害者が作ったもので、一方的に行為者のみが責められるべきものではない点も指摘する。正当防衛）など。

28)　大阪高判平成12（2000）・ 6 ・22判タ1067号276頁（過剰防衛）、広島高裁松江支判平成16（2004）・ 3 ・22裁判所HP（過剰防衛）など。

29)　大阪高判平成 7 （1995）・ 3 ・31判タ887号259頁（過剰防衛）など。

30)　刑集62巻 6 号1786頁。

31)　長崎簡判平成20（2008）・12・24裁判所HP（被告人は「一方的で容赦ない苛烈な攻撃」を受けていたとする。正当防衛）、鹿児島地判平成24（2012）・ 2 ・ 7 裁判所HP（併せて積極的加害意図がなく、相手の攻撃を自招したともいえないとする。過剰防衛）、鹿児島地判平成26（2014）・ 5 ・16裁判所HP（行為者の暴行は「喧嘩の中での行動であって、正当防衛によって保護すべきような緊急状態は生じていない」として暴行罪を肯定）など。なお、事前に警察に相談していたなどの事情があるものとして大津地判平成26（2014）・ 7 ・24LEX/DB25504506（正当防衛）。

32)　積極的加害意思の肯定例として神戸地判平成21（2009）・ 2 ・ 9 裁判所HP、東京高判平成25（2013）・ 2 ・19東時64巻 1 =12号55頁、否定例として大阪高決平成26・12・17 LEX/DB25541829（誤想防衛）、静岡地裁浜松支判平成27（2015）・ 7 ・ 1 LEX/DB25540736（自招侵害にも当たらないとして正当防衛を肯定）、東京高決平成26（2014）・ 9 ・ 2 判時2264号 7 頁（過剰防衛）など。

33)　大阪地判平成23（2011）・ 7 ・22判タ1359号251頁（被害者の侵害行為の違法性が自招行為のそれを大きく超えるとして誤想防衛を肯定）、福岡高判平成25（2013）・10・22 LEX/DB22502251（挑発に当たらないとして正当防衛を肯定）、横浜地判平成25（2013）・10・31裁判所HP（被告人の行為に非はなく自招行為に当たらないとして正当防衛を肯定）など。

34)　東時66巻 1 =12号58頁。同様の正当防衛の否定例として既に東京高判平成21（2009）・10・ 8 判タ1388号370頁がある。「被侵害者が正当な利益を損なうことなく容

易にその侵害を避けることができた」ことを侵害の急迫性を否定する事情の一つとして挙げる。

35) 橋爪隆『正当防衛論の基礎』(2007) 71-85頁、305-327頁、佐伯仁志「正当防衛と退避義務」『小林充先生・佐藤文哉先生古稀祝賀刑事裁判論集 (上)』(2006) 101-107頁。

36) シンポジウム報告の提出後、最決平成29 (2017)・4・26刑集71巻4号275頁に接した。事案は、犯行前日の夕方からXより執拗に身に覚えのない因縁を付けられ、立腹していたAが、当日午前4時頃自宅マンションの下まで降りてくるようにXから呼び出され、包丁をズボンの腰に挟んでマンション前の路上に赴いたところ、Xがハンマーを持って殴りかかってきたので、この攻撃を防ぎながら包丁でXの胸を強く突き刺して殺害したというものであった。同決定は、「行為者が侵害を予期した上で対抗行為に及んだ場合、侵害の急迫性の要件については、……対抗行為に先行する事情を含めた行為全般の状況に照らして検討すべきである。具体的には、事案に応じ、行為者と相手方との従前の関係、予期された侵害の内容、侵害の予期の程度、侵害回避の容易性、侵害場所に出向く必要性、侵害場所にとどまる相当性、対抗行為の準備の状況 (特に、凶器の準備の有無や準備した凶器の性状等)、実際の侵害行為の内容と予期された侵害との異同、行為者が侵害に臨んだ状況及びその際の意思内容等を考慮し、行為者がその機会を利用し積極的に相手方に対して加害行為をする意思で侵害に臨んだとき (……) など、……刑法36条の趣旨に照らし許容されるものとはいえない場合には、侵害の急迫性の要件を充たさないものというべきである」との一般論を述べたうえ、当該事案に関しては、「先行事情を含めた本件行為全般の状況に照らすと、被告人〔A〕の本件行為は、刑法36条の趣旨に照らし許容されるものとは認められず、侵害の急迫性の要件を充たさない」として、正当防衛・過剰防衛をともに否定した原判断を支持している。

第 3 セッション

性犯罪の理論と実務問題研究

5 日本の性犯罪——最近の改正の動き——

東京大学法学部教授

佐 伯 仁 志

1 はじめに

性犯罪といっても多義的であるが、本稿では、個人的法益に対する罪としての性犯罪を扱う。以下で「性犯罪」という場合は、個人的法益に対する罪としての性犯罪を指す。

日本の刑法の性犯罪規定については、改正の是非を検討する「性犯罪の罰則に関する検討会」（以下、単に「検討会」という。）が、山口厚早稲田大学教授（当時）を座長として、2014年10月31日から2015年8月6日まで12回にわたって開催され、「とりまとめ報告書」が出された[1]。その後、報告書を踏まえた内容の改正案が法制審議会に諮問され、法制審議会刑事法（性犯罪関係）部会（以下、単に「部会」という）が平成27年11月2日から平成28年6月16日まで7回にわたって開催された。部会の第7回会議において、事務局作成の「要綱（骨子）修正案」を部会の意見として法制審議会総会に報告することが決定され[2]、同案は、平成28年9月12日に開催された法制審議会総会において採択された。その後、法務省において法案が作成されて、「刑法の一部を改正する法律案」が平成29年3月7日に第193回国会に提出された。

以下では、まず、性犯罪に関する日本の現行法を紹介し、次に、その問題点に関する議論を、検討会および部会における議論を参照しながら紹介し、最後に国会に提出された法律案を紹介する[3]。なお、同法律案は、平成29年6月16日に可決成立し、同年7月13日に施行された。

2　改正前の性犯罪規定

(1)　改正前の刑法の規定

　日本の現行刑法は、1907年に制定されたものであるが、性犯罪については、その第22章に、以下のような規定を設けていた。[4]

（強制わいせつ）

第百七十六条　十三歳以上の男女に対し、暴行又は脅迫を用いてわいせつな行為をした者は、六月以上十年以下の懲役に処する。十三歳未満の男女に対し、わいせつな行為をした者も、同様とする。

（強姦）

第百七十七条　暴行又は脅迫を用いて十三歳以上の女子を姦淫した者は、強姦の罪とし、三年以上の有期懲役に処する。十三歳未満の女子を姦淫した者も、同様とする。

（準強制わいせつ及び準強姦）

第百七十八条　人の心神喪失若しくは抗拒不能に乗じ、又は心神を喪失させ、若しくは抗拒不能にさせて、わいせつな行為をした者は、第百七十六条の例による。

2　女子の心神喪失若しくは抗拒不能に乗じ、又は心神を喪失させ、若しくは抗拒不能にさせて、姦淫した者は、前条の例による。

（集団強姦等）

第百七十八条の二　二人以上の者が現場において共同して第百七十七条又は前条第二項の罪を犯したときは、四年以上の有期懲役に処する。

（未遂罪）

第百七十九条　第百七十六条から前条までの罪の未遂は、罰する。

（親告罪）

第百八十条　第百七十六条から第百七十八条までの罪及びこれらの罪の未

遂罪は、告訴がなければ公訴を提起することができない。

2　前項の規定は、二人以上の者が現場において共同して犯した第百七十六条若しくは第百七十八条第一項の罪又はこれらの罪の未遂罪については、適用しない。

（強制わいせつ等致死傷）

第百八十一条　第百七十六条若しくは第百七十八条第一項の罪又はこれらの罪の未遂罪を犯し、よって人を死傷させた者は、無期又は三年以上の懲役に処する。

2　第百七十七条若しくは第百七十八条第二項の罪又はこれらの罪の未遂罪を犯し、よって女子を死傷させた者は、無期又は五年以上の懲役に処する。

3　第百七十八条の二の罪又はその未遂罪を犯し、よって女子を死傷させた者は、無期又は六年以上の懲役に処する。

(2)　刑法以外の法律・条例の規定

　性犯罪は刑法典に規定されているものだけではない。18歳未満の「児童」を特別に保護する規定が他の法律および都道府県の条例に存在している。

　まず、児童福祉法34条6号は「児童に淫行をさせる行為」を禁止し、60条1項は、違反者を10年以下の懲役もしくは300万円以下の罰金またはその併科で処罰している。「淫行」には、性交の他、わいせつ行為も含まれる。判例は、「児童に淫行をさせる行為」には行為者を相手方として児童に淫行をさせる場合も含まれ、その場合には、「淫行をする行為に包摂される程度を超えて、児童に対し事実上の影響力を及ぼして淫行をするよう働き掛けるなどし、その結果児童をして淫行をするに至らせることが必要」と解している（東京高等裁判所2010年8月3日判決・高等裁判所刑事判決集63巻2号1頁）。例えば、児童の養父が、児童が、自分から性交されることに抵抗したり、それを実母に相談することができない心理状態にあることを認識しながら、児童に自分と性交させる行為は、「児童に淫行をさせる行為」に当たる。

次に、「児童買春、児童ポルノに係る行為等の規制及び処罰並びに児童の保護等に関する法律」4条は、「児童買春」──児童またはその保護者等に、「対償を供与し、又はその供与の約束をして、当該児童に対し、性交等（性交若しくは性交類似行為をし、又は自己の性的好奇心を満たす目的で、児童の性器等（性器、肛門又は乳首をいう。）を触り、若しくは児童に自己の性器等を触らせることをいう。）をすること」（同法2条2項）──を、5年以下の懲役または300万円以下の罰金で処罰している。児童買春の周旋行為（同法5条）、勧誘行為（同法6条）も処罰されている。

さらに、各都道府県の青少年保護育成条例は、18歳未満の者との「淫行」を処罰している。最高裁判所は、福岡県青少年保護育成条例の「淫行」の意義について、「広く青少年に対する性行為一般をいうものと解すべきではなく、青少年を誘惑し、威迫し、欺罔し又は困惑させる等その心身の未成熟に乗じた不当な手段により行う性交又は性交類似行為のほか、青少年を単に自己の性的欲望を満足させるための対象として扱っているとしか認められないような性交又は性交類似行為をいうものと解するのが相当である。‥‥右のように解釈するときは、同規定につき処罰の範囲が不当に広過ぎるとも不明確であるともいえないから、本件各規定が憲法31条の規定に違反するものとはいえ（ない）。」と判示している（最高裁判所1985年10月23日判決・最高裁判所刑事判例集39巻6号413頁）。これに対して、学説においては、「淫行」の範囲に「自己の性的欲望を満足させるための対象として扱っているとしか認められないような性交又は性交類似行為」まで含めるのは、処罰範囲が不明確になり、広範に過ぎる、との批判がある。⁵⁾この点、2016年7月に、全国で最後にこの種の条例を制定した長野県の「子どもを性被害から守るための条例」は、「威迫し、欺き若しくは困惑させ、又はその困惑に乗じて、性行為又はわいせつな行為を行うこと」または行わせることだけを処罰し（17条1項・2項、19条1項・2項）、違反者が18歳未満である場合は処罰しないこととしている（20条）。⁶⁾

⑶ 小 活

　以上をまとめると、日本の現行法では、13歳未満の者との性交・わいせつ行為については、刑法の強姦罪、強制わいせつ罪が成立する。13歳以上の者との性交・わいせつ行為については、暴行・脅迫を用いた場合には刑法の強姦罪・強制わいせつ罪が、被害者が心神喪失・抗拒不能であった場合には、刑法の準強姦罪・準強制わいせつ罪が成立する。そのほか、13歳以上18歳未満の者との性交・わいせつ行為については、親、教師等が支配的関係を利用して性交・わいせつ行為を行った場合には児童福祉法の児童に淫行をさせる罪が成立し、誘惑・威迫・欺罔・困惑等の行為を用いて性交・わいせつ行為を行った場合には都道府県条例の淫行の罪が成立する。なお、誘惑・威迫・欺罔を用いて相手を抗拒不能の状態に陥れて性交・わいせつ行為を行った場合には、刑法の準強姦罪・準強制わいせつ罪が成立するというのが判例の立場である。[7]

3　性犯罪に関する諸問題

⑴　保護法益

　性犯罪の保護法益は、従来、性的自由ないし性的自己決定権と理解されてきた。性的自由とは、誰といつどのように性的行為を行うかを決定する自由である。

　しかし、このような通説の理解に対しては、近時、大きく分けて2つの方向からの批判がなされるようになっている。第1は、性犯罪を性的自由に対する罪と捉えることが同罪の成立範囲を限定することにつながっているという批判である。第2は、性的自由に対する罪という理解では、性犯罪の法益侵害の実態・深刻さを十分に捉えられていないという批判である。

　第1の批判の代表的論者は木村光江教授である。木村教授は、「性的自由とは、誰と、いつ、どのように性的関係を持つかの自由を意味するとされるが、このような性的自己決定権、つまり同意を徹底して重視することは、被

害者の自己実現の権利を充実させるような形を装い、明確に『意思の自由に反して行った』という心証を揺るがす事実さえ提示すれば、無罪となりうる側面を持ってきた・・・同意の有無を強調し、それを『抵抗の有無』と読み替えてしまうと、『抵抗を凌駕するほどの暴行・脅迫』が必要だということになり、これが根拠となり、通説・判例は『反抗を著しく困難にする程度の暴行・脅迫』を要求しているのだと考えられる。」とされている。[8]

木村教授は、以上のような問題意識に基づき、現行法の性犯罪、少なくとも強姦罪は、性的自由に対する罪ではなく、性的暴行罪として理解すべきであり、被害者の同意の存在を構成要件該当性（違法性）の阻却事由として扱う方向に変更することを提案されている。[9]

法益侵害と被害者の同意の問題を分けて考えるべきであるという木村教授の指摘は正当であり、性犯罪の暴行・脅迫の程度を限定すべきでないという木村教授の主張についても賛成できる。しかし、性犯罪の法益の理解が、同罪の処罰範囲の限定につながったという木村教授の見解には疑問があるように思われる。

性犯罪においては13歳以上の者の真意に基づく同意があれば犯罪の成立が否定されると解する以上、同意の有無が争われれば、刑事法の大原則に従って被疑者・被告人に有利に解釈する必要があるはずであって、そのことは、被害者の同意を積極的要件と位置づけるか消極的要件と位置づけるかには関係がないはずである。問題なのは、「被害者が明示的な抵抗をしなかった以上明確に意思に反したとはいえない」という基準にあるのであって、性犯罪を性的自由に対する罪と捉えることにあるのではない。実際にも、性犯罪の保護法益を性的自由と解する見解が通説化したことと、実務における強姦罪の成立範囲の広狭には関係がないと思われる。

法益との関連性を問題にするのであれば、強姦罪が女性の性的自由とともに貞操に対する罪でもあるとされてきたことの方が重要であろう。森川恭剛教授は、強姦罪の保護法益が貞操であるとされることで、強姦罪の規定は、男性に対して強姦行為を禁止するだけでなく、女性に対しても貞操を守るよ

うに命令していることになり、その結果、容易に犠牲にされる貞操は保護するに値しないと考えられ、運用されてきたのではないかと指摘されている。[10]
興味深いことに、以前の裁判例では、強姦罪の保護法益を「性的自由ないし貞操」とするものが見られたが、現在では「貞操」という言葉を使う判決は見られなくなっている。次で見るように、近時の裁判例は、暴行・脅迫の程度を最狭義のものに限定する立場をとらなくなっており、このような保護法益の理解の変化と関係があるのかもしれない。

従来の通説に対する第2の批判は、性的自由ととらえる見解では性犯罪の法益侵害の実態を十分に捉えられていないという批判である。確かに、性犯罪には意思の自由の侵害以上の侵害性が含まれており、そのことが犯罪の重大性を基礎づけているという主張には正しいものがある。

この問題について詳細な検討をされた齊藤豊治教授は、性犯罪は、「性それ自体、さらにはその基底にある性的人格権に対する攻撃である」とされる。[11]また、辰井聡子教授は、性的人格権を保護法益とし、秘匿されるべき性的領域に踏み込まれ開示を迫られることで侵害されるのは、人格の統合性であり人間の尊厳であるとされる。[12]最近の裁判例においても、強姦罪の法益侵害性について、性的自由と並んで被害者の人格や尊厳の侵害に言及するものが増えてきている。

性犯罪に被害者の人格や尊厳を著しく侵害するという実態があることはその通りであるが、性犯罪が被害者の尊厳を侵害するという場合には、次の2つの点に注意が必要である。

第1に、尊厳という言葉は多義的であり、どのような意味で使用されているかに注意が必要である。例えば、殺人罪について「被害者の生命の尊厳を侵害した」と表現されることがしばしばあるが、その場合に尊厳という言葉で表現されているのは、生命という法益が極めて重要で最大限の尊重がなされなければならないことであって、生命を侵害したという以上の法益侵害性が示されているわけではない。性犯罪において尊厳という言葉が使われている場合にも、極めて重大な法益侵害があったとことを示すためであることも

多いように思われる。

　これに対して、尊厳の侵害を独自の意味で捉える見解としては、例えば、フェミニズムの立場から、強姦は、男性中心社会の構造を前提として、男性が女性を自己の権力に服従させる行為であり、女性の尊厳を侵害するという主張がある。たしかに、強姦にそのような面があることは否定できないが、このような見解は、強姦罪を女性の尊厳の侵害として、強制わいせつ罪とは別の特別の犯罪としてとらえるものであり、強姦罪を性中立的なものとして規定しようとする近時の方向性とは調和せず、支持することはできない。尊厳の侵害は、より一般的な人間の尊厳の侵害を問題にすべきである。

　そのような理解としては、ドイツの哲学者カント（Immanuel Kant）の見解に依拠して、人間を独立の人格的存在としてでなく物として扱う行為がその尊厳を侵害する行為であるとするのが一般的である。このような理解からは、暴行・脅迫を用いて性行為・わいせつ行為を強要することは、相手を性欲を満足させるための道具として扱う点で、その尊厳を侵害することになる、と考えることができる。

　尊厳の侵害を以上のように理解した上で、第2に注意が必要なのは、ある犯罪が人間の尊厳を侵害するものであるからといって直ちに当該犯罪の法定刑の重さを基礎づけることはできなということである。人間の尊厳を侵害する罪として国際的にも異論なく認められている犯罪は、人身売買であるが、我が国の人身売買の罪の法定刑は3月以上5年以下の懲役（226条の2第1項）、被害者が未成年者の場合は3月以上7年以下の懲役（同条第2項）、営利、わいせつ等の目的があった場合でも1年以上10年以下の懲役（同条3項）である。

　性犯罪が人間の尊厳を侵害するという性格を有していることはそのとおりであるが、人間の尊厳の侵害は他の個人的法益に対する罪にも多かれ少なかれみられるものであり、それを性犯罪固有の保護法益とすることには躊躇を感じる。性犯罪の保護法益を人格的利益に求める見解にも同様の問題があるように思われる。

5 日本の性犯罪 *149*

　性犯罪を性的自由に対する罪と位置づけることは、同意能力のある被害者による真意の同意があれば、自由の侵害はないので、構成要件該当性が否定され、犯罪は成立しないということを意味している。これに対して、性犯罪を性的自由以外の法益に対する罪と理解して、被害者の同意を違法性阻却事由と位置づけると、違法性阻却事由に関する判例の一般的な解釈からは（筆者はそのような判例の解釈に賛成ではないが）、構成要件該当性を認められた性的行為の社会的相当性を否定することによって、被害者の同意があっても違法性阻却を否定する可能性が出てくる。例えば、児童買春は違法であるから、13歳以上の児童との買春行為は、児童の真意に基づく同意があっても、同意による違法性阻却が否定され、強姦罪・強制わいせつ罪が成立することになりかねない。そのような解釈の可能性を排除する意味では、やはり、性犯罪を性的自由に対する罪と理解し、被害者の同意は構成要件該当性を阻却するものとして位置づけるべきである。

　近時、井田良教授は、性犯罪における被害の実質は、性的行為という特殊な身体的接触の体験を犯人と共有することを強いられるところにあるとして、他人にアクセスされることを欲しない身体的内密領域を侵害しようとする性的行為からの防御権という意味での性的自己決定権として捉える見解を示されており[13]、賛成したい。

(2)　性犯罪における暴行・脅迫の程度

　強姦罪、強制わいせつ罪における暴行・脅迫の程度は、通常の暴行・脅迫よりも程度の強い、被害者の抵抗を著しく困難にする程度のものでなければならない、とされてきた。その趣旨の判例として引用されてきたのは、「（上告趣意は）被告人が被害者に暴行脅迫を加えた事実はなく、仮りにそのような事実があったとしても、被害者が抗拒不能に陥ったという事実は全記録の何処にも発見することができないと主張しているけれども、刑法第一七七条にいわゆる暴行又は脅迫は相手方の抗拒を著しく困難ならしめる程度のものであることを以て足りる」と判示した最高裁判所1949年5月10日判決（最高裁

判所刑事判例集3巻6号711頁）である。

　しかし、同判決は、相手方の抗拒を著しく困難にすれば十分であるとして
いるだけで、抗拒を著しく困難にすることが必須だとしたわけではない。実
際にも、近時の下級審裁判所の運用は、暴行・脅迫それ自体が「反抗を著し
く困難にする程度」のものでなければならないとはしていないと指摘されて
いる[14]。実務は、暴行・脅迫の程度それ自体を限定しているわけではなく、被
害者が抵抗が著しく困難な状態にあったかどうかを判断し、他の事情と相ま
ってそのような状態を招来する行為があれば、それを性犯罪の「暴行」「脅
迫」に当たるとしているのである[15]。

　もっとも、同意のない姦淫行為・わいせつ行為がすべて強姦罪、強制わい
せつ罪に当たるというわけではない。例えば、心神喪失中の者との姦淫行
為・わいせつ行為について、姦淫行為・わいせつ行為自体が同意のない有形
力の行使すなわち暴行であり、それが強姦罪、強制わいせつ罪にいう暴行に
当たると解釈するならば、準強姦罪、準強制わいせつ罪は不要になってしま
う。また、結婚すると欺罔して姦淫行為・わいせつ行為を行った場合に（本
当のことを知っていれば同意しなかったといえる場合には、その同意は真意に沿わない瑕
疵ある同意で無効であるという立場をとって）、姦淫行為・わいせつ行為自体を暴
行として強姦罪・強制わいせつ罪の成立を認める見解はないであろう。強姦
罪、強制わいせつ罪は、あくまで暴行・脅迫によって被害者を抵抗が著しく
困難な状態にして姦淫行為・わいせつ行為が行われることを要求しているの
である。

　検討会においては、暴行・脅迫要件を一般的に撤廃すべきであるという意
見も出された。このような意見は、暴行・脅迫要件が性犯罪の成立範囲を不
当に狭めているという理解に立って主張されているものであるが、すでに見
たように、現在の判例は、暴行・脅迫要件を厳格に解しているわけではな
い。また、暴行・脅迫要件を撤廃したとしても、被害者の有効な同意があれ
ば不可罰となるはずであり、もし、暴行・脅迫要件を撤廃することが、被害
者の意思に反することを合理的疑いを超える程度に確信できないような事例

5　日本の性犯罪　*151*

も処罰することを意味するのであれば、それは妥当でない。検討会では、暴行・脅迫要件の一般的な撤廃は行うべきでないという意見が多数であった。

(3)　夫婦間の強姦

　検討会から部会の審議を通じて議論がなされた問題点の１つとして、夫婦間においても強姦罪が成立することを刑法に明記すべきかという問題がある。

　昔は、夫は妻に性行為を求める権利があるから、夫の妻に対する強姦罪は成立しないという見解が有力であった。現在でも、そのような考えが残っていて、妻が夫に強姦されたと警察に訴えても、刑事事件として取りあげてもらえない、という指摘がなされ、このような状況を改善するためには、夫婦間においても強姦罪が成立することを刑法に明記すべきである、という主張が、検討会や部会において、一部のメンバーからなされたのである。

　現在では、夫婦間においても強姦罪が成立するというのが圧倒的通説である。この点に関する最高裁判所の判例はないが、下級審の裁判例には、別居中で婚姻関係が実質的に破綻していたとして強姦罪の成立を認めた判決がある（広島高等裁判所松江支部1987年６月18日判決・高等裁判所刑事判例集40巻１号71頁）。この判決が、婚姻関係が実質的に破綻している場合に限って強姦罪が成立し得ると判示しているのだとすれば、妥当でないであろう。夫婦間で相手方に性行為を要求する権利があり、受忍する義務があるかは疑問であり、また、仮にそのような権利があると考えたとしても、暴行・脅迫を用いて権利を実行することは、権利の濫用であって、強姦罪が成立すると考えられるからである。[16]

　注目すべきなのは、検討会の場で、裁判官、検察官、警察官のメンバーから、それぞれ、「配偶者間だから強姦が成立しないとか、行為者と被害者との間に婚姻関係がないことが強姦罪の成立要件であると考えている裁判官はいないと思われる。配偶者間の強姦は犯罪となるということは、裁判官の中では当然の前提と考えられていると思われる。」「検察実務において、配偶者

間で強姦罪が成立しないという考えは採られていない。実際の起訴例が少ないのは、配偶者間の場合、加害者側から、配偶者であるので同意があったとの主張がされやすく、その場合に夫婦関係が破綻していれば同意のないことが立証しやすいが、そうでない場合は立証が難しいということによる。」「警察においても、配偶者間であろうとなかろうと、現行の刑法の要件を満たしていれば、強姦罪が成立するという考えが採られており、実際に検挙した事例もある。結果的に検挙に至ることが少ないのは、立証の困難性によるものであり、警察の現場の運用として、配偶者間では強姦罪が成立しないという考え方が一般的であるというものではない。」と明言されたことである。このように実務家の意見の一致があるにもかかわらず、被害者団体が主張するような運用が現場にあるとすると、それは法改正ではなく、一線の捜査官に対する教育によって解決されるべき問題だといえよう

(4)　強姦罪の主体等の拡大

　強姦罪が男性による女性の姦淫行為を強制わいせつ罪よりも重く処罰していることについては、憲法14条が規定する両性の平等に反しないかが問題となる。最高裁判所大法廷1953年6月24日判決（最高裁判所刑事判例集7巻6号1366頁）は、「男女両性の体質、構造、機能などの生理的、肉体的等の事実的差異に基き且つ実際上強姦が男性により行われることを普通とする事態に鑑み、社会的、道徳的見地から被害者たる『婦女』を特に保護せんがためであって、これがため『婦女』に対し法律上の特権を与え又は犯罪主体を男性に限定し男性たるの故を以て刑法上男性を不利益に待遇せんとしたものでないことはいうまでもないところであり、しかも、かかる事実的差異に基く婦女のみの不均等な保護が一般社会的、道徳的観念上合理的なものであることも多言を要しないところである」として、強姦罪の規定は、憲法14条に反しないと判示している。

　しかし、社会的、道徳的見地は、1953年当時と現在では大きく変わってきており、強姦罪の規定が憲法14条に違反するかどうかは別にして、現在の時

点で性犯罪における性差を維持することが妥当であるかについては疑問があった。検討会においても、性的自由の保護という点では性差を設ける理由はないこと、男性による男性の「強姦」も男性による女性の強姦と被害の程度は同じであることなどから、強姦罪の行為者・被害者について性差を解消し、男性器の女性器への挿入以外の行為についても、強姦罪と同様の刑で処罰すべきものがあるとする意見が多数であった。問題は強姦罪と同様の刑で処罰すべき範囲をどこまで拡げるかであるが、結論として、肛門性交および口淫を姦淫行為と同等に取り扱い、手指や異物の膣・肛門等への挿入は同等に取り扱わないという意見が多数を占めた。また、加害者の陰茎を被害者の膣・肛門等に「挿入する」行為のみでなく、被害者の陰茎を加害者の膣、肛門等に「挿入させる」という行為も、強姦罪と同様の刑で処罰すべき範囲に含ませるべきかが議論され、含ませるべきであるという意見が多数を占めた。

　法制審議会には、検討会の多数意見と同様の立場に立って性差を解消する案が諮問され、部会の第1回会議において、事務局から、「現行法において強制わいせつ罪に問擬されている行為の中でも、いわゆる肛門性交及び口淫は陰茎の体腔内への挿入という濃厚な身体的接触を伴う性交渉を強いられるものであって、姦淫と同等の悪質性、重大性があると考えられますことから、姦淫と同様に加重処罰の対象とすることが適当であり、また、このような行為により身体的、精神的に重大な苦痛を伴う被害を受けることは、被害者の性別によって差はないと考えられた」と説明がなされた。また、異物の挿入を除外した理由については、部会の第2回会議において、事務局から、「異物を肛門内に入れる行為の場合、異物の範囲が無限定でありますことから、性的な意味を有しないこともあり得ると考えられること、異物を膣内に入れる行為の場合、通常性的な意味を有するものと認められるとは思われるものの、その態様には様々なものがあり得ることなどから、全ての場合に被害者にとって姦淫と同程度の濃厚な身体的接触を伴う性交渉を強いられるものと類型的に認められると断ずることまでは難しいと考えられたため、これ

らの行為は、拡張する範囲に含めないこととしております」と説明された。部会における審議の結果、当初案の「性交等（相手方の膣内、肛門内若しくは口腔内に自己若しくは第三者の陰茎を入れ、又は自己若しくは第三者の膣内、肛門内若しくは口腔内に相手方の陰茎を入れる行為をいう。）」との表現が、より簡明に「性交、肛門性交又は口腔性交」と改められた他は、原案どおり決定された。

(5) 地位・関係性を利用した性的行為に関する規定の創設

検討会においては、暴行・脅迫要件の一般的な撤廃については、消極的な意見が多数を占めたものの、加害者と被害者との間の一定の地位または関係性を利用して性的行為が行われる場合については、暴行・脅迫を要件としない新たな犯罪類型を設けることが検討された。現行法の準強姦罪・準強制わいせつ罪で十分であるという意見もあったが、両罪の規定は「心神喪失」または「抗拒不能」という限定的な文言となっており、抵抗が「不能」とまではいえなくとも、抵抗が著しく困難な場合を類型化して、暴行・脅迫がなくとも可罰的とすることは十分検討に値するという意見が多数を占めた。[17]

法制審議会に諮問された案では、「十八歳未満の者に対し、当該十八歳未満の者を現に監護する者であることによる影響力を利用してわいせつな行為・性交等をした者」を強姦罪・強制わいせつ罪と同様に処罰することとされた。現に監護する者に限定した理由については、第3回会議において、事務局から、「18歳未満の者が精神的に未熟である上、生活全般にわたって自己を監督し保護している監護者に精神的にも経済的にも依存している関係にあることから、監護者がそのような関係性を利用して18歳未満の者と性交等を行った場合には、類型的に18歳未満の者の自由な意思決定に基づくものとはいえないと考えられますが、それ以外の関係性、例えば雇用関係や教師と生徒などの関係などの場合、必ずしも生活全般にわたる関係ではない場合も多いと思われ、その関係性を利用した性交等が類型的に自由な意思決定に基づくものでないと断ずることまではできないと考えたためです。」と説明されている。また、「監護する」の意義については、民法に親権の効力として

定められているところと同様に、「監督し保護すること」を意味するが、法律上の監護権に基づくものでなくても、事実上、現に18歳未満の者を監督し保護する関係にあれば、これに該当すること、その判断要素としては、同居の有無、居住場所に関する指定などの状況、未成年者に対する指導状況、身の回りの世話等の生活状況、生活費の支出などの経済的状況、未成年者に関する諸手続を行う状況などが考えられる、と事務局から説明された（第3回会議および第5回会議）。

　また、「影響力を利用して」の意義については、監護者の影響力が一般的に存在している関係においては、通常、その性交等について監護者の影響力が作用しており、18歳未満の者の自由な意思決定に基づくものとは言えないと考えられるので、積極的な働き掛けなどがなくても「影響力を利用して」に該当すると考えられるが、例外的に、監護者と18歳未満の者との間で行われた性交等が、監護者の影響力が遮断されて行われたと言える場合が全くないとまでは言えない、例えば、暗闇の中、相手方を判別できない状態で性交等が行われた時や、18歳未満の者から脅迫されるなどして監護者が性交等を強いられたときなどの場合がそのような場合にあたると考えられる、と事務局から説明された（第5回会議）。

　部会の審議においては、学校の教師、スポーツのコーチ等に拡げるべきである、少なくとも義務教育の教師は含めるべきであるとの意見があった。筆者は、義務教育の教師は、支配関係が強いという点で、監護関係がある場合と、通常の教師やスポーツのコーチ等の場合との中間にあるものであり、そこまで含めることも考えられなくはないが、生活の基盤が全面的に依存している監護関係にある者と比べれば、依存関係が弱いので、今回は、監護関係がある場合に限って立法することが適当であるという意見を述べた。最終的に、「影響力を利用して」という文言を「影響力があることに乗じて」に修正した他は、原案通り決定された。

(6) 強姦罪の法定刑

　刑法の強姦罪の法定刑は 3 年以上の懲役であり、強盗罪の 5 年以上の懲役よりも軽いため、個人の性的自由を財産よりも軽く扱うものであって妥当でないとして批判を受けてきた。この批判は理由のあるものであるが、筆者は、検討会において、この不均衡は、強盗罪の法定刑の下限が重すぎることから生じているのであって、同罪の法定刑の下限を 3 年に引き下げることで対処すべきであるという意見を述べた。しかし、検討会では 5 年に引き上げるべきであるとの意見が多数を占め、法制審議会には、性差をなくした「強姦罪」の法定刑の下限を 5 年の懲役に引き上げると伴に、致死傷罪の法定刑の下限を 6 年に引き上げ、集団強姦等の規定（刑法178条の 2）は削除する案が諮問された。そして、部会の審議において、諮問案の通り引き上げが決定された。

(7) 親告罪

　刑法の強姦罪、準強姦罪、強制わいせつ罪、準強制わいせつ罪は、二人以上の者が現場で共同して行った場合（刑法178条の 2）を除いて、被害者の告訴がなければ公訴を提起することができない親告罪とされていた（刑法180条）。性犯罪が親告罪とされているのは、被害者の意思を尊重し、そのプライバシーを保護するためであるが、検討会では、事件にするかどうかを被害者に決めさせるは心理的負担が大きく妥当でないという意見が主張され、これを支持する意見が多数を占めた。法制審議会には、非親告罪化する案が提案され、部会の審議においてその旨が決定された。

(8) 小　活

　筆者は、性犯罪の改正案は、法定刑の下限の引き上げの他は、妥当なものと考えている。特に、強姦罪について性差をなくして行為態様を拡張したこと、および、監護者がその影響力に乗じて被監護者と性的行為を行うことを可罰化したことは、画期的なことであるといえよう。

4　刑法改正後の規定

　最後に、国会で成立した刑法の新規定を紹介する[21]。強姦罪という罪名は、性差をなくしたこと等にともない、強制性交等の罪に変更されている。

（強制わいせつ）

　第百七十六条　十三歳以上の者に対し、暴行又は脅迫を用いてわいせつな行為をした者は、六月以上十年以下の懲役に処する。十三歳未満の者に対し、わいせつな行為をした者も、同様とする。

（強制性交等）

　第百七十七条　十三歳以上の者に対し、暴行又は脅迫を用いて性交、肛門性交又は口腔性交（以下「性交等」という。）をした者は、強制性交等の罪とし、五年以上の有期懲役に処する。十三歳未満の者に対し、性交等をした者も、同様とする。

（準強制わいせつ及び準強制性交等）

第百七十八条（略）

2　人の心神喪失若しくは抗拒不能に乗じ、又は心神を喪失させ、若しくは抗拒不能にさせて、性交等をした者は、前条の例による

（監護者わいせつ及び監護者性交等）

　第百七十九条　十八歳未満の者に対し、その者を現に監護する者であることによる影響力があることに乗じてわいせつな行為をした者は、第百七十六条の例による。

2　十八歳未満の者に対し、その者を現に監護する者であることによる影響力があることに乗じて性交等をした者は、第百七十七条の例による。

（未遂罪）

第百八十条　第百七十六条から前条までの罪の未遂は罰する。

158

（強制わいせつ等致死傷）

第百八十一条 　第百七十六条、第百七十八条第一項若しくは第百七十九条第一項の罪又はこれらの罪の未遂罪を犯し、よって人を死傷させた者は、無期又は三年以上の懲役に処する。

　2 　第百七十七条、第百七十八条第二項若しくは第百七十九条第二項の罪又はこれらの罪の未遂罪を犯し、よって人を死傷させた者は、無期又は六年以上の懲役に処する。

注

1 ） http://www.moj.go.jp/content/001154850.pdf参照。検討会で検討がなされたテーマは、①性犯罪を非親告罪とすることについて、②性犯罪に関する公訴時効の撤廃または停止について、③配偶者間における強姦罪の成立について、④強姦罪の主体等の拡大、⑤性交類似行為に関する構成要件の創設、⑥強姦罪等における暴行・脅迫要件の緩和、⑦地位・関係性を利用した性的行為に関する規定の創設、⑧いわゆる性交同意年齢の引上げ、⑨性犯罪の法定刑の見直し、⑩刑法における性犯罪に関する条文の位置についてである。本稿では②の問題は扱わない。

2 ） 法務省のホームページ（http://www.moj.go.jp/shingi1/shingikai_seihan.html）において、部会に提出された資料および議事録を見ることができる。

3 ） この問題については、拙稿「刑法における自由の保護」法曹時報67巻9号（2015年）1頁以下において検討したことがあり、本稿の記述もこれに基づいている部分が多い。本稿では、字数の都合で、判例・学説の引用を簡略化しているので、詳しくは同論文をご覧頂きたい。刑法改正案に関する最近の論稿としては、犯罪と刑罰26号（2017年）「特集：性犯罪規定の改正」所収の各論文、および、北川佳世子「性犯罪と刑法改正」三井誠・曽根威彦・瀬川晃『入門刑事法〔第6版〕』（有斐閣、2017年）68頁以下など参照。

4 ） 第22章には、そのほか、公然わいせつ罪（174条）、わいせつ物頒布等罪（175条）、淫行勧誘罪（182条）、重婚罪（184条）の規定があるが、これらの規定は社会的法益に対する罪であり（ただし、182条の保護法益は明確ではない）、強姦罪、強制わいせつ罪とは性質が異なる。検討会では、性犯罪の章を分けることが議論され、当面は必要ないとの結論になったが、刑法の全面改正を行う際には、分けて規定すべきであると思われる。

5 ） 佐伯仁志『刑法判例百選Ⅰ〔第7版〕』（有斐閣、2014年）6 - 7頁参照。

6 ） https://www.pref.nagano.lg.jp/jisedai/kyoiku/kodomo/shisaku/kodomomamorujorei.html参照。

7 ） 偽医師が治療と欺して被害者と性交した事例について準強姦罪の成立を認めた名古屋地方裁判所1980年7月28日判決・刑事裁判月報12巻7号709頁、モデルになるために

必要と誤信させてわいせつな行為をした事例について準強制わいせつ罪の成立を認めた東京高等裁判所1981年1月27日判決・刑事裁判月報13巻1＝2号50頁など参照。否定例として東京地方裁判所1982年3月1日判決・刑事裁判月報15巻3号255頁参照。

8）　木村光江「強姦罪の理解の変化─性的自由に対する罪とすることの問題性─」法曹時報55巻9号（2003年）8-10頁参照。

9）　木村・前掲17頁。さらに、木村光江「性犯罪の法的規制と性的自由に対する罪」岩瀬徹ほか編『刑事法・医事法の新たな展開（上巻）』（信山社、2014年）444頁も参照。

10）　森川恭剛「規範のゆがみと強姦罪の解釈」琉大法学68号（2002年）28頁。しばしば批判されるのは、「些細な暴行・脅迫の前にたやすく屈する貞操の如きは本条によって保護されるに値しないというべきであろうか」という、団藤重光ほか編『注釈刑法（4）』（有斐閣、1965年）298頁〔所一彦〕の記述である。

11）　齊藤豊治「性暴力犯罪の保護法益」齊藤豊治・青井秀夫編『セクシュアリティと法』（東北大学出版会、2006年）232-233頁、235頁参照。

12）　辰井聡子「『自由に対する罪』の保護法益─人格に対する罪としての再構成」岩瀬徹ほか編『刑事法・医事法の新たな展開（上巻）』（信山社、2014年）411頁以下。和田俊憲「鉄道における強姦罪と公然性」慶応法学31号（2015年）263頁以下も参照。

13）　井田良『講義刑法学・各論』（有斐閣、2016年）105-106頁。

14）　木村光江「性的自由に対する罪の再検討」田口守一ほか編『犯罪の多角的検討　渥美東洋先生古稀記念』（有斐閣、2006年）75頁以下、曲田統「強制わいせつ罪・強姦罪における暴行脅迫について」『川端博先生古稀祝賀記念論文集』（成文堂、2014年）25頁以下など参照。

15）　井田良「性犯罪処罰規定の改正についての覚書」慶応法学31号（2015年）52頁参照。

16）　佐伯仁志・道垣内弘人『刑法と民法の対話』（有斐閣、2001年）336-337頁参照。

17）　なお、検討会では、強姦罪、強制わいせつ罪が、同意の有無を問わない年齢を13歳未満としているのを、15歳未満あるいは16歳未満に引き上げるべきであるという意見も述べられたが、これに対しては消極的な意見が多かった。部会の審議においても同様であった。

18）　もっとも、強盗罪の要件である暴行・脅迫の程度は相手方の反抗を抑圧する程度のものでなければならないと解されており、強盗罪は、財産に対する罪としての性格と生命・身体に対する罪としての性格も併せ持っており、むしろ後者の方が重視されていると解すれば、法定刑の差を説明できなくはない。

19）　性犯罪の親告罪規定は、被害者の名誉とプライバシーの保護のためと言われることが多いが、性犯罪の被害者であることが被害者の名誉を傷つけると考えるのは妥当でないので、被害者のプライバシーの保護のためと考えるべきである。

20）　結婚目的略取・誘拐罪の親告罪規定（刑法229条）も削除することとされた。

21）　この他、強盗強姦罪の規定（刑法241条）が強盗と強姦の先後を問わない形に改められた。

6 性犯罪の問題をめぐる論争

清華大学法学院教授

張　　明　楷

（洪　兆承　訳：甲斐克則　補正）

一　概　説

中国の現行刑法に規定された性犯罪は、以下の種類に分かれている。第一種類は、性行為の自主権利を侵害する犯罪であり、この種類には、（14歳未満の幼女を姦淫するという準強姦罪を含めて）強姦罪、強制わいせつ・侮辱罪、児童わいせつ罪がある。第二種類は、多衆集合して淫行を行う犯罪であり、この種類には、多衆集合淫行罪や未成年者多衆集合淫行勧誘罪がある。第三種類は、売春、買春に関する犯罪であり、この種類には、売春組織罪、売春強要罪、組織売春援助罪、売春勧誘場所提供紹介罪、幼女売春勧誘罪、性病蔓延罪があり、元の幼女買春罪は2015年8月の《刑法修正案（九）》によって削除された。第四種類は、わいせつ物に関する犯罪であり、この種類には、営利目的わいせつ物製作・複製・出版・販売・頒布罪、わいせつ図書雑誌出版許可番号提供罪、わいせつ物頒布罪、わいせつ音像作品放送組織罪、わいせつ興行組織罪がある。

刑法においては、第二種類から第四種類の犯罪が社会法益に対する犯罪として定められたが、私の考えからすれば、未成年者多衆集合淫行勧誘罪、売春強要罪、幼女売春勧誘罪は実際に個人の性行為の自主権利をも侵害しているので、これらの犯罪も、個人法益に対する犯罪に属するとされるべきである、と思われる。

上述の犯罪において、最高で死刑に処せられるのは、強姦罪しかない（加

重の情状が必要である）。もともと売春組織罪、売春強要罪の最高刑も死刑であったが、《刑法修正案(九)》によって無期懲役に改正され、他の犯罪の法定刑は最高で有期懲役である。

刑法の理論と実務からみると、論争がより多いのは、強姦罪、強制わいせつ・侮辱罪、多衆集合淫行罪の３つである。以下では、この３つの犯罪の問題をめぐる論争を分析し、批判することにしたい。

二　強姦罪

(一)　概　説

中国刑法236条１項では、「暴行、脅迫、又は他の方法により、女子を強姦した者は、３年以上、10年以下の有期懲役に処する。」と規定されている。これは、強姦罪についての基本規定である。条文において、「強姦」については明確に規定されていないが、すべての刑法理論は、これを「性交を強要する行為」としている。実は、性交という概念は、伝統的な考えとは異なり、いままでわいせつとしていたものを強姦行為に含めるように解釈しうる。例えば、多数の国家及び地区の刑法において、男子が強制的に自分の性器を女子の肛門、あるいは口に挿入するということは、すでに強姦行為として明文で規定されている。中国において、このような行為を強姦行為とすることについては解釈論上の障害はないが、ただ考え方の障害のみが存在している。現在では、刑法の理論と実務は、例外なく強姦行為を狭義の性交行為に限定している。本項についていえば、強姦という概念自体には論争がないが、もっとも論争があるのは、婚姻内の強姦、つまり夫が妻に性交を強要する場合に強姦罪が成立するか、という問題である。同条２項では、「14歳未満の幼女を姦淫したとき、強姦とし、重く処罰する。」と規定されている。この条項について論争となるのは、幼女姦淫罪が成立するため、行為者は相手が幼女であることを認識しなければならないのか、ということである。同条３項では、「女子を強姦し、幼女を姦淫する場合において、次に掲げるい

ずれの事情があるときは、10年以上の有期懲役、無期懲役、又は死刑に処する。㈠女子を強姦し、又は幼女を姦淫し、情状が悪質であること、㈡多数の女子を強姦し、または多数の幼女を姦淫すること、㈢公衆の場所において公然に女子を強姦すること、㈣2人以上で輪姦すること、㈤被害者を死亡させ、負傷させ、又は他の重い結果を生じさせたこと」と規定されている。その中で、もっとも議論されたのは、第4号の「輪姦」の成立要件と既遂の基準である。

㈡　強姦罪の主体

強姦罪の行為主体は、一般的には男子であり、そして単独犯の行為主体が男子しかなりえない[2]一方、他方で、女子も強姦罪の教唆犯、幇助犯の行為主体になりうるし[3]、その他には間接正犯にもなりうる、ということが肯定されうる[4]。問題となるのは、夫が妻に性交を強要することについて強姦罪の成立を認めうるか、ということである。

1　判　例

中国には、婚姻内強姦に関して、2つの重要な判例がある。白俊峰事件において、法院は、夫の強姦罪の成立を否定した。1994年の4月に白俊峰と姚某は婚姻届を提出した。その後、2人は常に喧嘩して、時々殴り合いをした。1995年2月に、姚某は、白俊峰に離婚の意思を表明し、自分の親の家に戻った。しかし、そのあと結納金の返還など、様々な問題について争いがあり、和解協議書を作成することができなかった。1995年の5月2日20時ころ、両方とも、次の日に公正な第三者に仲裁を頼むことに同意したが、1時間後、白俊峰は、姚某の家に戻って、姚某の家に泊まり、そして閨事を彼女に要求した。姚某はそれを拒否したが、白俊峰は、被害者の反抗に構わず、強引に性交を行った。法院は、合法な婚姻が存続している間には暴力の手段で被害者との性交渉を強要した白俊峰の行為は強姦罪に該当しない、と判示した。その理由は、「同居と性生活は、夫婦の間での対等な人身の権利や義務の内容である。双方が合意をもって婚姻の届出をしたことは、法律上、同

居と性生活を承諾したことを意味する。そこで、法律からみると、合法な夫妻関係において、夫が妻の性行為の自主権利を侵害することはありえない。」⁵⁾ということである。この判決の結論は、論争を引き起こさなかった。なぜなら、その前には婚姻内強姦を無罪とした判決がなかったので、多数の学説が婚姻内強姦に対して、強姦罪の成立を主張しなかったからである。

王衛明事件においては、法院は、強姦罪の成立を認めた。王衛明は、銭某と結婚してから、1996年6月に別居することになり、同時に王は裁判所に離婚訴訟を提起したが、法院はそれを棄却した。そのあと、2人は、1度も同居しておらず、1997年3月に、王は再び離婚訴訟を提起し、1997年10月8日に法院は離婚を認め、判決書を送達し、双方の当事者は、判決について異議がなかった。しかし、判決の効力がまだ発生していない1997年10月13日の夜に、王衛明は、噛み、掴みなどの暴力の手段で銭某に性交を強要した。法院は、判決の効力がまだ生じていなかったが、2人の間には正常な婚姻関係がすでに存在しておらず、この場合には暴力の手段で自分の妻である銭某と性関係を結ぶ行為が強姦罪に該当するとし、1999年12月21日、王衛明に対して強姦罪で有期懲役3年（執行猶予3年付き）という有罪判決を下した。⁶⁾

単に婚姻内強姦を認めるべきであるか、という視点からみると、この2つの判決には矛盾があるようにみえるが、最高人民法院刑事審判庭の提供した裁判理由からみれば、両判決の判決理由は完全に一致している、と思われる。白俊峰事件の裁判理由において、法院は、「違法な婚姻関係やすでに離婚訴訟に入ったことなど、婚姻関係がすでに未定の状態になった場合、夫が妻の意思に反して暴力の手段で性関係を結ぶことを強要すれば、刑法の理論からみると、強姦罪が成立しうる。」と指摘し、白俊峰事件において、「妻は、離婚を提起し、地方の人の仲裁を受けたが、人民法院や婚姻届出機関に離婚を提起しておらず、離婚訴訟を開始しなかった。そこで夫婦の間で性生活に関する承諾がなお有効であり、よって白俊峰の行為が強姦罪を構成しない。」⁷⁾とした。王衛明事件の裁判理由も、同じである。法院は、「夫は、一般的には強姦罪の行為主体になりえない。しかし、夫婦の同居義務は、自主的

な結婚行為から推定された倫理的なものであり、法律に定められた強制的な義務ではない。そこで、具体的な状況を区別せず、すべての婚姻内強姦に関わる犯罪の成否を検討しないのは、やはり論理的ではない。例えば、離婚訴訟の間に、婚姻関係がすでに法定の解除手続に入ったように、非正常な状態で存続している間は、その関係がまだ存在しているが、もはやこれによって性行為に対する女性側の同意を推定することができなくなる。本件においては、被告人である王衛明と銭某との間の婚姻関係は、王衛明の主観的意思の中ですでに消滅した…。彼と銭某との関係は、もはや正常な婚姻関係に属しなくなった…。この状況において、被告人は、この特殊な時期に銭某の意思に反して、ねじり、掴み、嚙み等の暴力の手段で銭某に性交を強要し、銭某の人身権利と性行為の自主権を甚だしく侵害したのであって、その行為は、強姦罪の主観的及び客観的構成要件要素に該当し、強姦罪となった。⁸⁾」と指摘した。

このことに鑑みると、最高人民法院は、白俊峰事件と王衛明事件において、婚姻内強姦という問題について、以下の処理基準を確立した。すなわち、婚姻が正常に存続している間は、夫が妻に性交を強要する行為に強姦罪が成立しないのに対し、婚姻関係が非正常な状態で存続しているときには、上述の行為は強姦罪となる、と。上述の両判決をみると、最高人民法院は、ただ離婚訴訟の期間を「婚姻関係が非正常な状態で存続している時期」とするのみである。

2 学 説

刑法理論において、婚姻内強姦という問題に対しては3つの考え方がある。

第1の考え方は、完全否定説である。その主な理由は、以下のとおりである。「夫が妻と性交を行うのは、法律で保護された自己の権利の行使であり、妻としても、夫の要求に応じて性交を行う義務がある。そこで、夫の採った手段は不当であるが、これによって、まだ強姦罪の成立を認めることはできない。なぜなら、このような状況の下で行われた性行為は、妻の意思に反す

るものであるが、違法なものとはいえないからである。[9]」言いかえると、「婚姻契約中、互いの配偶者の合意による性生活は、すでにその契約の一部として法律で認められているので、契約が解除されない限り、性生活が合法であることには疑いがない。[10]」言語学の観点で、「姦」の意味からみれば、夫婦の間に強姦がありえない、と説明する学者もおり、中国古代刑法の用語として、「姦」という字の意味が変化する過程を遡って、「『姦』は一般的な性行為ではなく、専ら婚姻外の性行為を意味し、よって、婚姻内強姦を刑法の強姦罪の適用範囲に納めるのは困難であろう。[12]」とする学者もいる。

　全面否定説の大部分は、早期の考え方である。夫が妻を強姦する罪の行為主体になりうることを完全に否定するのは、事実上はおよそありえない。例えば、自分の妻を強姦するように他人を教唆し、幫助すること、夫が他人とともに妻を輪姦すること、夫が公衆の前で妻に性交を強要することなどにおいて、夫の強姦罪を認めるべきである、と思われる。[13]

　第2の考え方は、完全肯定説である。例えば、「強姦罪の行為主体は一般的なものであり、刑事の責任年齢に達し、刑事責任能力を備えるすべての者がこれになりうる。このことは、行為者が夫である場合にもあてはまる。性の不可侵の権利は、女性の人身の権利にとって重要なものであり、婚姻法の基本原則の中の1つとして、女性の権利保護の規定は誰も女性の合法的権利を侵害しえない、とも明示している。夫が妻の意思に反して強制的手段で妻の性の自主権利を侵害する場合、その行為を強姦罪で論じるべきである。[14]」と指摘した学者もいる。また、「自分の妻を傷害し、虐待する行為には、傷害罪及び虐待罪が成立する以上、妻を強姦する行為には強姦罪が成立するのは明らかである。婚姻内強姦行為は、女性の性行為の自主権利を甚だしく侵害し、これを強姦罪と認めるのは、罪刑法定主義に違反するとはいえない。[15]」と指摘した学者もいる。

　刑法の規定からすると、強姦罪の客体は女子であり、婚姻外の女子ではないので、婚姻内強姦を認めても差し支えない、と思われる。しかし、以下の点を考慮すれば、全面肯定説にも問題がある、と認めざるをえない。第1

に、中国刑法の強姦罪は、親告罪ではなく、警察による職権乱用はなお一般
的である。そこで、もし婚姻内強姦を全面的に肯定すれば、警察による恣意
介入を招き、却って女性の権利を侵害するおそれがある、と思われる。例え
ば、中国には警察が夜間に住宅に侵入して、夫婦が「黄碟」（アダルトビデオ）
を見たことについて取り調べを行った事件がある。当時の警察の行為は合法[16]
的である、とは言えない。もし婚姻内強姦を全面的に認めるのであれば、警
察が夜間に住宅に侵入して強姦犯人を逮捕することも排除されえない。第2
は、いわゆる「包办婚姻」（自分の意思によらずに、全部親に任せて結婚相手を決め
るということである）、及び家庭内における夫婦の地位格差は今でもなお若干
の地域（特に農村地帯）に存在しているので、夫は妻の意思に構わず、強制的
に性交をすることはまだ多い。これらのことを全部強姦罪で処罰するのは現
在の中国の社会状況には相応しくない、と思われる。第3に、現行刑法の規[17]
定によると、強姦罪は重罪であり、その犯罪行為に対して正当防衛を行うこ
とができる。もし婚姻関係が正常な状態で存続している間に発生した「婚姻
内強姦」を強姦罪と認めれば、必ず多くの不利な結果や消極的影響をもたら
すことになる。そこで、たとえ全面肯定説の主張者でも、婚姻内強姦を強姦
罪と認定する際に、女性の意思に違反する程度、及び強姦を肯定するための
証拠のハードルが一般の強姦罪の認定より高いことを認めざるをえず、「妻
が法廷に提訴する場合、一般的には離婚訴訟が行われているという客観的な
事実などによって、性行為が妻の意思に違反することを証明することができ
る。これに対し、このことを証明するための十分かつ確実な証拠がなけれ
ば、法廷は、夫の行為が強姦罪を構成しない、と宣告すべきである。」とい[18]
うことである。そうだとすれば、このような全面否定説は、以下の折衷説と
大体同じである。実は婚姻内強姦を肯定する裁判例は、極めて稀であり、し
かも上述の離婚訴訟の期間、及び事実婚の期間に関わるものに限られてい
る。

　第3の考え方は、折衷説である。折衷説は、実際には最高人民法院の基本
的な考えに同意する。例えば、陳興良教授は、「白俊峰事件と王衛明事件に

おいて、最高人民法院は以下のように、婚姻内強姦という問題を処理する基準を確立した。すなわち、婚姻関係が正常な状態で存続している間に、夫が強姦罪の行為主体になりえないのに対し、これが非正常な状態で存続している間には、夫が行為主体になりうる。[19]」と指摘した。この点について、筆者も基本的に賛成するが、「婚姻関係が非正常な状態に存続している」ということを拡張的に解釈すべきであり、（1）感情の破綻による夫婦別居、（2）離婚訴訟の提起、という場合も包含すべきである、と思われる。梁根林教授も、「夫婦の間には感情が確実に破綻し、婚姻がすでに名ばかりのものになり、よって夫婦が別居し、又は離婚訴訟を提起するに至る場合には、夫婦の双方、又はいずれかがすでに婚姻内性関係に関する承諾を中止し、もしくは法律上、婚姻関係を取り消す意思表示をすることが明確に示されている。このような意思表示は、まだ法院の確定判決によって最終的に承認されていないにもかかわらず、それ自体はすでに婚姻関係の取消し、及び同居義務の免除についての夫婦双方の意思を明確に表したものである。この場合、夫が妻の意思に反して暴力的手段で妻に性交を強要すれば、強姦罪の実質要件、つまり女性の意思違反ということは明らかに存在し、よって強姦罪の構成要件に該当する。[20]」とした。

　刑法の学説において、折衷説は大体、多数説である。その中心となる理由は、婚姻関係が非正常な状態で存続している間に、妻には同居義務がない、ということである。陳興良教授が指摘したように、「同居義務は法律的なものであり、夫婦に性生活を含めて、共同に生活することを要求するものである。しかし、これは、絶対的なものではない。婚姻関係が存続している間でも、一定の条件を備えれば、例えば、正当事由による同居の一時停止、あるいは法定事由による同居の停止のように、その義務を停止し、免除することもできる。婚姻関係が正常な状態で存続しているかどうかは、法定事由による同居義務の停止の有無を基準として判断されるべきである。夫婦が感情の破綻で別居する間に、あるいは離婚訴訟を提起したあと、同居義務の履行が停止するとされるべきであり、婚姻関係が非正常な状態になる、と思われ

る。これらの時期において、同居義務の履行が停止するため、夫が妻に性交を強要する行為には強姦罪が成立する。[21]」とされた。梁根林教授は、刑事政策の観点から折衷説に賛成したものの、同時に、いかにして「手段、情状、結果が重大であるとされる婚姻内強姦罪の状況…を犯罪化すべきであるのかは…当事者の具体的な婚姻状況によって区別されて明らかにされるべきであり、強姦罪について、婚姻関係と同居義務による制約を考慮しなければならない。[22]」と認める。折衷説は、婚姻内強姦という問題の処理にとって現実性のある考え方であり、しかも中国の国情に、より適合すると思われる。しかし、この見解は、上述の第1と第2の学説によって批判される。

　例えば、全面否定説から以下のような疑問が提示された。離婚訴訟を提起するかどうか、あるいは別居するかどうかを基準として、夫の強姦罪の成立を判断する根拠はどこにあるだろうか。なぜなら、離婚訴訟の間にも、夫婦が共同に生活すること（寝床を共にすることすら）が可能であり、訴訟が提起されても、法院によって却下されることも可能であり、離婚訴訟を提起しなくても、夫婦が感情の破綻によって長期に別居することもありうるからである。また、別居をいかに判断すればよいのであろうか。もちろん、夫婦が別の住所に住む場合は別居といえるが、同じ建物の別の階層に住む場合、あるいは同じ階層の別の部屋に住む場合は別居といえるのか。もっとも重要なのは、たとえ離婚訴訟、又は別居の期間でも、法定の婚姻関係がなお存在しており、離婚訴訟がない期間、あるいは同居の期間における婚姻関係の性質とは、法律上まったく同じである、ということである。離婚訴訟、又は別居の間に発生した重婚行為に対して、重婚罪の成立を認める司法実務も、このことを示している。つまり、一部の場合には強姦罪の成立を肯定するため、折衷説は、婚姻関係の法律の性質を考慮せず、ただ事実によって婚姻関係を正常な状態で存続するものと非正常な状態のそれに区別しており、実際には循環論法に陥るおそれがある。

　一方、全面肯定説からも、以下のような疑問が提示された。妻の同居義務は、夫の同居の権利を意味するが、同居の権利は、支配権ではなく、一種の

請求権である。同居の権利の行使は相手の人身、あるいは身分の利益を支配するわけではなく、むしろ他人に特定の身分行為、つまり同居行為の履行を請求するということである。現代婚姻法において、夫婦それぞれが独立の個体であるということが原則とされ、家庭は1つの統合体ではなく、独立の個体が同意をもって平等に組まれたものである。配偶者は、不法に相手の姓名、居住、職業選択の権利に干渉することができず、他人の身体を任意に支配することも許されない。同居義務は、支配権ではなく、請求権に対応するものであるので、配偶者のいずれかの意思のみで実現しうるものではなく、相手の合意があって初めて満たされるものである。さもなければ、女性の意思に反して性行為を強要する場合、その行為を強姦罪と認めうる。折衷説[23]は、実際には同居の権利を支配権とみなし、ただ婚姻関係が非正常な状態で存続している間に、その権利を請求権とする。ただし、その根拠は明らかでない。

　強姦罪の法益は、女性の性行為の自主権利であり、刑法も、木罪の客体を婚姻外の女性に限定しているわけでもない以上、完全肯定説は理に適う、と思われる。しかし、中国の婚姻状況、又は夫婦関係の実態を考慮すると、完全肯定説を全面的に採用するのは困難である、と思われる。つまり、完全肯定説は、合理的な見解であるが、中国の現状に照らせば現実性を欠くものである[24]、と思われる。これに対し、完全否定説は、合理的ではなく、かつ非現実的なものである、と思われる。折衷説の結論は、一般人に受け入れられやすくて、中国の現状にうまく対応することができるが、その根拠は不十分であり、便宜的な考え方である、と思われる。

㈢　準強姦罪の故意

　幼女姦淫、つまり準強姦罪は、故意犯に属する。通説は、幼女姦淫罪が成立するには、行為者は姦淫の対象が14歳未満の幼女であることを認識していなければならない、としている。ただ、少数の学者のみは、この犯罪の成立にはこのような認識が不要である、とする。なぜなら、刑法各則の条文で

は、行為者が「対象が幼女であることを認識した」ということが要求されていないからである。[25]

　最高人民法院2003年1月17日「关于行为人不明知是不满14周岁的幼女，双方自愿发生性关系是否构成强奸罪问题的批复」(行為者は対象が14歳未満の幼女であることを認識せず、両方が合意を以って性行為を行った場合には、行為が強姦罪を構成するか、という問題に関する返答) は、「行為者が、相手が14歳未満の幼女であることを認識したのに、なお彼女と性交をした場合、幼女の同意の有無にかかわらず、その行為は強姦罪で処罰される。これに対し、行為者が確かに相手の年齢を認識せず、2人が合意を以って性交をし、重大な結果を引き起こさず、しかも情状が軽微である場合、その行為には犯罪の成立を認めない。」とした。「批复」が公布されたあと、(法哲学者も含めて) 若干の学者からの批判を受け、激しい論争を引き起こした。「批复」に反対する理由は、主に以下のとおりである。幼女姦淫罪は、一種の法定の強姦罪であり、刑法上、これを厳格責任の犯罪とすべきであり、対象が幼女であることに関する行為者の認識を要求すべきではない。「批复」は、法定の厳格責任の犯罪を恣意に故意責任の犯罪に変更し、立法権を侵害した。そして、幼女姦淫の行為の一部を無罪と扱う「批复」は、実際には極端な社会格差を隠し、平等原則に違反した。さらに「批复」は、14歳以下の少女という社会的弱者を保護すべきであるという公共の政策に違反し、若干の特殊な団体の犯罪行為に資することになってしまう。[26]

　しかし、大多数の刑法学者は、幼女姦淫罪において、行為客体としての幼女が構成要件要素である以上、行為者がこれを認識しなければならない、としている。中国刑法学研究会が開いたシンポジウムにおいて、上述の法哲学者の見解に賛成した刑法学者は、ほとんどいない。[27]しかも、上述の「批复」の後半は、「行為者は、確実に相手が14歳未満の幼女であることを認識しておらず、2人が合意を以って性交をし、重大な結果を引き起こし、かつ情状が重大である場合、その行為を強姦罪で処罰する。」ということを意味するわけではない。これを、「行為者は、確実に相手が14歳未満の幼女であるこ

とを認識しておらず、2人が合意を以って性交をし、重大な結果を引き起こす場合、その結果の性質と責任の形式に相応しい犯罪（例えば、故意傷害罪、過失重傷罪）で処罰すべきである。」と理解すべきである、と思われる。

　最高人民法院、最高人民検察院、公安部、司法部2013年10月23日の「关于依法惩治性侵害未成年人犯罪的意見」（法律によって未成年者の性の自主権を侵害する犯罪で処罰することに関する意見）は、「相手が14歳未満の幼女であることを認識し、あるいは知るはずでありながら、姦淫など性の自主権を侵害する行為を実行する場合、行為者は、相手が幼女であることを『明知』すると認定すべきである。12歳未満の被害者に対して姦淫など、性の自主権を侵害する行為を実行する場合、行為者は、相手が幼女であることを『明知』する、と認定すべきである。12歳以上、14歳未満の被害者に対して、身体の発育状況、言行振舞い、服装の特徴、生活スタイルの特徴などからみると、幼女でありうると知ったにもかかわらず、なお姦淫など性の自主権を侵害する行為を実行する場合、行為者は、相手が幼女であることを『明知する』と認定すべきである。」と指摘した。その規範における「知るはずである」という言語表現は、「過失も幼女姦淫罪を構成しうる」というイメージを与えたが、実はそうではない。中国の司法解釈において、いわゆる「知るはずである」とは、過失ではなく、事実によって行為者は、相手が幼女であることを認識していることを推定する、ということを意味している。また、私からみれば、12歳未満の幼女と性交する場合、原則的には幼女に関する行為者の認識を肯定できるが、その基準は絶対的なものではない、と思われる。言い換えると、12歳未満の幼女が背が高くて、発育が成熟しているので、行為者は、相手が幼女であることを認識せず、よって、行為者の「明知」が認定できない状況は排除されるべきではない、と思われる。

　ついでに附言しておきたいのは、普通の強姦罪において、性器結合説を既遂の基準とするのに対し、幼女姦淫罪においては、性器接触説を既遂の基準とするというのが、中国の判例と刑法理論の通説である、ということである。しかし、私が思うに、「幼女姦淫事件においても性器結合説を採用すべ

きである。なぜなら、幼女姦淫の行為も性交行為として認められる以上、単純な性器接触は、性交行為としてまだ終わらないからである。接触説は、幼女姦淫の既遂認定基準を前倒しに過ぎており、（傷害結果を殺人罪の既遂基準とすると同じように、）軽罪（児童わいせつ罪）の基本行為を重罪（幼女姦淫）の既遂基準とし、幼女姦淫罪と児童わいせつ罪との関係を適切に処理することにはデメリットがある。行為者に犯罪中止を勧め、被害者の名誉を保護することにとって、接触説にはデメリットがある。幼女姦淫罪の既遂基準について、結合説を採用しても、特に女性に対する特殊保護を減らすわけではなく、ただ『挿入しにくい』ということだけで、接触説を幼女姦淫罪の既遂基準とすべきではない。[29]」

㈣　輪姦の認定

　輪姦とは、一般的には2人の男が同じ時期に共同して同じ女性（若しくは幼女）を連続的に相次いで、又は同時に強姦（若しくは姦淫）することを意味している。輪姦は、強姦罪の特別な形式の一種（共同正犯）である。その中の「連続的に」とは、完全に間隔がないことを意味しない。言い換えると、場所と時間の間隔が短くても、輪姦の成立が排除されるわけではない。論争があるのは、以下の問題である。

　1．輪姦が成立するには、すべての行為者が責任年齢に達し、責任能力を有することが必要であろうか。例えば、15歳の甲と13歳の乙がA女を共同して輪姦した場合、甲には輪姦の規定を適用できるか。

　第1の考え方は、ただ各行為者が責任年齢に達し、責任能力を有する場合にのみ、輪姦が成立するので、甲には輪姦罪の規定を適用することができない、とした。[30]この考え方の根拠は、「共同犯罪とは、2人以上共同して故意に犯罪を行うということである。」という刑法25条1項の規定である。通説は、共同犯罪の成立には、2人以上の行為者がいずれも責任年齢に達し、責任能力を有することを要求している。輪姦も共同犯罪であるので、各行為者が責任年齢に達し、責任能力を有しなければならない。しかし、これは、責任共犯論の立場から出発したような観点であるので、妥当ではない、と思わ

れる。第2の観点は、通説が提出した共同犯罪の成立要件に賛成したが、同時に、輪姦が共同犯罪ではなく、むしろ強姦罪の特殊な類型であり、刑法に規定された加重情状であり、そこで2人以上の各行為者が責任年齢に達し、責任能力を有することは前提とされていない、とした。[31] しかし、このような輪姦を共同犯罪と否定する観点は、客観の事実と共犯の基本原理に合わない、と思われる。[32]

　私は、共犯が不法形態であり、これによって、2人以上の行為者が責任年齢に達し、責任能力を有することが要求されるわけがなく、刑法25条2項にもこの要求がなされていない、と思う。しかも、共同正犯について、行為共同説を採用すべきである。例えば、上述の例のように、甲と乙が共同にA女を輪姦する場合、不法のレベルにおいて、両者は共同正犯であり、甲に対しても輪姦の法定刑が適用されうる。また、Aが女性を強姦するように2人の14歳未満の者を教唆する場合、Aに対しても輪姦の法定刑が適用されうる。裁判実務も、肯定説の立場を採用している。[33]

　2．輪姦には未遂があるか。例えば、甲と乙が共同にA女を輪姦し、甲の姦淫行為が既遂になり、乙の姦淫行為が未遂にしかなっていない場合、いかにして甲と乙を処罰すればよいのであろうか。

　第1の考え方は、「輪姦が成立するためには各行為者の姦淫行為が既遂になる必要があり、1人の行為が既遂になり、もう1人の行為は未遂にしかなっていない場合には、輪姦として認めない。[34]」としている。最高人民法院刑事審判廷も、「輪姦を『相次いで姦淫する。』と解釈すべきであり、ただ2人が相次いで姦淫するという結果が生じる場合に初めて輪姦が成立する。[35]」としている。しかし、このように輪姦を単なる量刑の規則とみなし、輪姦が加重構成要件であることを否定し、さらに輪姦の未遂形態も否定した観点は、不当であろう。第2の考え方は、1人の姦淫行為が既遂に達したのであれば、他の者がその既遂行為に対して責任を負わなければならず、輪姦の既遂を構成すべきである、とした。上述の例において、甲と乙には輪姦既遂の成立を認めるべきである、とした。[36] この考え方は、対極に走るようであり、輪

姦罪の処罰と他の強姦罪の共犯との処罰のアンバランスを招いたのであろう。第３の考え方は、「２人の者が意図的に強姦罪を実施すれば、『輪姦』という情状が備わっており、『10年以上の有期懲役、無期懲役、死刑』という強姦罪の法定刑の枠内で処罰されるべきである。その中のいずれが強姦行為を完成しなかった場合、未遂で処罰される。すべての犯罪者が強姦行為を完成しなかった場合、全体的には輪姦の処罰加重情状があるので、なお『10年以上の有期懲役、無期懲役、死刑』という法定刑の枠内で処罰されるべきである。ただし、すべての犯罪者の行為は未遂であるので、量刑の幅の中で、既遂犯より軽く処罰されるべきである。[37]」とした。しかし、強姦罪を自手犯として扱っている点において、この考え方は妥当ではなく、この考え方から導き出された結論の一部も、合理的ではない。

　私の考え方によると、輪姦罪がただの量刑規則のみではなく、加重の構成要件であるので、未遂形態も存在している。例えば、ＡとＢは共同してＣ女に暴力を振い、しかもＣ女を姦淫する場合、輪姦既遂になる。そして、張三と李四は、輪姦の犯意を以って丙女に暴力を振ったが、犯意を果たさなかった場合、輪姦未遂を認め、輪姦罪の法定刑を適用しながら、同時に未遂の減軽規定を適用することになる。さらに、甲と乙は輪姦の犯意を以って、丙女に暴力を振舞い、甲が姦淫したあと、乙は姦淫を放棄し、あるいは別の理由で犯意を果たさなかった場合、乙の輪姦未遂を認めるが、甲と乙の強姦既遂の成立も認めるべきである、と思われる。この場合は、輪姦未遂と強姦既遂の観念的競合（明示機能）である。なぜなら、輪姦未遂しか認めないのであれば、甲の強姦既遂が評価されていないのに対し、もし強姦既遂しか認めないのであれば、共同輪姦という不法の事実が評価されていないからである。ただ観念的競合を認める場合に初めて、すべての不法事実の充分な評価と妥当な量刑を実現することができる。説明しなければならないのは、共同正犯について一部実行・全部責任の原則が採用されているので、乙が自分の行為を中止し、あるいは犯意を果たさなくても、甲の強姦に対して責任を負わなければならない、ということである。

3．輪姦に参加した者の姦淫未遂、あるいは姦淫を放棄した場合、未遂犯や中止犯の規定が適用されうるか。言い換えると、強姦罪は自手犯であるか。輪姦の際に、一部実行・全部責任の原則が適用されるべきであるか。

この問題について異なる判例が存在している。例えば、楊某と張某が龔（きょう）女を相次いで輪姦してから、もう1人の被告人である姜某も、共同犯意を以て龔某を強姦する際に、飲酒過量によって思いどおりにならなかった。法院は、姜某の行為を強姦未遂とするが、法定刑において、輪姦の法定刑を適用するとしている[38]。また、張某の強姦行為が既遂に至り、施某のそれが未遂にしか至っていないという事件について、法院は、施某も強姦既遂の責任を負うべきである、としている[39]。周某、張某、劉某等による強姦事件において、最高人民法院刑事審判廷は、「共同の強姦犯罪において、1人が強姦を遂行し、他の者が犯意を果たさなかった場合、全部の者を既遂犯と論じるべきであるが、輪姦罪を認めることができない。」としている[40]。

理論においても、別々の観点が存在している。陳興良教授は、「強姦、逃走等の犯罪において、一定の行為の実施は、犯罪の構成要件とされている。この場合、犯罪行為が完成したかどうかは、犯罪既遂を認定するための基準である。このような事件において、それぞれの者の行為は、互いに代替できない性質を有する。そこで、共同実行の犯罪において、各共犯の未遂、既遂は、それぞれの独立性を表現した。例えば、甲、乙、丙は、ある女性を輪姦し、甲、乙が強姦行為を実行し、丙は、実行しようとする際に、通行者が通過するので、その女性は助けを求め、3人は逮捕され、丙が行為を実行しなかった。この場合、甲、乙には強姦既遂、丙には強姦未遂しか成立していない。」と指摘した[41]。陳興良教授は、さらに、「ただ強姦罪、逃走罪の共同正犯を自手犯とする場合にのみ、その実行行為が互いに代替できない性質を有し、これを一部実行・全部責任の原則の例外とみなし、それぞれの未遂犯、中止犯の成立を認める。」と指摘した[42]。

私は、陳興良教授の意見に賛成することができない。まず、強姦罪は自手犯ではなく、女性も強姦罪の間接正犯と共同正犯になりうる、と思われる。

次に、行為には代替できない性質があるか、というのは、漠然とした概念であり、これを一部実行・全部責任の原則の例外とする充分な理由がない。言い換えると、ただ共同正犯を否定する場合に初めて一部実行・全部責任の適用を否定することができる。上述の例において、甲・乙・丙の行為が強姦罪の共同正犯となることを認める以上、これを一部実行・全部責任の原則の例外とする理由がない、と思われる。さもなければ、上述の共同正犯を同時犯と扱うことになるが、これは妥当ではない。最後に、因果的共犯論によると、丙の行為が甲・乙の輪姦既遂の結果に対して因果性を有し、かつ故意を有する場合、丙は、甲・乙の輪姦既遂に対して責任を負うべきである、と思われる。言い換えると、丙自身の強姦行為は既遂にならないが、彼は、甲・乙の輪姦既遂について責任を負うべきである。また、例えば、A、B、Cが輪姦の犯意を以ってD女に暴力を振ってから、AとBがDを姦淫したが、Cが自分の姦淫行為を中止した場合、AとBに輪姦の法定刑を適用するのは間違いではないが、Cは姦淫行為を実施しなかったにもかかわらず、共同正犯が成立しているため、Cは、AとBの行為と結果について責任を負うべきである。AとBの行為が輪姦である以上、Cに対しても輪姦の法定刑が適用され
うる。[43]

三　強制わいせつ・侮辱罪

　1979年の中国の旧刑法においては、強制わいせつ罪が規定されていなかった。その中の160条の無法罪では、「多衆を集合して乱闘し、挑発行為や混乱を引き起こし、女性を侮辱し、あるいは他の無法活動を実行し、公共秩序を破壊する者は、その情状が悪質である場合、7年以下の有期懲役、拘役、管制に処する。」と規定された。1997年には無法罪が分解され、その一部は刑法237条の強制わいせつ・侮辱罪になっている。指摘しなければならないのは、1999年刑法が強制わいせつ・侮辱罪の対象を女子に限定したのに対し、「刑法修正案(九)」では、強制わいせつ罪の行為客体が「他人」に修正された

が、なお女性侮辱の規定が保留されたということである。強制わいせつ・侮辱罪[44]について、主な問題は、以下の2つである。

㈠ わいせつ行為と侮辱行為には同一性があるか

刑法237条では、わいせつ行為と侮辱行為が並列しているので、わいせつ行為を侮辱行為と区別することができるか、という問題がある。

ある考え方は、わいせつが侮辱と異なる意味を有する、としている。例えば、ある教科書には、「女子をわいせつするとは、女子に対して、姦淫行為以外、性欲と性の刺激を満たし、風俗を害する淫行を実行することを意味している。例えば、抱擁し、乳房を触り、捏ねること、恥部を触り、ほじること等である。女子を侮辱するとは、女子に対して、わいせつ行為以外、女子の尊厳、人格を侵害するような、良風美俗を破壊する下品な淫行を実施するということである。例えば、公共の場所で淫らで下品な言葉によって女子をからかうこと、女子のズボン、スカートを切って、恥をかかせること、女性に自分の性器を露出すること、女性に自分のマスターベーションの手助けを強要すること、女子の服を剥いて公衆に晒すこと等である。わいせつ行為は、必然的に行為者が女子の体に接触し、これによって性欲を満足するものであるのに対し、侮辱行為は、必ずしも女性の身体との接触によって、精神上の性刺激を満たすものであるとはいえない。2つの行為をこのように形式的に区別しうる。[45]」と書かれた。

しかし、この考え方には、以下のような問題がある。第1は、刑法237条の女子侮辱行為も、暴力、脅迫、又は他の強制手段で実行されなければならないものである。しかし、この考え方は、「公共の場所で淫らで下品な言葉によって女子をからかうこと」など、強制性のない行為も含める、とするので、明らかに罪刑法定主義に違反するおそれがある、と思われる。第2に、性器を露出する行為は、公然わいせつ行為に属し、強制性も有していない。刑法には公然わいせつ罪の規定がない一方、他方では性器露出行為は犯罪であっても、この行為は典型的なわいせつ行為（しかし強制わいせつ行為ではな

い。）であり、これをわいせつ行為以外の侮辱行為と認定することはできない、と思われる。外国刑法と旧中国刑法の公然わいせつ罪をみれば、この点は明らかである。第3に、この考え方は、侮辱行為が「必ずしも」女性の身体に接触するものであるとはいえない、とするので、この余地を残す言語表現は、女子の身体に接触する行為も侮辱行為でありうることを明らかにしている。実は、この考え方は、「女性に自分のマスターベーションの手助けを強要する」ことも侮辱行為としている。そうだとすれば、実際には両者を区別することは困難ではないか、と思われる。第4に、この考え方は、侮辱行為が「女性の人格、尊厳を損害する」ことを強調しており、これによって侮辱行為とわいせつ行為を区別しようとする。しかし、強姦罪も強制わいせつ罪も、他人の性の自主権利を侵害するとき、同時にその人格、尊厳も侵害している。したがって、このような区別もありえない。

　刑法237条では、わいせつと侮辱が並列しているが、第3項では、児童わいせつしか規定されていない。もしわいせつ行為を侮辱行為と区別しなければならないのであれば、必ずや以下のいずれかの結果になるのであろう。その1つは、児童わいせつは犯罪行為になるが、児童を侮辱する行為は犯罪にならない、ということである。しかし、これは、明らかに合理的ではない。なぜなら、刑法は、常に児童の合法的権利に特別の保護を与えているからである。本罪の場合には、客観的に、暴力、脅迫などの強制手段の実施を要求せず、しかも重く処罰している。女性を侮辱する行為が犯罪である以上、児童を侮辱する行為も当然に犯罪である、と思われる。もう1つは、児童に対するわいせつ行為は、わいせつ児童罪になり、児童を侮辱する行為は、刑法246条の侮辱罪になる、ということである。しかし、これは、明らかに妥当ではない。なぜなら、児童には人格、名誉権だけではなく、性の自主権利もあり、しかも児童の性の自主権利も重要な法益だからである。児童の性の自主権利を侵害する侮辱行為のすべてを刑法246条に規定された人格、名誉を侵害する行為とすれば、必ずや刑法的保護のアンバランス現象を招くであろう。このような合理性も妥当性もない状況を避けるため、刑法237条におい

て、わいせつ行為は侮辱行為と区別できないことを承認しなければならない、と思われる。

「刑法修正案(九)」では、本罪のわいせつの客体が「他人」に修正されたが、女子侮辱の規定が削除されておらず、侮辱の客体としての「女子」が「他人」に修正されたわけではない。よって、女性の性の自主権利を侵害する若干の行為をわいせつ行為に包含することができず、男子の性の自主権利を侵害する若干の行為を強制わいせつ罪と認定することができない。立法論からみると、この修正には明らかに欠陥がある。立法府の担当者は、以下のように説明した。すなわち、「女子、児童がわいせつ行為の主な被害者であるが、実務上、男子がわいせつされたこともしばしば発生しており、14歳以上の男性をわいせつする行為をいかに刑法に適用すべきであるか、は明らかでない。この問題について、社会において、男性の人身権利を同様に保護するため、14歳以上の男性をわいせつする行為も包含するように、わいせつ罪の適用範囲を拡大すべきである、という意見がしばしば提出された。そこで『刑法修正案九』では、１項の『女子をわいせつする』が『他人をわいせつする』に修正され、その条文の保護客体は、女性から14歳以上の男子に拡大された。」「本項の『女性を侮辱する』とは、主に女子に対して、わいせつ行為以外、女子の尊厳、人格を侵害するような、淫らで下品な、良風美俗を破壊する下品な淫行を実施するということである。」と。「いわゆる『わいせつ』とは、姦淫以外に性欲と性刺激を満たし、風俗を傷つけ、他人の性の心理と性の観念を傷害し、心身の健康に支障を出す行為を意味している。いわゆる『女子を侮辱する』とは、女子の人格、性の観念、性の心理を侵害するように挑発的な行為を意味している。例えば、公然と女子を追いかけ、行路を阻むこと、強制的に女子にキスをし、抱きついたこと等である。」[47]と指摘した教科書もある。しかし、このような説明には疑問がある。第１に、男性の人身権利も平等に保護するのであれば、なぜ男性に対する侮辱行為の実行（例えば、男性に腐蝕物質を撒き、汚物を塗ること）に対して同じような刑罰を与えないのか。第２に、女子のお下げ、服を切り、女子に腐蝕物質を撒き、汚物を

塗る行為が性の自主権を侵害しない場合、この行為は強制わいせつと同等に見なされえず、刑法246条の侮辱罪しか認められえない。これに対し、服を切り、腐蝕物質を撒く行為によって、女子の身体を露出させれば、このような行為は当然に強制わいせつである、と思われる。第3に、行為者は、性器を露出する際に、暴力、脅迫等の強制の手段でそれを見させることを女子に強要しなければ、この行為は公然わいせつにしかならず、強制わいせつにならない、と思われる。第4に、追いかけ、阻むことは、刑法293条に規定された挑発行為であり、このような行為を女子侮辱と認めることは、293条の追いかけ、阻む行為の客体を男性に限定することを意味しており、これは明らかに妥当ではない、と思われる。より重要なのは、刑法237条2項では、「公共の場所において公然と」女子を侮辱する者は「5年以上の有期懲役に処する。」と規定されている。上述の考え方によると、公共の場所において公然と女子を追いかけ、阻むのであれば、この法定刑が適用されるようになる。これは、罪刑相当原則に相応しくない。第5に、強制的に女子にキスをし、抱きつく行為は、当然に強制わいせつ行為である。つまり、上述の考え方によって挙げられた「女子を侮辱する」行為は、侮辱罪、挑発罪に属するか、あるいは強制わいせつに属するか、あるいは犯罪とならないか、のいずれかである、と思われる。実際には、上述の考え方は、旧刑法時期の司法解釈を根拠としている。最高人民法院・最高人民検察院1984年11月2日「《关于当前办理流氓案件中具体应用法律的若干问题的解答」（現時点において無法者事件を処理する際に、法律適用についての若干の問題に関する解答）は、「以下の場合には、女子を侮辱し、情状が悪質であるため、無法罪が成立する。1．女子を追いかけ、行路を阻む行為によって、悪質な影響をもたらし、あるいは多衆集合して、武器を以って女子を追いかけ、阻むこと。2．公共の場所においてしばしば女子のお下げ、服を切り、女子に腐蝕物質を撒き、汚物を塗り、あるいは女子を侮辱する際に軽傷をもたらすこと。3．公共の場所において故意に女子に対して性器を露出し、又は自分の性器で女子の身体を擦り、制止してもやめないこと。4．淫行、又は暴力、脅迫の手段で多数の女

子を侮辱し、わいせつし、重大な結果を引き起こすこと、又は公共の場所において公然に女子をわいせつし、公憤を引き起こすこと。」とした。しかし、旧刑法の無法罪における女子侮辱は、公共の秩序に対する犯罪であるのに対し、現行刑法の強制侮辱罪は、個人法益に対する犯罪である。旧刑法時期の司法解釈を変更せず、そのまま現行刑法の解釈に使うのは、明らかに妥当でない。そこで、女子侮辱が実際には女子わいせつを意味することに鑑みると、本稿は、司法機関が「女子侮辱」という概念の適用を限定すべきであり、強制わいせつに属する行為を強制わいせつ罪と認め、それ以外の行為を他の犯罪で処理するか、あるいは犯罪としない、と主張する。

㈡　強制わいせつ・侮辱罪は傾向犯に属するか

　多数の論文は、強制わいせつ・侮辱罪には、性欲を刺激して満足させるという内心の傾向が必要である、としている。例えば、「強制わいせつ罪の動機とは、わいせつ行為を通じて性的な満足と恥知らず、かつ下品な精神刺激を求めるということである。[48]」とした学習教材もあり、「犯罪の主観面は直接の故意で構成され、そして性を刺激して満足させる目的を有している。[49]」とした学習教材もある。さらに、「強制わいせつが傾向犯であるが、強制侮辱が傾向犯ではない。[50]」と指摘した学者もおり、この考えは、主観面で強制わいせつと強制侮辱とを区別しようとする。

　わいせつ罪の主観に性欲を刺激して満足させるという内心の傾向を要求する考えには、2つの長所があるかもしれない。その1つは、わいせつ行為と非犯行為との限界を明らかにする、ということである。例えば、治療の必要性に基づいて、女子の身体を検査する医師の行為は、性欲を刺激して満足させるという目的の下に行われるものではないので、強制わいせつ罪にならない。もう1つは、強制わいせつ罪と刑法246条の侮辱罪との限界を明らかにする、ということである。つまり、性欲を刺激して満足させるという傾向で女子を強制的に侮辱する場合、強制わいせつ・侮辱罪が構成されるのに対し、名誉毀損の意図でそれを行う場合、刑法246条の侮辱罪が構成される。

6　性犯罪の問題をめぐる論争　　*183*

それにもかかわらず、私は、やはり強制わいせつ・侮辱罪の成立には、主観的に性欲を刺激して満足させるという行為者の傾向又は目的は必要ではない、と思われる。

なぜ、行為者の傾向を要求しないのかというと、それは、このような傾向のない行為も、女子の性行為の自主権利を甚だしく侵害するからである。刑法で本罪を規定するのは、女子の性の自主権を保護するためであり、公共の秩序を保護するためではない。しかし、行為が女子の性行為の自主権を侵害するかどうかは、まず、行為の性質によって決められるべきである。言い換えると、刑法の規定によると、故意で女子にわいせつ行為を実施すれば、女子の性行為の自主権を侵害する。刑法では、わいせつ行為の具体的内容を詳しく規定することができないので、その内容は社会の一般的な概念によってしか判断されえない。これに対し、主観面において、性欲を刺激して満足させるという行為者の傾向の有無は、その行為が客観的に、女子の性行為の自主権を侵害するかどうか、という判断を左右することができない。例えば、強姦罪の場合、行為者は、強姦行為を実施するのはおよそ自己の性欲を刺激し満足させるためであるが、刑法の規定によると、性欲を刺激して満足させるという目的は、強姦罪の主観的要素ではない。もし行為者が報復の目的で女子を強姦し、他人に女子を強姦するように教唆すれば、その行為も強姦罪になることは明らかである。なぜなら、行為者は客観的に、強姦又は強姦教唆の行為を実施し、実際にも他人の性行為の自主権を侵害するからである。これは、性欲を刺激して満足させるという目的に基づかなくても、他人の性行為の自主権を侵害することができ、強姦罪になりうる、ということを説明している。強制わいせつ・侮辱罪の場合にも、そうである。

行為者の傾向を要求しなくても、客観的に、ある行為がわいせつ・侮辱行為に属するかを判断しうる。例えば、治療の必要性に基づいて、女子の身体を検査する医師の行為は、強制わいせつ・侮辱罪と認めることができない。たとえ医師が女子の身体を検査する際に、性欲を刺激させ、満足させるという目的を有していても、その行為を強制わいせつ・女子侮辱罪と認定するこ

とはできない。

　このような傾向を要求しなくても、強制わいせつ・女子侮辱罪を刑法246条の侮辱罪と区別することができる。女子の性行為の自主権に対する侵害が名誉に対する侵害でもあるが、女子にとって、性行為の自主権は、明らかに他の名誉より重要であるので、刑法では女子の性行為の自主権を侵害する行為に対する特別の規定を設けている。そこで、女子の性行為の自主権を侵害する行為は、もはや刑法246条の侮辱罪に属しなくなる、と思われる。陳家林教授は、「いわゆる姦夫姦婦を裸にして公衆に晒すということについて、この行為は、実際には女性の性に関する羞恥を侮辱することを意図するものである。公衆に晒された男性について、行為者の主観と客観を探究すると、この行為は、男性の性の権利の侵害より、むしろ男性の名誉権の侵害を意図し、又は実際に侵害するものである。したがって、この行為を性の権利の侵害に関する強姦とわいせつ・侮辱罪ではなく、名誉権侵害の侮辱罪と認定するほうがより合理的なものである。そして、もし行為者がただ『姦夫』の裸体を晒すのみであれば、その行為を侮辱罪と認定すべきである一方、他方では同時に、『姦夫姦婦』の裸体を公衆に晒すのであれば、その行為は、同時に強制侮辱罪と侮辱罪を犯すものと認定することができ、もっとも重い刑で処断しうるので、罪刑のアンバランスが生じない。[51]」と指摘した。しかし、この観点は、明らかに男女の権利に平等な保護を与えておらず、他人の裸体を公衆に晒す行為をわいせつとしない、という考え方にも疑問がないわけではない、と思われる。

　行為者の傾向を要求する場合、処罰範囲を過度に限定することを招くであろう。例えば、強要罪が規定された国家において、行為者の傾向を要求しても、性欲を刺激させ、満足させるという傾向のないわいせつ行為を強要罪と認定することもできる。中国において、同じように要求すれば、強要罪という規定がないので、このような行為を無罪としか認定できない。このような処罰範囲の限定は、保護法益にとってデメリットを有する。

　行為者の傾向を要求すれば、本罪と246条の侮辱罪とのアンバランスを招

くことになる。例えば、甲は女子の名誉を侮辱し、毀損するため、公然と女子を裸にするのに対し、乙は自己の性欲を刺激して満足させるため、第三者のいないところで女子を裸にする場合、甲の行為による女子の法益侵害は乙によるそれより遥かに重大であるのは明らかであり、甲の処罰は、乙のそれより重いはずである。しかし、強制わいせつ・侮辱罪を傾向犯とすれば、甲には性欲を刺激させ、満足させるという主観的傾向がないので、その行為を侮辱罪（被害者が告訴を提出したことを前提とする。）と認定し、「３年以下の有期懲役、拘役、管制、政治の権利の剥奪」という法定刑の枠内に量刑を決めることしかできない。他方では、乙には、その特定の内心傾向があるため、強制わいせつ・侮辱罪の成立が認められ、「５年以下の有期懲役と拘役」の法定刑の枠内で量刑を決めることになる。これは、明らかにアンバランスである。もし行為者の傾向を要求しなければ、甲と乙の行為が強制わいせつ・侮辱罪となり、甲の行為に対して237条２項が適用され、「５年以上の有期懲役」の法定刑の枠内で量刑が決められる一方、他方では乙の行為に対して、同条１項が適用され、「５年以下有期懲役又は拘役」の法定刑の枠内で量刑が決められる。これによって、甲と乙との処罰の均衡が取れるようになる。

四　多衆集合淫行罪

刑法301条１項では、「多衆集合して淫行を行ったときは、その首謀者又は繰り返して参加した者は、５年以下の有期懲役、拘役又は管制に処する。」と規定されている。条文には「公然」が構成要件要素とされていないので、成年者が合意を以って秘密に実施した多衆集合淫行が犯罪として認められるか、については、論争となる重要問題である。論争を引き起こすのは、南京で発生したスワッピング事件である。

2006年の夏から2009年８月の間に、馬暁海（某大学の副教授）、肖嫻、向元群、蘇益民等20数人は、馬暁海の作った「夫妻情侶自助旅游」（夫妻カップルの個人旅行）、向元群の作った「南京パーティー」、蘇益民の作った「ブルー

ローズ」などのQQ（ソーシャルチャットソフトウェアの名前）のチャットグループで知り合い、それぞれが馬暁海の家、又はホテルに集合して、合意を以って性交をした。2010年4月7日に、南京市秦淮区検察院は、多衆集合淫行罪で馬暁海等22名の被告人を控訴し、秦淮区法院は非公開の形でこの事件を審理した。2010年5月20日に、秦淮区法院は、多衆集合淫行罪で馬暁海等の刑事責任を認め、公開で馬暁海に3年6月の有期懲役、他の者に執行猶予付きから3年6月の有期懲役までの判決を下した。

　事件が公開されてから判決が下されるまでの間に、ネット住民においては馬暁海等の行為が多衆集合淫行罪に該当するか、について、まったく相反する2つの意見が出された。判決が下されたあとも、支持と反対の2つの意見が同様に存在している。2つの観点の論争の内容は、恰も前世紀の1950年代において、ハート（Hart）とデブリン（Devlin）によってなされた、法律で強制に道徳を推し進めるべきであるか、という問題をめぐる論争と類似している。

　馬暁海等の行為を犯罪とすることに反対するネット住民は、「もはや性がタブーではない今において、アダルトビデオをダウンロードして見るのは一般的な行為であり、われわれは、この行為が逮捕された理由となることを望まない。少数人の権利や私人の領域で行われた行為を尊重すれば、それは自分を保護することと同じである。なぜなら、すべての者が、『少数人』となりうるからである。」「法律は、国家、団体、公民の利益を保護するためのものである。1人の行為が他人や他の団体に傷害、影響を与える際に、法律によってこれを処罰すべきである。本件において、公平に見ていえば、南京の副教授である馬暁海は、自分の『同好者』とともに私人の空間で秘め事をすることが、誰に影響を与え、誰を害したのか。…もし他人を害しないという前提のもとに、社会の道徳に影響を与えれば、刑法で処罰する必要があるか。…われわれは、刑法で南京の副教授である馬暁海の『スワッピング』行為を処罰することを質疑するのは、その行為を支持し、勧め、試すことを意味するわけではない。世界は多元的であり、他人の利益に影響、害を与えな

い限り、われわれは、『他のこと』を許さなければならない。この『他のこと』は、上品なものでも、下品なものでもありうる。あなたは、これらのものを好まず、嫌うかもしれない。しかし、あなたは、これらのものを罵り、批判し、避け、これに関わらないとすることができるが、これらが存在する権利を尊重こそすれ、消滅させることはできない。いつか、大多数の公民がこのことを意識するようになることが望ましい。」と指摘した。調査によると、馬暁海等の行為を犯罪として認定することに反対する者は、68.86％を占めている。

これに対し、馬暁海等の行為に対する処罰を支持するネット住民は、「法律も道徳も、社会の主流が少数人の非行を制限するために作られたものである。したがって、少数人の非行が責められ、批判され、法律によって制裁されるのは、普通である。法律の規定がある以上、その行為が違法であり、制裁を受けなければならない。大多数人は、それが不合理であると思えば、法律を修正すべきである。裁判官の判決を支持する。」「こういう方面において、中国の歴史伝統は保守的である。ある人は、このような行為が社会秩序とは関わらない、と思い込んだが、それは間違っている。このような行為は、中国の社会秩序を甚だしく破壊した。ネット上の賛同者をみれば、およそ外国においていかになされるかに依拠したが、これは、中国の国情を考慮しておらず、あまりにも一方的な考えである。もしこのような風気が全国に蔓延すれば、その結果がどうなるのであろうか、を考えてみよう。賛同者も、このような結果を受け入れないのであろう。」と指摘した。

刑法学界において、立法論上、３つの考え方が形成された。

第１の考え方は、多衆集合淫行罪を保留すべきである、と主張している。例えば、屈学武教授は、「１つの社会には、一定の準則が要求される。男女が多衆集合して淫行をするのは、社会に非常に悪い模範を示しており、婚姻家庭に混乱をもたらす。社会の混乱は、われわれが尊重し、許すべきものであろうか。刑法301条の多衆集合淫行罪が必要である。」と指摘した。欧愛民教授も、以下のことを指摘した。すなわち、多衆集合淫行は、「婚姻家庭の

生育機能に衝撃を与え」、「婚姻家庭における責任意識を繋ぐ機能を大幅にな
くし」、「婚姻家庭の絆機能を断ち」、「婚姻家庭の感情機能を有名無実化に
し」、「婚姻家庭の経済機能を極めて弱める。」そこで、「婚姻家庭制度を法律
で厳しく保護するのは、理性的な選択である。この考慮に基づいて、人が貪
欲等の欲望に惑わされ、多衆集合淫行罪を非犯罪化とするという短慮な行動
を防ぐため、立憲者の読みが深くて、婚姻制度を憲法の制度的保障に入れ、
その保護に多数人に対抗しうる力を与えた。憲法は、人類文明の守護者であ
り、生きとし生けるものの鎮静剤である。人々が性の自由を乱用することを
防ぐため、憲法は、われわれに制度という鎖を掛けて、われわれに制度の枠
内でのみ性の自由を享受させる。これは、多衆集合淫行罪の憲法の使命であ
り、かつその正当性である[56]。」と。しかし、馬暁海事件が引き起こした危害
について、この考え方のイメージは大げさすぎる、と思われる。配偶者意思
に違反する行為としての姦通が家庭にもたらす危害も刑罰に値する程度に至
っていない以上、配偶者の同意を得た行為も当然に刑罰に値する、とはいえ
ない。

　第2の考え方は、多衆集合淫行罪を次第に廃止すべきである、と主張し
た。例えば、姜涛教授は、「多衆集合淫行罪の非刑罰化において、『先淡出、
再退出』（先に適用範囲を次第に限定してから、最終的には完全に非刑罰化とする）と
いう方針を取るべきである。『淡出』とは、根拠なしで道徳に基づく審判を
防ぐため、理性的に刑法の適用範囲を定めるべきである、ということであ
る。つまり、組織者を処罰するのに対し、参加者を処罰しない、とする。公
然と実行する者を処罰するのに対し、秘密に実行する者を処罰しない、とす
る。再犯者を処罰するのに対し、初犯者を処罰しないとする[57]。」と指摘した。
この考え方は、一部の民衆の考えを考慮したが、その具体的適用について
は、なお疑問がある、と思われる。例えば、秘密に実施した多衆集合淫行に
対して、たとえ組織者の処罰しか認めなくても、おそらく妥当ではない、と
思われる。しかも、刑法301条1項の規定は、首謀者と繰り返し参加する者
しか処罰しないので、上述の考え方は、多衆集合淫行罪に対しては明確な制

限を掛けていない。

　第3の考え方は、多衆集合淫行罪を廃止すべきである、と主張している。例えば、陳偉教授は、刑罰を以って多衆集合淫行行為を規制することは刑法のあるべき作用の範疇を超えて、実際には刑法で道徳の領域を占拠し、公民の個人の自由を不当に干渉することである、と指摘した。そこで、「多衆集合淫行罪を非刑罰化とするのは、多元的な視点による理性的な思考を行ってからなされる正確的な選択である。[58]」社会学者の李銀河は、「法律、とりわけ刑法で道徳の問題を処理してはいけない。伝統的な社会において、ときには直ちに法律を使って道徳の問題を処理したことがある。しかし、現代の社会では、このようにしてはいけない。道徳の問題は、説得、教育の方法でしか処理されえず、刑罰で処理することができない。」「一部の公民の生活スタイルを基準として法律を設け、この法律によって、一部の公民の生活スタイルを処罰してはいけない。多衆集合淫行罪は、このような法律であるので、これを廃止しなければならない。[59]」と指摘した。しかし、多衆集合淫行罪を完全に廃止した場合、それは、他の国において一般的に処罰されている公然わいせつ行為が中国において犯罪とならないことを意味しており、これは妥当でないかもしれない。

　むろん、立法論において、多衆集合淫行罪を廃止すべきかどうかは議論できるが、問題なのは、解釈論上、馬暁海の行為を多衆集合淫行罪と認めるべきであろうか、ということである。この問題に対する答えは、立法論における多衆集合淫行罪の存廃問題に関する議論にも役に立つと思われる。

　上述秦淮区法院の判決は、301条1項の規定に対して、完全なる文義的解釈を採用した。裁判理由において、「刑法で保護された公共の秩序は、ただ公共の場所の秩序のみではなく、公共の生活も単に公共の場所の生活のみではない。中華人民共和国刑法では、多衆集合淫行罪を公共秩序攪乱罪に帰すことは、多衆集合淫行がすでに公共の秩序を侵害することを説明しており、このような行為の故意も、すでに行為に包含されている。多衆集合淫行が秘密空間、あるいは公共の場所で発生しても、その行為の性質に関する認定に

影響は及ばず、もし当該行為が刑法の規定に該当すれば、犯罪になる。多衆集合淫行罪に関わる行為は、もともと行為者の自由意思に基づくものであり、もし行為を強要し、又は脅迫する状況があれば、刑法に規定された他の犯罪になりうる。そこで、自分の意思で淫行に参加するということは、犯罪の成立を否定する要素ではない。被告人馬暁海は、刺激を求めるため、時々、少なければ3人、多ければ10数人を集めて、同一の時間、空間で性交、オーラルーセックス等の淫行を行ったことは、すでに多衆集合淫行罪になった。」とされた。この裁判の理由は、明らかに、ただ文義から形式的に刑法301条の規定を理解したにすぎない。大多数の刑法教科書も、同様に本罪の構成要件を文義で解釈し、実質の限定を行っていない。例えば、黎宏教授は、「本罪が保護するのは、多衆が集合して淫行をしてはいけない、という性の風俗である。」とした。これによれば、多数人がともに秘密に実施した多衆集合淫行も、本罪の保護法益を侵害している。確かに、刑法では、多衆集合淫行罪が公共秩序攪乱に関する犯罪とされている。しかし、これは、いかなる形の多衆集合淫行も必然的に公共秩序を攪乱することを意味していない。言い換えると、上述の判決は、いかなる多衆集合淫行が公共の秩序を侵害するか、という問題を考慮していない。

　私は、多衆集合淫行罪を認定する際に、文義で形式的に構成要件を理解すべきではない、と思う。刑法の学説において、論争なく、「衆」を3人以上と解釈しているが、しかし、3人以上が集まって淫行を行うことがすべて本罪の成立に至る、と認めるべきではない。刑法において本罪が規定されるのは、行為が倫理秩序に違反するわけではなく、むしろこのような行為が性に対する公衆の感情を侵害するためである。したがって、3人以上の成年者が同意を以って秘密に行った性行為は、本罪の保護法益を侵害しないので、刑法に規定された多衆集合淫行罪に属していない。ただ、3人以上の者は、不特定人又は多数人に認識されうる方法で淫行を実施する際に、本罪で処罰されるべきである。簡潔にいうと、淫行には公然性がある限りで、初めてこれを多衆集合淫行罪として認めることができるのである。ここでの「公然」性

は、多衆集合の公然性ではなく、淫行の公然性を意味している。言い換えると、性行為が秘密に実施される場合、これを招集、誘う行為には公然性があっても、多衆集合淫行罪と認定しえない。この限定をかければ、多衆集合淫行罪では、実際には、ただ一部の公然わいせつ行為が処罰されるのみである。刑法で公然わいせつ罪が設けられていない場合、公然性を前提とする多衆集合淫行罪は廃止されるべきではない、と思われる。

注

1) 幼女買春罪の法定刑は5年以上、15年以下の有期懲役であったのに対し、幼女姦淫罪の法定刑は3年以上、10年以下の有期懲役であり、加重の場合には法定刑が10年以上の有期懲役、無期懲役、死刑である。一般人の誤解、及び幼女買春を幼女姦淫の特別規定とするという刑法学界の通説によって、処罰のアンバランスを招くことになった。そこで立法府が幼女買春罪を削除し、現在では幼女買春が直接に幼女姦淫罪と認定されるようになっている。

2) フェミニズムの観点から出発し、立法論において、女性も刑法の強姦罪の直接正犯と規定すべきである、という学者の見解もある。王燕玲「刑法女性主义法学视域下强奸罪之辨思」政法论坛6期159~160頁（2015年）を参照。

3) 高铭暄、馬克昌編『刑法学（7版）』464頁（北京大学出版社、高等教育出版社2016年）を参照。

4) 張明楷『刑法学（下）（5版）』868頁（法律出版社2016年）；黎宏『刑法学各論（2版）』230頁（法律出版社2016年）；周光権『刑法各論（3版）』32－33頁（中国人民大学出版社2016年）を参照。

5) 最高人民法院刑事審判第一庭編『刑事審判案例第3輯』23頁以下（法律出版社1999年）を参照。

6) 最高人民法院刑事審判第一庭編『刑事審判案例第7輯』25頁以下（法律出版社2000年）を参照。

7) 最高人民法院刑事審判第一庭編『刑事審判案例第3輯』25頁、26頁（法律出版社1999年）を参照。

8) 最高人民法院刑事審判第一庭編『刑事審判案例第7輯』28-29頁以下（法律出版社2000年）を参照。

9) 高铭暄、王作富編『新中国刑法的理论与实践』535頁（河北人民出版社 1998年版）を参照。

10) 陳興良等著『案例刑法教程（下卷）』209頁（中国政法大学出版社1994年版）を参照。

11) 刘宪权「婚内定"强奸"不妥」法学2000年第3期58頁以下を参照。

12) 陳興良「婚内强奸犯罪化：能与不能——一种法解释学的分析」法学2006年2期58頁を参照。しかし、後述のように、陳興良教授も、全面否定説を採っていない。

13) 王作富編『刑法分則実務研究』（中）（5版）』761頁（中国方正出版社2013年）：張明楷『刑法学』（下）（5版）』869頁（法律出版社2016年）を参照。

14) 欧阳涛編『当代中外性犯罪研究』112－113頁（社会科学文献出版社1993年版）、他には黎宏『刑法学各論（2版）』230頁（法律出版社2016年）を参照。

15) 李立众「婚内強奸定性研究」中国刑事法杂志2001年第1期60頁以下を参照。

16) 2002年8月18日23時に、延安市公安局宝塔分局万花山交番の警察は、当事者張某とその妻の寝室に侵入して、2人がアダルトビデオを見ているところを発見した。警察がそのビデオと再生機器を差し押さえようとした過程において、張某が警察を傷害したが、彼とその妻は警察が先に手を出した、と反論した。当晩、張某は、警察によって交番に連行され、留置された。8月22日に宝塔公安分局は、警察を傷害する張某の行為を公務妨害として立件し、その取調べを分局治安大隊に委ねた。10月21日には、張某は、分局に公務妨害罪の疑いで逮捕され、25日に宝塔区人民検察院に勾留の請求を提出した。11月4日に検察院が請求を却下し、5日には分局が強制処分を変更し、張某に保釈処分を下した。12月5日に分局は、保釈処分を解除し、張某の案件を取り消す、と宣言した。

17) 江任天「対強奸罪中"違背妇女意志"問題的再认识」法学研究1984年第5期39～40頁を参照。

18) 李立众「婚内強奸定性研究」中国刑事法杂志2001年第1期62頁を参照。

19) 陳興良「婚内強奸犯罪化：能与不能——一种法解釈学的分析」法学2006年第2期60頁を参照。

20) 梁根林「刑事政策視野中的婚内強奸犯罪化」法制与社会发展2003年第4期127頁を参照。

21) 陳興良『判例刑法学』（下卷）』中国人民大学出版社2009年版195～197頁を参照。

22) 梁根林「刑事政策視野中的婚内強奸犯罪化」法制与社会发展2003年第4期126頁を参照。

23) 馬特「论同居权与婚内強奸」山東社会科学2014年第7期132頁以下を参照。

24) （2016）琼0107刑初248号判決は、「婚姻関係は、性行為の合法性についての前提要件にしかならず、性交の合意こそはその合法性の基礎である。夫婦の間にはその合意がある場合、性行為が初めて合法となる。被告人洪徳は、被害者とは夫婦であるが、双方には矛盾があるため、いずれも離婚を提起した。とりわけ被害者は、被告人の家庭内の暴力に襲われ、長期間別居し、度々離婚を提起し、2人の感情はすでに破綻していた。被告人は、同意離婚を口実にして、被害者を誘い出したあと、彼女を自分の住所に連行し、テープで縛り、性交を強要した。その行為は、被害者の意思に違反しており、強姦罪となり、法で処罰されるべきである。」と指摘した。判旨の前段をみると、全面肯定説が採用されているように見られるが、実は、双方が離婚届を提出しなければ、本件を強姦罪と認めるわけでもない。

25) 何乗松主編『刑法教科书（上卷）』中国法制出版社2000年版312頁を参照。

26) 苏力「司法解释、公共政策和最高法院—从最高法院有关"奸淫幼女"的司法解释切入」《法学》8期3頁以下（2003年）を参照。

27) 赵秉志编「主客观相统一：刑法现代化的坐标—以奸淫幼女型强奸罪为视角」中国人民公安大学出版社2004年版1頁以下を参照。

28) 最高人民法院、最高人民检察院、公安部1984年4月26日「关于当前办理强奸案中具体应用法律若干问题的解答」（現時に強姦罪事件を処理する際に、法律を応用する若干の問題に関する解答）は、幼女姦淫罪の事件において、「双方的性器が接触した場合、姦淫の既遂と認めるべきである。」と指摘した。他には高铭暄、馬克昌主编『刑法学（7版）』466頁（北京大学出版社、高等教育出版社2016年）；王作富主编『刑法分则实务研究（中）（5版）』762頁（中国方正出版社2013年）；陳興良『口授刑法学』中国人民大学出版社2007年版574頁；周光権『刑法各論（3版）』32頁（中国人民大学出版社2016年）を参照。

29) 張明楷『刑法学』（下）（5版）』875頁（法律出版社2016年）；他には黎宏『刑法学各論（2版）』235頁（法律出版社2016年）；李立众「强奸罪既遂未遂标准应统一」《人民检察》12期50頁（2002年）を参照。

30) 王作富主编『刑法分则实务研究』（中）5版』768頁（中国方正出版社2013年）を参照。

31) 吴情树、苏宏伟「强奸罪中"轮奸"情节的司法认定」中华女子学院学报2009年第2期29頁を参照。

32) 1979年旧刑法139条4項では、「2人以上の者が強姦罪を行い、共同して輪姦をする場合、重く処罰する。」と規定された。よって、輪姦罪は、強姦の共同正犯である。しかし、現行刑法は、「2人以上の者による輪姦」を加重類型として規定したので、輪姦を共同正犯類型に限定するのは、法律の根拠を欠くようにみられる。ここでまず明かにしなければならないのは、輪姦に対して刑法が処罰を加重する根拠が何か、ということである。もしその根拠を女性が連続的に姦淫を受けたということとするのであれば、甲が女性を強姦し、犯行現場から離れたあと、甲と共謀していない乙がすぐにその女性を強姦することも輪姦に属したのであろう。しかし、この場合には甲の行為を輪姦と認めることはありえない。そうだとすれば、乙1人の行為は、明らかに刑法の「2人以上の者による輪姦」に属しないのであろう。しかも、この観点を貫徹すると、1人が連続的に女性を強姦することも輪姦に属するという明らかに不当な結論になってしまう。そこで、刑法が輪姦を重く処罰するのは、被害者が連続的に強姦を受けることだけではなく、しかも共同に輪姦を行う行為者は自分の姦淫行為と結果だけではなく、他人のそれに対しても責任を負うべきである、ということであるとされるべきである。したがって、輪姦を共同正犯による強姦に限定し、上述の乙の行為は輪姦ではない、とされるべきである。

33) 傅小林「两名男子共同犯罪一人坐牢一人免刑」法治快报2007年7月18日8版；陈鹏展「轮奸是否以成立共同犯罪为前提」人民法院报2006年5月16日B03版を参照。

34) 王作富主编『刑法分则实务研究』（中）5版』768頁（中国方正出版社2013年）を参照。

35) 陳興良、张军、胡云腾主编「人民法院刑事指导案例裁判要旨通纂」（上卷）北京大学出版社2013年版494頁を参照。

36) 王志祥「共同実施強奸仅一人得逞，应如何定性」中国检察官2008年9期64頁以下を参照。

37) 于志刚「轮奸犯罪量刑应引入"亲手犯"理论」检察日报2007年12月28日第3版を参照。

38) 最高人民法院中国应用法学研究所編「人民法院案例选」（1999年第3辑）41頁（人民法院出版社1999年版）を参照。

39) 最高人民法院刑事审判第一庭、第二庭編『刑事审判案例（第20辑）』14頁以下（法律出版社2001年版）を参照。

40) 陳興良、張军、胡云腾主編「人民法院刑事指导案例裁判要旨通纂（上卷）」北京大学出版社2013年版492頁を参照。

41) 王作富主編『中国刑法适用』中国人民公安大学出版社1987年版191～192頁を参照。

42) 陳興良「判例刑法学（上卷）」中国人民大学出版社2009年版394頁を参照。

43) むろん、Cに対する量刑はAとBのそれと区別されなければならない。

44) 本罪の侮辱は刑法246条の名誉妨害罪の侮辱罪とは異なっている。

45) 高銘暄主編『新编中国刑法学（下册）』中国人民大学出版社1998年版702～703頁を参照。

46) 郎胜主編『中华人民共和国刑法释义（6版）』389-390頁（法律出版社2015年）を参照。

47) 高銘暄、馬克昌主編『刑法学（第7版）』465頁（北京大学出版社、高等教育出版社2016年）を参照。

48) 高銘暄、馬克昌主編『刑法学（下编）』中国法制出版社1999年版832頁、高銘暄主編『新编中国刑法学（下册）』中国人民大学出版社1998年版703頁を参照。

49) 周道鸾、張军主編『刑法罪名精释（上）（4版）』，537頁（人民法院出版社2013年）を参照。

50) 陳家林「〈刑法修正案(九)〉修正后的强制猥亵、侮辱罪解析」苏州大学学报（哲学社会科学版）2016年第3期71頁以下を参照。

51) 陳家林「〈刑法修正案（九）〉修正后的强制猥亵、侮辱罪解析」苏州大学学报（哲学社会科学版）2016年第3期73頁を参照。

52) http://star.news.sohu.com/s2010/huanou

53) http://news.sina.com.cn/z/jjylbh

54) http://comment2.news.sohu.com/default/comments.shtml?t=271336722

55) 屈学武「聚众淫乱罪与刑法过剩无关」法制资讯2010年第4期70頁。

56) 欧爱民「聚众淫乱罪的合宪性分析—以制度性保障理论为视角」法商研究2011年第1期39頁以下を参照。

57) 姜涛「刑法中的聚众淫乱罪该向何处去」法学2010年第6期3頁。

58) 陳伟「聚众实施性行为的非犯罪化考量」中国人民公安大学学报（社会科学版）2012年6期99頁以下。

59) 李银河「对取消聚众淫乱罪提案的解释」法制资讯2010年4期68頁。

60) （2010）秦刑初字第66号。

61) 黎宏『刑法学各论（2版）』法律出版社2016年391頁。しかし、黎宏教授は、淫行に

6 性犯罪の問題をめぐる論争　*195*

　　一定の制限を掛けて、「淫行」は一般人にとって気持ち悪いものでなければならない、
　　とする。
62)　［日本］平野龍一『刑法概説』東京大学出版会、1977年版、268頁以下を参照。
63)　　中国において、二人が公共の場所に合意を以って性交をし、若しくは自分の体を裸
　　にし、又は一人が故意で公共の場所に裸にし、若しくは人に見られる行為は、法律に
　　規定されていない公然わいせつに属し、犯罪の成立が認められない。（児童わいせつ罪
　　の構成要件に該当する場合を除く。）

第4セッション

詐欺罪の理論と実務問題研究

7 詐欺罪をめぐる日本の議論の現在
——「重要な事項」の問題を中心に——

早稲田大学大学院法務研究科教授

杉 本 一 敏

I 前 提

1 日本刑法典における詐欺罪規定

　日本の刑法典は、246条に詐欺罪の規定を置いている。同条第1項は、「人を欺いて財物を交付させた者は、十年以下の懲役に処する。」として「財物」を客体とした詐欺罪を規定し（1項詐欺罪）、同条第2項は、「前項の方法により、財産上不法の利益を得、又は他人にこれを得させた者も、同項と同様とする。」として「財産上の利益」（有体物である財物以外の、財産的価値を持つ利益）を客体とした詐欺罪を規定する（2項詐欺罪）。なお、249条の恐喝罪も同じく、その1項において、人を恐喝して「財物」を交付させた場合の処罰規定を（1項恐喝罪）、2項において、人を恐喝して「財産上の利益」を得た場合の処罰規定を置いている（2項恐喝罪）。このように、日本法の詐欺罪と恐喝罪の規定は、行為者が、欺罔か恐喝かという手段の違いはあるが、共に、その手段によって被害者の「意思決定の自由」を侵害し（被害者を「錯誤」または「畏怖」の心理状態に陥れ）、被害者に欺罔や恐喝がなかったならば決してしなかったような意思決定をさせ、それに基づいて個別具体的な「財物」や「財産上の利益」を交付・処分させた、という場合を処罰対象としている。

　さて、詐欺罪を「個別財産に対する罪」として規定するこのやり方は、ドイツの詐欺罪規定（ドイツ刑法典263条）のように、個別具体的な「財物」や「財産上の利益」の移転・取得を直接の要件として規定するのでなく、欺罔

手段によって「他人の財産に損害を与えたこと」（財産的損害の発生）をその
成立要件とするような規定方法（「全体財産に対する罪」としての詐欺罪）とは対
照的である。そのため、日本法においては、同じく個別具体的な「財物」の
占有を取得することによって成立する窃盗罪（235条）と、1項詐欺罪、1項
恐喝罪は、いずれも個別具体的な「財物」の占有を取得する犯罪であるとい
う点において共通であり、それらの違いは専ら行為者が用いる手段の種別
（窃取、欺罔、恐喝）にある、という理解が成り立つことになる（ドイツ法におい
て、窃盗罪は「所有権」に対する罪、詐欺罪・恐喝罪は「全体財産に対する罪」として、
それぞれの法益が異なった形で理解されているのとは顕著な違いである）。

2　詐欺罪の成立要件と構造

(1)　成立要件

詐欺罪の成立要件は、次のようになる。

まず客観的な要件として、①「人を欺」く（欺罔）行為が、実行行為とし
て要求される。そして、②その結果、被害者が錯誤に陥り（意思決定の自由の
侵害）、③被害者が錯誤に基づいて自ら財物または財産上の利益を交付・処
分し、行為者側がそれを取得する。①の欺罔と、②の被害者側の錯誤、③の
交付・処分行為との間には「因果関係」が必要である。したがって、例え
ば、被害者が行為者の欺罔に気づいて、錯誤に陥らなかったにもかかわら
ず、別の動機（例えば、相手に対する同情心や憐れみ）から財物を交付した、と
いう場合には、①の欺罔によって動機づけられた財物の交付が認められず、
詐欺罪は成立しない。また、①の欺罔が仮になかったと仮定してみた場合
に、その場合にも同じ態様で被害者側からの財物の交付がなされていただろ
う、という事情が認められた場合には、実際になされた財物の交付は①の欺
罔の結果とはいえないから、やはり詐欺罪は成立しない。

更に主観的な要件として、④詐欺罪の「故意」と、⑤「不法領得の意思」
が必要とされる。

(2) 構 造

　以上で見たように、欺罔行為によって「被害者の錯誤に基づく（真意に反する）意思決定」を生じさせる、という点が詐欺罪の本質をなしている。これを図式化してみれば、下のようになる。いま被害者には、①と②の選択肢があるとしよう（例えば、①が行為者の薦める商品を買うこと、②が買わないこと、である）。下の［図］の（A）は、行為者の欺罔（虚偽の情報）の下で、選択肢①と②が、被害者にとってどのように見えるかを表している。被害者は、自分にとって利益の大きい①を現実に選択することになる（現実の事例）。これに対して（B）は、仮に行為者の欺罔（虚偽の情報）がなかったならば、選択肢①と②が被害者にとってどのように見えたかを表している。この場合であれば、被害者は、自分にとって利益の大きい②を選択したはずである（仮定の事例）。このように、欺罔（虚偽の情報）によって、選択肢の序列（自分が考える、それぞれの選択肢の利益の大小）を入れ替えられ、その誤った序列に基づいて意思決定をさせられてしまうというのが、詐欺罪の被害者が置かれた状態である。

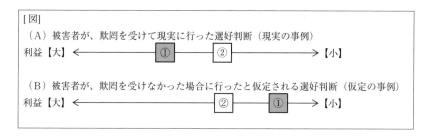

Ⅱ　詐欺罪をめぐる現在の論争

1　論争の対象となっている問題点

　さて近時、詐欺罪に関して日本で最も議論されているのは、どのような内容の欺罔・錯誤であっても、被害者がそれに基づいて交付・処分行為を行ったならばおよそ詐欺罪が成立しうるのか、それとも、詐欺罪を成立させる欺

罔・錯誤には何らかの限定があるのか、という問題である。具体的にいえ
ば、被害者が交付・処分したものに対して、行為者側からも金銭的に見れば
相当な対価が支払われている（したがって、被害者側には金銭的・経済的な損害は
発生していないように見える）場合であっても、それでもなお、行為者に詐欺罪
の成立を認めた重要判例が、最近15年の間に相次いで現れている。これらの
判例の動向をめぐって、その結論の当否や、あるいは、判例の示した結論を
導く「一般的基準」は何かといった点が、激しい議論の対象となっているの
である。代表的な事例を紹介しよう。

(1) 判　例

　一連の判例の出発点となったのが、最決平成14年（2002年）10月21日・刑
集56巻8号670頁（判例①）である。本件被告人は、銀行において他人の名義
で預金口座の開設を申し込み、銀行から他人名義の預金通帳の交付を受けた
ものであるが、最高裁は、銀行を欺罔して預金通帳という財物を取得したも
のとし、1項詐欺罪の成立を認めた。この判例に対しては、被告人は名義を
偽ったにすぎず、預金口座の開設に伴う必要経費は銀行に支払っているのだ
から、銀行に金銭的な損害が発生していないとして、詐欺罪の成立を疑問視
する見解も主張された。その後、最決平成19年（2007年）7月17日・刑集61
巻5号521頁（判例②）は、被告人が、他人に譲渡する目的を秘して、銀行に
おいて自己の名義で預金口座の開設を申し込み、預金通帳等の交付を受けた
事案につき、同様に1項詐欺罪の成立を認めた。本件では、名義の偽りすら
ない。そこで、これらの事案において、銀行に一体何の被害があるというの
か、そして、その被害は詐欺罪で捕捉すべき種類のものなのか、という点が
論争の対象となった。

　これらの判例の結論を擁護して主張されたのは、銀行の「公共性」と、銀
行を取り巻く規制環境の存在、という論拠である。「テロリズムに対する資
金供与の防止に関する国際条約」への署名（2001年10月30日）、及びマネーロ
ンダリング対策の要請を受けて、いわゆる「本人確認法」が成立し（2003年
1月16日施行。現在では「犯罪収益移転防止法」に引き継がれている）、口座開設時に

客の本人確認を行うことが金融機関に義務づけられ、他方、客が本人特定事項を偽る行為（他人名義での申込み）も刑事罰の対象となった。この口座開設時の本人確認は、テロ資金供与やマネーロンダリングの目的での口座利用が発覚した場合に、その口座の本人確認記録をもとに資金の出所をたどる、という事後的な資金追跡を可能にするために設けられた制度である。このような本人確認制度の趣旨からすれば、「口座を自己名義で開設しさえすれば、その後でその口座を他人に譲渡してもよい」、などとは到底考えられない（2004年には、法改正により、通帳等の「他人への譲渡し」も新たに刑事罰の対象とされた）。こうして、法的な義務・要請に合致した取引を守ろうとする限り、銀行は、「他人名義」の口座開設や「譲渡目的」での口座開設を認めない、ということに重要な関心を持たざるを得なくなったのである。

その後、いわゆる「振り込め詐欺」の事件が多発するに至った。これは、高齢者などを標的として次々と電話をかけ、電話の相手の息子になりすましたり、弁護士になりすまして「あなたの息子がいま交通事故を起こして、示談金が緊急に必要になった」と訴えるなどして、銀行の預金口座への振込みを要求するという手口の詐欺である。その際、犯行グループは、捜査の手が及ばないように、指定する預金口座だけでなく、犯行に用いる携帯電話機も、他人が契約したものを買い取って使用するという方法をとった。そこで、他人名義の携帯電話機が出回ることを防止するため、いわゆる「携帯電話機不正使用防止法」が制定され（2005年）、同法によって、携帯電話の事業者は契約時に客の本人確認を行う義務を課され、他方、客が本人特定事項を偽ったり、携帯電話機を他人に無断譲渡する行為などは刑事罰の対象とされた。そこで今や、携帯電話機に関しても、譲渡目的を秘してこれを購入する行為が1項詐欺罪に該当する、ということになった（例えば、東京高判平成24年（2012年）12月13日・高刑集65巻2号21頁を参照）。

更に、最決平成22年（2010年）7月29日（刑集64巻5号829頁）（判例③）は、被告人Xらが、Yをカナダに不法入国させるために、X名義の航空機搭乗券を入手し、それを空港のトランジット・エリアでブローカーを通じてYに渡し

て、Yを国際線の航空機に搭乗させようとした（しかし、搭乗する際に発覚した）という事案において、本当は他人Yに譲渡する目的があるのにそれを秘して、X名義の搭乗券という「財物」を取得したXらの行為は、1項詐欺罪に当たるとした。最高裁はその理由の中で、本件の航空会社においては搭乗者の「厳重な本人確認」が行われていた、という事実を挙げる。そして、なぜ「厳重な本人確認」が行われていたかといえば、それは、本人確認がなされていない別人を航空機に搭乗させると「航空機の運航の安全上重大な弊害をもたらす危険性」があり、また、「カナダ政府から同国への不法入国を防止するために搭乗券の発券を適切に行うことを義務付けられていた」ため、本人確認がなされた「乗客以外の者を航空機に搭乗させないことが本件航空会社の航空運送事業の経営上重要性を有していた」からであって、そうだとすると、「搭乗券の交付を請求する者自身が航空機に搭乗するかどうか」は、本件航空会社にとって、搭乗券の「交付の判断の基礎となる重要な事項」であった、と判示している。ここでは、テロ対策という政策目的から、航空会社が徹底した本人確認を要請されているという現状がその背景にある。

(2) 問題点

以上のいずれの事件においても、被告人は、問題の財物を取得するために必要な対価（代金）を被害者に対して支払っている。したがって、「金銭的な収支」だけを見る限り、被害者側には、想定外の損害は全く生じていないといえる。それでも、1項詐欺罪の成立を認めるべきなのだろうか。ここでの問題は、「いま自分がしようとしている取引が、自分に向けられた法規制や、政策的な要請に合致するものであるか否か」、という点に関する被害者（銀行、携帯電話事業者、国際航空会社）の関心が、「詐欺罪」によって保護されるべきものなのか、という点にある。

先の［図］に即していえば、銀行にとっては、普通は、口座開設の申込みに応じて預金を獲得すること（選択肢①）の方が、それに応じないこと（選択肢②）よりも望ましい。しかし、それが実は「他人名義」の口座開設の申込

みだと知った場合には、銀行が法規制に従おうと考える限り、当然、その申込みに応じないこと（選択肢②）の方が、それに応じること（選択肢①）よりも望ましい。そうすると、この場合の銀行は、「他人名義の口座開設である」という事情を隠されたために、選択肢の優劣を見誤り、その誤った序列に基づいて選択肢①の方を選んでしまっている。そうすると、この場合の銀行は、まさしく詐欺の被害者に他ならない、といえそうである。しかし、他人名義の口座開設の申込みがなされた場合に、それに応じない方（選択肢②）が望ましいと銀行が考えるのは、「金銭的・経済的な関心」からではなく、「法規制への合致」という関心からである。被害者側のこのような非金銭的な関心事を、「財産犯罪」である詐欺罪の成否に結びつけてもよいのだろうか。このような考え方を押し進めていくならば、例えば、未成年者の保護に関わる法的規制を重視して、未成年者に対しては一定の商品（酒類、タバコ、成人向け雑誌など）を一切販売しない、という方針をとっている店において、未成年者Xが成人であるかのように装ってこれらの商品を購入した場合も、Xには、店に対する１項詐欺罪が成立することになる。しかし、このような結論に対しては、これまで大多数の学説が反対してきた。そうだとすると、詐欺罪において保護すべき被害者の「関心事」は、あくまで、被害者の目から見た各選択肢の「金銭的・経済的な」優劣関係に限られるべきではないだろうか。このような疑問が、学説において提起されているのである。

2　学　説

　詐欺罪の成立範囲の（適切な）限定を意図して主張されている日本の学説は、大きく次の２つに分けることができる。

(1)　「財産的損害」の発生を要求する立場

　第１の見解は、246条に規定されてはいないが、詐欺罪の成立要件として「財産的損害」の発生を要求する。この見解は、財産犯罪である詐欺罪においては、単に「財物」や「財産上の利益」が移転しただけでは足りず、その移転によって、被害者側に実質的な「財産的損害」が発生したといえること

が必要だと解し、それによって、詐欺罪の「財産犯罪」としての性格を維持しようとするのである（菊池［1998；2000］、松宮［2012］、田山［2014］）。そして、ここにいう「財産的損害」は、「財物」や「財産上の利益」の移転と「同時に」生ずることが必要であって、取引後に生じる風評損害などの間接的損害はそこに含まれない、とされる。

　また、いわゆる「法益関係的錯誤説」の説明方法に従って、これと全く同じ結論を導く見解も有力である。詐欺罪の保護法益である「財産」とは、「経済的な交換価値」のことである。そうすると、被害者が、自分の「財物」や「財産上の利益」の持つ「経済的な交換価値」に関して錯誤に陥り、取引に応じてしまった場合には、被害者に「法益関係的錯誤」があることになる。その場合、被害者の（財産移転に関する）同意は無効であり、行為者に詐欺罪が成立することになる、というのである（伊藤［2003］、佐伯［2006］、橋爪［2011］、山口［2014］など）。例えば、被害者が行為者に欺罔されて、自分の持っている高価な骨董品を「安物」だと思い込み、行為者が提示した安い対価で引き渡してしまった、という場合などがその典型例である。これに対して、未成年者にタバコを販売するつもりがない店主が、未成年者に欺罔され、相手が成人だと思い込んでタバコを売り渡してしまった場合には、店主はタバコの「代金」を反対給付として得ているから、自分が交付したタバコの「経済的な交換価値」に関しては錯誤がない（法益関係的錯誤がない）。したがって、この未成年者は詐欺罪には問われない。このようにして、この見解からも、被害者側の「経済的な」関心事だけが、詐欺罪によって保護されることになる。（なお、この見解は、被害者に「法益関係的錯誤」がないという論理によって詐欺罪の成立を否定しているが、その論理は結局のところ、客観的に見て「財産的損害」といえる事態が発生していない、という理由で詐欺罪を否定しているのに他ならない。）

(2)　「重要な事項」に関する欺罔・錯誤を要求する見解

　第2の見解は、行為者に詐欺罪が成立するためには、被害者が「交付・処分の判断の基礎となる重要な事項」に関して欺罔され、錯誤に陥っていたの

でなければならない、とするものである。この論理は、判例③において明言され、その後の判例（後述の判例④、⑥）にも現れている。この見解は、被害者が交付・処分行為に出るか否かを決するにあたり、被害者にとって「重要な」意味を持つ事項に関して「欺罔」がなされ、「錯誤」が生じていたことを要求する。

　では、ここにいう被害者にとっての「重要な事項」とは、財物・財産上の利益の「経済的な交換価値」だけを指すのだろうか、それとも、それ以外の事情もそこに含まれうるのだろうか。被害者にとって取引上「重要な事項」といえるのは自分が交付している財物・財産上の利益の「経済的な交換価値」だけであり、被害者の関心事はそれに尽きる、と考えるならば、この第2の見解も、上の第1の見解と同じ内容を別の言い方で表現しただけの見解だということになる。しかし、取引に際して被害者が「重要」と考える事項が、「経済的な交換価値」に限られるという必然性はない。経済的な交換価値「以外」の事柄であっても、場合によっては被害者にとって重要な関心事となり得るだろう。したがって、第2の見解からは、経済的な交換価値「以外」の事柄に関して欺罔がなされた場合であっても、詐欺罪が成立することはあり得ることになる。

　それでは、一体どのような事情が、取引において、被害者にとって「重要な事項」だと言えるのだろうか。「重要な事項」と言えるものの範囲を明らかにする必要がある。以下では、この問題について若干の検討を行うことにする。その際には、詐欺罪の成立範囲を「無限定」なものにしない、という要請にも同時に応える必要がある。

Ⅲ　取引における「重要な事項」といえるものの範囲

1　判例を手がかりにした分析（その1）

　Ⅱ．1．(1)に挙げた判例（判例①、②、③）の事例においては、被害者が交付した財物に対して、行為者側から「金銭的な対価」が支払われている。そ

れにもかかわらず、行為者に1項詐欺罪が成立するというのであれば、「重要な事項」に関して被害者に錯誤があった、と言えるのでなければならない。これらの事例において、被害者にとって「重要な事項」に関わる錯誤があると言える理由は、次の点に求められると思われる（杉本［2015］）。

　判例①、②における銀行は、次のような特別な状況の下に置かれていた、ということができる。

　(1)　第1に、銀行に対しては、「他人名義や譲渡目的での口座開設を回避せよ」という法的要請が向けられていた。そしてその要請は、「テロ資金供与」「マネーロンダリング」「振り込め詐欺」への対策という政策目的から、特に銀行の「口座」を標的にして発せられた強力な要請であった。

　(2)　第2に、銀行に対する法的要請の内容は、抽象的なものではなく、「他人名義や譲渡目的の口座開設の回避」（開設時の厳格な本人確認）という明確かつ形式的なルールとして提示されており、その遵守が具体的に求められていた。

　(3)　第3に、銀行は、一般に、特に強力な法規制や監督官庁の監督の下に置かれている。そのため、銀行の行う取引は、規制に対して強い感応性を持っている（すなわち、銀行の行う取引は、規制に従ってなされることで初めて「正当な銀行取引」として認知されるのであり、規制に反してなされたような取引を「正当な銀行取引」として周囲に認知させることはできない）。これらの事情からすれば、自分の取引を「正当な銀行取引」として認知させようとする銀行としては、「他人名義や譲渡目的の口座であっても、利潤を上げるためならば開設を認める」、などといった経営方針を採用することはおよそできないのである。

　このように、法令や、監督官庁の監督から発せられるルールが強力であり、そのルールを守ってなされた取引と、守らないでなされた取引とでは、取引としての社会的意味が全く違ったものになる（ルールを守らないでなされたような取引は、およそその種類の「正規の取引」として認知されない）という場合には、「正規の取引」を行う取引主体として承認されたい者は、何よりもルールを遵守しなければならない。このような場合には、「取引において必要条

件とされているルールを遵守すること」こそが、取引に際して最も「重要な事項」となり得るのである。判例①、②の銀行にとって、「他人名義・譲渡目的での口座開設には応じない」という法的な要請は、まさにこのような「ルール」だったと考えることができる。

また、航空会社においても、各国の規制・要請に従い、厳重な本人確認によって安全確保に努め、出入国管理に協力することが、およそ「国際航空運送事業者」として承認された主体として事業上の取引を行う際の「基盤」になっている、といえる（増田[2013]）。そうすると、判例③の航空会社も、上で見た銀行と同じく、一定のルールの遵守に関心を持たざるを得ない立場に置かれていたといい得る。

以上から、判例①、②、③のような場合については、次のように考えることができる。これを第Ⅰ類型としておこう。

第Ⅰ類型　取引主体を取り巻く法令などの規制環境が強力であり、取引主体が行った取引がおよそ「ある一定の種類の取引」に当たるものとして正当に認知・承認されるためには、規制環境が設けているルールを遵守することが必要不可欠である、といえる場合には、その「ルールの遵守」が、取引主体にとって取引の際の「重要な事項」になると言える。

それでは、取引主体がそこまで強力な規制環境の下に置かれていない場合に、それでもなお、金銭的収支とは直接関係のないルール・条件の充足が取引上の「重要な事項」に当たるという場合はあり得るだろうか。2014年に出された3件の最高裁判例に即して、この点について考えてみることにする。これらはいずれも、被告人が、自分が暴力団員であるという事情を隠して取引を申し込んだ、という事件に関わるものである。

2　判例を手がかりにした分析（その2）

(1)　暴力団員による銀行口座の開設

最決平成26年（2014年）4月7日・刑集68巻4号715頁（判例④）の被告人は、暴力団員であったが、ゆうちょ銀行において、「私は、…反社会的勢力〔暴力団員など〕ではないこと…を表明・確約した上、申し込みます。」という記載がなされた申込用紙に自分の氏名を記入して口座開設の申込みを行い、銀行から通帳等を受け取った。判例④は、口座開設の申込者が暴力団員であるかどうかは、銀行担当者にとって、通帳等を交付する際の「判断の基礎となる重要な事項であるというべきである」として、被告人に1項詐欺罪の成立を認めた。ここで問題となるのは、本件当時（2011年）、銀行にとって、「暴力団員を取引相手にしない」ということが、およそ自分の行う取引が「正当な銀行取引」として認知・承認されるための必要条件である、と言えるような状況だったのかという点である。この点に関しては、次の2点が重要である。

(1)　第1に、銀行に対する「暴力団排除」という要請は、当時既に、相当強いものであった。2007年6月19日の「政府指針」は、企業が反社会的勢力（暴力団等）との関係を一切遮断することを一般的な「指針」として示した。それをうけて、金融庁は、銀行に対する監督指針を改正し（2008年）、銀行が暴力団との関係を遮断しているかという点を重要な評価項目に加えた。これにより、銀行にとって、監督指針に適ったものと承認されるような取引を行うためには、「暴力団との関係遮断」が重要な条件になったと言える。更に、その間、「暴力団の活動を助長」するような取引を事業者が行うことを禁止し、この禁止に違反した場合には「勧告」や「公表」などを行うとする規定を含んだ「暴力団排除条例」が各都道府県で制定され、企業取引からの暴力団排除という社会的・法的な要請が強まっている状況があった。以上の状況からすれば、銀行が、「自分の取引相手が暴力団員か否か」という点を、取引を行うか否かを決する際の「重要な事項」と考えることには、客観的な合理性が認められると言える。

(2)　しかし第2に、次のような事情も無視できない。暴力団員が「暴力団の活動」に利用するためではなく、自分自身の日常生活に必要な範囲で利用するために預金口座を開設する場合もある。このような、いわゆる「生活口座」も含めて、暴力団員に対する口座の開設を「全面的に禁止」する、という法規制は存在していないのである。金融庁も、監督指針に関する質問に対する回答の中で、生活口座の開設までおよそ一律に排除を求めるという趣旨ではなく、口座の開設後も適切なモニタリング（監視）を行うのであれば、生活口座の開設には応じてもよい、という趣旨のことを述べている。そうすると、銀行は、「暴力団排除」という要請との関係では、何らかの「具体的なルール」の遵守を「一律に」求められているという状況にはない。この点で、「他人名義」や「譲渡目的」の口座開設が「一律に禁止」されていたのと比べると、暴力団排除に関する「ルール」の具体性は低く、銀行の行う個々の取引が、暴力団との関係遮断という大枠としての「ポリシー」に適合しているかが問題にされているにすぎない。

　このような状況の下では、次のように考えるのが妥当だろう。上記(1)で示されたような規制環境の下では、銀行が、自主的に、暴力団員との取引を「一律に排除する」という経営方針をとることにも、合理性が認められる。したがって、そのような方針を採用している銀行があったならば、その銀行にとっては、「取引相手が暴力団員であるか否か」が、取引に際しての「重要な事項」をなしている、と端的に認めることができる。しかし、上記(2)の事情からすると、一定の対策を講じている限り、生活口座に限っては暴力団員との取引に応じる、というやり方も、銀行の「正当な」経営方針として承認され得るのである。したがって、上記(1)のような規制環境があるからといって、ただそれだけの理由で、「取引相手が暴力団員か否か」が全ての銀行にとって例外なく（自動的に）「重要な事項」になる、と断定することはできない。「取引相手が暴力団員であるか否か」が銀行にとって「重要な事項」であったと言えるためには、問題の銀行が、実際にどの程度まで「一律の暴力団排除」という経営方針を堅持していたか、という点を確認しなければな

らないのである。

判例④は、「政府指針」の存在などを根拠に、およそ銀行が、「取引相手が暴力団員か否か」という点を取引上重視することには客観的な合理性がある、ということを指摘している（上記(1)の観点）。更に、それに加えて、「本件銀行」が、暴力団員の口座開設を一律に拒絶する方針を立て、申込書において「暴力団員でないこと」を表明・確約させる方法をとり（本件の担当者も、申込書のその点を示して被告人に確認を行っており）、利用者が暴力団員である疑いが生じた場合には警察署等に照会・確認を行うという体制をとっていた、という本件銀行に固有の事情を挙げている（上記(2)の観点）。そして、これらの両方の点を根拠にして、本件銀行にとっては「取引相手が暴力団員か否か」が「重要な事項」であった、という認定を行っているのである（駒田［2017］）。

以上から、次のような命題が妥当すると思われる。これを第Ⅱ類型と呼んでおく。判例④は、この場合に該当する事例である。

> **第Ⅱ類型**　ある一定の種類の取引を行うにあたり、法令などの規制環境によって端的に一定のルールの遵守が義務づけられているわけではないが、規制環境に照らしてみれば、取引主体が取引にあたって「特定の条件」を設定することに「客観的な合理性」が認められる状況だったとする。このような場合には、問題の取引主体が、この「特定の条件」の設定に真剣に関心を持っている、という事実関係が認められる限りにおいて、その「特定の条件」が充たされているか否かが、当該取引主体にとって「重要な事項」になると言える。

(2)　暴力団員によるゴルフ場の利用

これに対して、暴力団員が、自分が暴力団員であることを隠してゴルフ場を利用した（ゴルフ場の利用という財産上の利益を得た）として、2項詐欺罪で起訴された2件の事件に関しては、最高裁はそれぞれ異なる結論を示した。**最判平成26年**（2014年）**3月28日・刑集68巻3号582頁**（宮崎事件）（判例⑤）は2

項詐欺罪の成立を否定し、**最決平成26年**（2014年）**3月28日・刑集68巻3号646頁**（**長野事件**）（**判例⑥**）は2項詐欺罪の成立を肯定したのである。

判例⑥は、ゴルフ場が暴力団員の利用を認めるならば他の利用客が減ってしまい、ゴルフ場の信用・格付けを損なうおそれがあるから、暴力団員の利用を拒絶することは、ゴルフ場の「経営上の観点」からすれば理解できる措置である、という趣旨の判示をしている。しかし、「ゴルフ場」に関しては、暴力団員との取引を一律に禁止する法規制は存在せず、また、銀行のように、監督官庁の強力な監督の下にあるという状況も認められなかった。そこで最高裁は、問題のゴルフ場がどのような経営方針をとっていたのか、暴力団員の利用をどの程度まで拒絶していたのか、といった、「当該ゴルフ場」の運営の実態や、被告人（暴力団員）側の利用申込みの具体的なやり方など、個別具体的な事実関係を基にして2項詐欺罪の成否を判断したのである。

判例⑤の事件では、⑴ゴルフ場が、その利用約款に暴力団排除条項を定めており、⑵暴力団員の利用を拒絶する看板を立てていた、などの事実があったが、他方で、⑶このゴルフ場では、客の一人一人に対して暴力団員でないことの確認を行っておらず、⑷周辺のゴルフ場においても暴力団員の利用を黙認している場合が多く、当該地域のゴルフ場において暴力団の排除が徹底されていたわけではない、という事実関係が認められた。そこで最高裁は、このような状況の下では、暴力団員が、自分が暴力団員であることを申告せずにこのゴルフ場の利用を申し込んだ行為は、「自分が暴力団員ではない」ということまで表明した行為とは言えないから、これは別段「人を欺く行為」には当たらない、と判断した。

これに対して、判例⑥の事件では、⑴ゴルフ場が、その利用約款に暴力団排除条項を定めていただけでなく、⑵県から提供された情報をデータベース化して、予約・受付の際に客が暴力団員でないかを確認しており、⑶客がこのゴルフ場の「会員」になる入会契約に際しては、客に「暴力団員を同伴しない」という誓約書への署名を求め、それを提出させていた。このゴルフ場の会員だった被告人Xは、暴力団員であるYを同伴してこのゴルフ場を訪

れ、利用の申込みを行った。最高裁は、このような事実関係の下では、入会の際に「暴力団員を同伴しない」と誓約したXが、このゴルフ場で利用を申し込む行為それ自体が、「自分の同伴者Yは暴力団員でない」ということを表明したのに他ならない、として、Xの申込みが「人を欺く行為」に当たると認め、2項詐欺罪の成立を肯定した。

　「ゴルフ場」に関しては、上述の第Ⅰ類型、第Ⅱ類型に該当するような、強力な規制状況は存在していない。そうすると、問題のゴルフ場にとって、「契約相手が暴力団員であるか否か」が契約に際しての「重要な事項」であった、と認められるためには、次の2つの事実関係が示されなければならない。

　(1)　第1に、「相手が暴力団員である場合には、その利用を拒絶する」という一律の取引条件を設定することが、およそゴルフ場という事業の経営において、一般に「重要な」関心事となり得る事柄である、ということが示されなければならない。例えば、あるスーパーマーケットの店長が、自分がある球団の熱狂的なファンであることから、客がその球団のファンであるか否かをファンクラブの会員証を呈示させて確認し、その球団のファンクラブ会員である客に対しては特別な値引きをするが、それ以外の客には値引きをしない、という経営方針をとっていたとしよう（なお、このスーパーマーケットと球団との間には、経営上の関係は一切ないものとする）。この場合、ファンクラブ会員でない客が、他人のファンクラブ会員証を呈示して自分も会員であるかのように装い、安い価格で商品を購入したとしても、この客に1項詐欺罪の成立を認めることはできない。というのも、店長が個人的な好みから、「客が球団のファンクラブ会員である」ということを、取引においてどれほど「重要な」条件だと考えたとしても、その店長が行おうとしている取引がおよそ「一般的なスーパーマーケットにおける商品の販売取引」である限り、「客がある球団のファンクラブ会員か否か」という点は、その取引の類型に照らして「重要な事項」とはなり得ない、と考えるべきだからである。このように、多数かつ非個性的な相手との間で行われる取引として、社会において

「一定の類型として確立した取引」への参入を望むのであれば、その取引の類型とおよそ整合し得ないような「特殊な取引条件」を個人的に重視することはできない（成瀬［2014］参照）。そのような個人的な関心事は、本人にとっても実は「重要な事項」ではないはずだ、と解釈されることになるのである。

　そうすると、ゴルフ場の事件において問題となるのは、「利用客が暴力団員でないこと」という条件を設定することが、およそ「ゴルフ場の経営」という取引類型に照らして「重要な事項」となり得るような事柄なのか、という点である。

　都道府県の暴力団排除条例は、「暴力団の活動を助長するような」取引だけを禁止している。したがって、暴力団員がゴルフ場を「個人的に利用する」という場合は、規制の対象となっていない。しかし、暴力団員が利用を申し込んできた場合に、それが暴力団員の「個人的な利用」なのか、それとも、「暴力団の活動」の一環であるような「接待ゴルフ」や「暴力団員のゴルフ大会」なのかは、見た目では分からない。そのため、ゴルフ場が、およそ「暴力団の活動」を助長することがないように、「暴力団員の利用を全て拒絶する」という経営方針を採用することにも、一定の経営上の合理性が認められるのである。そうすると、このような経営方針をとるゴルフ場においては、「利用者が暴力団員であるか否か」が、ゴルフ場の経営上「重要な事項」になる、と言うことができる。

　(2)　しかし、「利用者が暴力団員であるか否か」がその経営上「重要な事項」である、と言えるのは、あくまで、上のような経営方針を採用しているゴルフ場に関してだけである。そこで第2に、問題のゴルフ場が「暴力団員の利用を全て拒絶する」という経営方針を採用している、と言えるためには、そのゴルフ場が暴力団の利用の排除を「真剣に」実践し、それを「徹底」させている、という事実関係の認定が必要となる。判例⑥の事件のゴルフ場は、会員契約の際に「誓約書」を提出させ、更に、申込者の氏名をデータベースと照合しており、「暴力団の利用拒絶」という方針を徹底させてい

た。他方で、判例⑤の事件のゴルフ場は、申込者が暴力団員であるか否かを確認する措置をとっていなかった。このように、ゴルフ場における暴力団排除の「徹底度」の違いが、「利用者が暴力団員であるか否か」がそのゴルフ場にとって「重要な事項」であるか否か、という点に関する裁判所の結論を分けることになったのである（宮崎[2014]、郷原[2017b]参照）。

以上のことから、次の命題を導くことができる。これを第Ⅲ類型と呼んでおく。

第Ⅲ類型　第Ⅰ類型や第Ⅱ類型のような規制環境が認められない場合において、取引における「特定の条件」の充足が取引主体にとって「重要な事項」となっている、と言えるためには、次の2つの条件を満たすことが必要である。

(1)第1に、その「特定の条件」を設定することが、そこで行われている取引と類型的な整合性を持ち、かつ、一定の合理性を持っているのでなければならない。

(2)第2に、問題の取引主体が、その「特定の条件」の充足を「真剣に」望んでいるということが、その取引主体が講じている客観的な方策から読み取れるのでなければならない。

Ⅳ　まとめ

1　以上のまとめ

以上の検討から、被害者が交付・処分した財物・財産上の利益の「経済的な交換価値」に関しては欺罔・錯誤が認められず、「それ以外の事情」に関してだけ欺罔・錯誤が認められる、という場合であっても、一定の場合には、詐欺罪が成立するということが基礎づけられた。それを命題の形でまとめたものが、上述の「第Ⅰ類型」、「第Ⅱ類型」、「第Ⅲ類型」である。

2 「挙動による欺罔」をめぐる議論

　最後に、詐欺罪をめぐっては、近時新しい議論が生じてきている。それは、行為者の行為が「人を欺く」（欺罔）行為と言えるか否か、という点をめぐる議論である。実は、判例⑤、⑥においても、結論を直接左右する点として判示されていたのは、被告人の申込行為が詐欺罪にいう「人を欺く」（欺罔）行為に当たるか否か、という点であった。欺罔行為が認められるためには、第1に、その欺罔が、被害者にとって「重要な事項」と言える事柄に関してなされたのでなければならない（この問題については、上で検討を加えてきた）。しかしそれとは別に、第2に、行為者の行為態様それ自体が、「欺罔」に当たる行為、と評価されなければならない。被害者が「重要な事項」に関して錯誤に陥っても、それが行為者の欺罔行為によって惹き起こされたものだと言えなければ、詐欺罪は成立しないからである。

　欺罔行為には、明示的に虚偽の事実を述べるという「作為」（明示的な欺罔）のほか、告知義務を負っている行為者が、被害者に対して真実を告知しないという「不作為」があり得る。しかしそれ以外に、黙示的な欺罔（「挙動による欺罔」）というものが考えられる。これはすなわち、行為者の「一定の言動」が、何らかの虚偽の事実を暗黙のうちに「含意」している場合をいう。例えば、所持金の無い者が、無銭飲食をするつもりで食堂において定食を注文した、という場合がこれに当たる。この行為者は、「自分には金がある」という虚偽の事実を明示していないが、しかし、食堂で定食を注文するという行為は、当然に「自分には金がある」ということを含意している。そこで、このような言動は、相手に対して虚偽の事実を告知するものに他ならないとして、その言動それ自体が作為による「欺罔」行為と認められている（「挙動による欺罔」に関して、橋爪[2011]、冨川[2012]、松宮[2014]、郷原[2017a]など参照）。

　判例⑥の事件においては、Xが「暴力団員を同伴しない」という誓約をした上で、ゴルフ場の会員になっていた。そうすると、そのようなXが、同伴者Yを連れてゴルフ場の利用を申し込んだ場合には、その申込みには「この

同伴者Yは暴力団員ではない」という趣旨が当然に含意されている、と言える。そうすると、この事件のXの申し込みは、「挙動による欺罔」に該当する、と言えることになる。

このような考え方を押し進めていくと、例えば、ゴルフ場が、利用申込書に「私は暴力団員ではありません。」「私は暴力団員を同伴しません。」といった「チェック項目」を設けておき、客にその欄をチェックさせる、というような受付方法をとっている場合には、暴力団員である客がその欄をチェックして利用申込みを行えば、その行為が自動的に「欺罔」に該当する、ということになり得る。しかし、申込書に取引条件が「チェック項目」として印刷されていて、その条件を充たさない者が申込書に署名して申込みを行ったという場合に、それだけで直ちに詐欺罪が成立するわけではないことは勿論である。既に検討したように、その「条件」が「重要な事項」に当たるのでなければ、その条件が「チェック項目」として印刷されていたとしても、申込者に詐欺罪は成立しないのである。このように、「重要な事項」の問題と、「欺罔行為」といえる態度が存在するかという問題は、理論上、別個に検討されるべき問題だということができよう。

[参照文献]

伊藤渉「詐欺罪における財産的損害」刑法雑誌42巻2号［2003］

菊池京子「詐欺罪における財産上の損害についての一考察（一）」「同（完）」東海法学19号［1998］、23号［2000］

郷原俊郎「判解（最判平成26・3・28）」最判解刑事篇平成26年度［2017a］

郷原俊郎「判解（最決平成26・3・28）」最判解刑事篇平成26年度［2017b］

駒田秀和「判解（最決平成26・4・7）」最判解刑事篇平成26年度［2017］

佐伯仁志「詐欺罪の理論的構造」山口厚ほか『理論刑法学の最前線Ⅱ』［2006］

杉本一敏「詐欺罪における被害者の『公共的役割』の意義」『野村稔先生古稀祝賀論文集』［2015］

田山聡美「詐欺罪における財産的損害」『曽根威彦先生・田口守一先生古稀祝賀論文集［下巻］』［2014］

冨川雅満「詐欺罪における推断的欺罔の概念」大学院研究年報（中央大学）法学研究科篇41号［2012］

成瀬幸典「詐欺罪の保護領域について」刑法雑誌54巻2号［2014］

橋爪隆「詐欺罪成立の限界について」『植村立郎判事退官記念論文集 現代刑事法の諸問題 第 1 巻』［2011］

増田啓祐「判解（最決平成22・ 7 ・29)」最判解刑事篇平成22年度［2013］

松宮孝明「暴力団員のゴルフ場利用と詐欺罪」斉藤豊治先生古稀祝賀『刑事法理論の探究 と発見』［2012］

松宮孝明「挙動による欺罔と詐欺罪の故意」町野朔先生古稀記念『刑事法・医事法の新た な展開 上巻』［2014］

宮崎英一「詐欺罪の保護領域について」刑法雑誌54巻 2 号［2014］

山口厚「詐欺罪に関する近時の動向について」研修794号［2014］

8 詐欺罪における財産損失に関する試論

──中国の司法実務を中心として──

中国人民大学法学院教授

付 立 慶

（毛 乃純 訳：甲斐克則 補正）

　解釈論上、詐欺罪は、すべて財産犯罪における最も複雑な犯罪である、といえよう。その理由は、詐欺罪は時に民法上の不法行為（例えば、給付瑕疵）若しくは商業上の射幸投機行為と明確に区別しがたいこと、また、解釈上、特定の犯罪類型が詐欺罪であるのかそれとも他の財産犯罪であるのか、という問題について明晰に説明しがたいことにある、と考えられる。[1]詐欺罪の認定にあたって、財産損失の存否及びその判断・計算の方法などは重要な意義を有するため、本稿においては、中国の刑事司法における関連事例を踏まえ、これらの問題を検討したい。

一　検討の前提

　関連研究によれば、世界各国の詐欺罪に関する立法例において、大陸法系の国家、例えば、ドイツ、イタリア、スイス、フランスなどには、常に「損失」という要素を明確に規定する傾向が見られるのに対し、英米法系の国家の刑法には、財産損失に関する規定が見付からないことが分かった。[2]しかし、条文上「財産損失」を規定しないことは、詐欺罪の既遂の成立が財産損失を必要としないことを意味するわけではない。例えば、同じく大陸法系に属する日本刑法246条１項は、単に「人を欺いて財物を交付させた」こと、同条２項も詐欺の方法により財産上不法の利益を得又は他人にこれを得させたことだけを規定している。学説上は論争が存しているが、財産損失不要説

は、牧野英一、木村亀二など主観主義の陣営にいた学者により主張された見解であり、少数説にすぎない。一方、より多くの見解は、詐欺罪の財産犯罪の性格に鑑み、その既遂の成立が財産損失を必要とすることを肯定する。その主張内容の相違についていえば、団藤・福田・大塚を代表とする通説は、交付によって移転された「財物又は利益の喪失そのもの」を詐欺罪における法益侵害とするのに対し、西田典之等を代表とする有力説は、財産の移転のほか、さらに実質的な財産損失の存否を独立に判断すべきである、と解している。なお、中国刑法266条も、「公私の財物を騙取し」と規定すると同時に、「数額が比較的大きい」ことを要求する。ただ、同罪は「財産を侵害する犯罪」に置かれたことから、中国の刑法理論は、同様に詐欺罪の既遂には財産損失が必要だとし、また、「財産損失」が財産法益の侵害の表れとして、少なくとも詐欺罪の明文化されていない構成要件要素である、と考えている。そこで、問題は、「財産損失」に対する具体的な理解にある、と考えられる。この問題を検討する前に、次の2点を明確にしたい。

　まず、財産損失を詐欺罪の客観的構成要件への検証の最後の一環とすべきである。すなわち、詐欺罪の客観的行為の発展経緯（詐欺行為→認識の錯誤→財産処分→財産取得→財産損失）において、その他の行為要素が揃って初めて、財産損失の存否を判断すべきである。なぜなら、価値判断の真偽が認識能力により検証しえない場合、例えば、仲人が結婚を希望する男性に絶世美人を紹介すると伝え、男性に手厚い礼金を交付させたが、紹介した女性相手が不細工であった時、人の美醜は価値判断であって真偽を論じる余地がないため、仲人が虚偽の情報を提供したわけではないゆえに、刑法上の詐欺行為にあたらない、と解される。このような場合、財物交付者の財産損失の存否を考える必要がなく、直接にその前の行為の発展経緯が完成されていないことを理由に詐欺罪の成立を否定しうる。次に、「財産損害」を一種の実際的な損害と解すべきである。ドイツにおいて、判例や学界の多数説によれば、被害者の財産が行為者によって急迫かつ具体的な危険に陥らせた場合、すでに被害者が財産損失を受け、行為者が詐欺罪の既遂を構成することを認定しうる。

これは、いわゆる「損失と同等なる財産への危険」である[9]。また、台湾において、具体的な危険を財産損害として捉え、しかも、実務もこのような理解に反対しない、と主張する学者もいる[10]。しかし、中国の実務において、例えば、通帳又は金庫の暗証番号を騙し取ったが、実際に財物を入手しなかった場合、通常詐欺罪の既遂でなく、せいぜい未遂が成立するにすぎない、と解される。つまり、詐欺罪の既遂と未遂を区別するために、その既遂を被害者の実際的な財産損失が「数額が比較的大きい」場合に限定し、しかも、「損失と同等な具体的な危険」を財産的損害に含めない、と解すべきであろう。

二　(修正された) 経済的財産説：「財産」の理解

㈠　学説状況

詐欺罪の財産損失を検討するにあたって、まず、「財産」そのものに対する理解を言及しなければならない。この点について、先に明らかにしたいのは、中国刑法各則第5章の財産を侵害する犯罪は行為対象として主に「財物」を規定するが、学界ではここの「財物」が財産的利益も含む、と多く主張されることである。バーチャル財産も一般的に「財産」として解されるという状況において[11]、中国刑法における「財物」と「財産」は同義語である、といえよう[12]。「財産」の概念について、ドイツの学説上は、主に法的財産説と経済的財産説と法的経済的財産説との基本的な対立が存在する[13]。このような学説の対立は、中国刑法学における「財産」に対する理解に直接的な影響を与えた。

「純粋な法的財産概念」を強調する法的財産説は、ビンディング (Binding) が首唱したものである。同説は、財産は財産上の権利と財産上の義務との総和であり、経済上の価値とは無関係であるとし、財産損失は財産上の権利の喪失と財産上の義務の負担である、と主張する[14]。したがって、賄賂金・物などの不法原因給付物、売春婦が騙されて性的サービスを提供した場合の無効債権及び不法・犯罪による所得など民事法により保護されない権利は、財産

犯罪の保護法益になれないのに対し、たとえ経済的価値のない民事上の権利であっても、「財産」に属すべきである。ドイツにおいて、このような古い見解は、帝国裁判所の早期の判決に見られる[15]。一方、中国の伝統的な刑法理論によれば、一般的に、詐欺罪が侵害するのは、「公私の財産の所有権」[16]又は「公私の財物の所有権」[17]である、と解される。このような所有権説は、「実際に一種の法的財産説である。」と指摘される[18]。しかし、法的財産説は、妥当でない。すなわち、第1に、同説は、刑法上の判断が民法に従うという従属性の観念を理論根拠とする。世界において、特にドイツについていえば、「20世紀30年代から、人々は刑法が民法に従属すると考えなくなり」、「それゆえ、法的財産説の理論的根拠がなくなった。」[19]といえよう。しかし、中国において、刑法従属性の主張は、よく見られる。例えば、最近、刑法の謙抑性原則に着目点とし、立法に対する抑制から司法活動に対する制約へと転向すべきである、という命題から出発し、刑法は第2次的な規範性を有するため、財産犯罪の認定、とりわけ財物の概念・財物の他人性の判断について、民法の立場と一致しなければならない、と主張されている[20]。少なくとも財産の概念の問題において、これを刑法従属性説として読むことができよう。さらに、刑法は、実質上、刑法とその前置法としての保護的規則が共に保障する調整的規則の規定によって制約されているため、従属法・2次法として位置づけられ、「前置法が性質を決定することと刑事法が量を決定することとの統一」が犯罪に対する規制における刑法とその前置法のいわゆる性質を決定する従属性と量を決定する独立性との関係を掲示・反映するものであることを端的に主張する学者もいる[21]。これは、まさに刑法従属性説である、といわなければならない。しかし、憲法の下にある基本法として、刑法と民法はそれぞれ異なる法分野であって、「各種の法律は、その固有の目的をもって異なる法律効果を生じさせ、また、目的が違えば、違法性の内容も異なる。」と指摘される[22]。このように、「法秩序の統一性」等を理由に刑法従属性を主張する実質的な理由はない、と考えられる。第2に、「純粋な法律上の財産概念」は、財産権利を財産と同一視し、財産上の権利の経済的価値

の有無を問わないため、財産の範囲を不当に拡大させると同時に、占有・労働力などの「事実的地位」が経済的価値を有するが、財産上の権利に当たらないため、財産として認められない点において、財産の範囲を不当に縮小した、と解される。[23]第3に、実務において、多くの詐欺罪は不法原因給付物を対象とするものであるため、不法原因給付物が詐欺罪の保護対象になりうるとする見解がほぼ通説となるのに対し、法的財産説は、これを説明することができない。[24]第4に、中国において、財産犯罪の成立は、通常「数額」を要求する。したがって、例えば、経済的価値のない品物の「数額」が計算しえない場合、法的財産説の適用には特に支障がある。以上のような問題性があるため、「法的財産説は理論上も実践上もかなり顕著な欠陥があり、完全に崩壊し」[25]、「今日、同説を主張する者はほとんどいない。」[26]と指摘された。

　法的経済的財産説によれば、不法利益を除き、法秩序によって保護される全体的に経済的価値を有する利益は財産である。すなわち、個人のすべての経済的な財貨は、法秩序によって保護され、あるいは少なくともそれによって非難されないものであれば、財産になりうる、と解される。わが国において、この法的経済的財産説は、多数の学者によって支持されている。[27]現在、ドイツの司法判例の立場は一応法的経済的財産説により近い、と主張する論者もいるが、[28]その違法に獲得した占有をも原則的に財産として認める立場からすれば、ドイツの判例は経済的財産説により近い、といってもよい。このように、法的経済的財産説は、折衷説とも称される。すなわち、不法原因給付と詐欺罪の成否の問題において、法的経済的財産説と法的財産説は同質であるが、詐欺罪の成立には経済的損害を要するか、という点おいて、法的経済的財産説は、経済的財産説と同様である。[29]折衷説は、法的財産説と経済的財産説の欠陥を克服しようと試みたが、民法上の不法利益も刑法上の財産犯罪の保護法益となる可能性を否定し、財産犯罪の保護法益を法的財産説よりさらに狭めた。処罰範囲をそこまで限定する必要があるか否かは、疑問であり、特に、不法な価値を一切保護しないという帰結が導き出されるため、なお検討すべきであろう。

㈡　経済的財産説の理論根拠

　経済的財産説によれば、全体としての経済的価値を有する利益、すなわち個人の得られる財貨の総和は財産であり、これは、財産権が法律によって認められたか否か、また正当な源を有するか否か、とは無関係である、と解される。したがって、たとえ民法上の無効な債権・違法な犯罪所得・不法原因給付物であっても、すべて財産罪の保護を受ける財産となりうる。このように、同説は純粋な経済的財産説とも称される。経済的財産説は、最初ドイツの帝国裁判所により承認され、第2次世界大戦後にドイツ連邦最高裁判所により採用された。経済的財産説を大体支持すべきであろう。その理由は、次のとおりである。すなわち、第1に、理論的にいえば、確かに、法秩序の統一性という価値的目標は守るべきであるが、これは違法一元論を意味するわけではなく、異なる部門法における違法な判断が相対性を有するということを認めなければならない。そして、最近の刑事立法は、意識的に刑法の従属性を弱めつつあるため、刑法と民法・行政法との限界はますます曖昧化している。ある領域において、刑事立法者は、治安管理処罰法において明確な処罰規定のない行為を直ちに犯罪とし（例えば、法律に規定される国家試験における「替玉受験」行為）、独特性と優先性を刑法の意義として意図的に強調する。このような理論的認識と立法背景の下で、刑法の独立性の思想を理論的根拠とする経済的財産説は、その合理性を有する。第2に、経済的財産説は、財産犯罪の領域での法外空間の形成を有効に防ぐことができるので、刑事政策上の顕著な優越性を有する、といえよう。さらに、刑法が不正な財産も保護することは、自力救済を相当程度に回避しうる、と考えられる。第3に、刑法秩序の一致性の視点からみれば、強取・窃取又は窃盗品の損壊は、強盗罪（又は奪取罪）・窃盗罪と器物損壊罪を成立せしめる。詐欺罪は財産犯罪の一種である以上、財産概念に対する解釈を他の財産犯罪と独立に行うわけにはいかない。したがって、泥棒の盗品又は売春婦の性的サービスを騙し取る行為も、すべて詐欺罪が成立する。これが、刑法解釈論上の理由である、といえよう。

㈢　経済的財産説の具体的展開

　経済的財産説は、充分な理論的根拠を有するのみならず、中国の司法実務においても、その考え方がある程度現れている。ここで、いくつかの事例を挙げて説明したい。

1　賄賂金の切取り

　「賄賂金を切り取る」ことを通じて詐欺を行う事件がしばしば発生する。例えば、事件を担当する警察とは知り合いなので何とかしてあげられると自称し、麻薬販売のため身体拘束された被疑者の家族から15万元余りのお金を受け取り、その中の14万元を警察に送ったと偽称したが、実は自分のものにした。この事件（賄賂金切取り事件）に対して、法院は、行為者が不法占有の目的をもって、すでにお金を送ったと偽称したことは詐欺罪となる一方、14300元を送ったことは贈賄罪を構成するので、数罪として併科しなければならない、と指摘する[36]。「行為者が財物を取得した手段は、事実を偽った詐欺手段である。贈賄者は、行為者の詐欺で余計に『賄賂金』を出し、財産損失を受けた。収賄者は、行為者の詐欺で普通より少ない『賄賂金』を受け取り、同様に財産損失を受けた。賄賂で使われた財物は、贓物に該当するものの、贓物が徴収される前に、その事実上の占有状態又は所有権が法律によって保護されないことを意味するわけではない[37]。」このような不法占有の目的をもって賄賂金を切り取る行為が詐欺（又は横領）を構成するか否か、という問題を回避する態度を採った裁判例も存在するが[38]、事実の偽り又は真相の隠匿などの方法により、不法原因委託物あるいは不法原因給付物を騙取した場合、財産損失が認められるので、詐欺罪として処罰する必要がある、といわざるをえない。

2　賭銭の騙取

　司法機関は、賭銭騙取事件に対して、罠を仕掛け他人を賭博に参加させ、トランプゲームでトリックを利用して他人の金銭を「勝ち取った」場合にせよ[39]、または罠を仕掛け賭博の勝負結果をコントロールし金銭を取得した場合にせよ[40]、あるいは自分が用意した特定の賭博道具で賭博の勝負結果をコント

ロールした場合にせよ、すべて詐欺罪と認定した。裁判官は、賭博の参加に釣り出す行為と賭博中の欺罔行為とを区別すべきである、と指摘する。すなわち、行為者が罠を仕掛けるなどの方法で他人を賭博に参加させた場合、詐欺行為は、賭博の順調な進行を保障するために行われたものであるがゆえに、賭博罪として処罰されるべきであるのに対し、他人を賭博に参加させた後、事実の偽り又は真相の隠蔽などの方法で賭博参加者の財物を騙取し、しかも賭博の勝負結果が行為者により完全にコントロールされた場合、賭博行為の勝負が偶然の事情によって決定されるという特徴に該当しないため、詐欺罪として処罰しなければならない。

　一方、賭銭騙取事件を賭博罪として処罰すべきだという主張が今も支持されている主な原因の１つは、それを詐欺罪として認めたら、被告人の相手側を被害者として認定しなければならず、したがって、被告人に賭博で騙取された金銭（すなわち贓物）を被害者に返還すべきであることに求められることにある。例えば、李海波詐欺事件において、法院は「各被告人の不法な所得を追徴し、被害者に返還する。」と明確に判示したが、賭博参加者の財物を賭銭として認定し、それを押収することを行わなかった。この点について、本件の主審裁判官は、「被告人が不法原因を客観的に設置し、詐欺行為を行ったため、被害者はそれより認識の錯誤に陥り、自分の財産を処分し、財産的損害を負った。したがって、行為者の賭博活動によって生じさせた財産的損害・賭博の借金・賭銭は民事法により保護されないことを理由に、本件には被害者が存在せず、したがって、本件被告人の詐欺罪の成立を阻却するという理解も成立しない。」と主張する。

3　麻薬及び銃器・弾薬銃弾の騙取

　原則的に「第三者が他人の不法占有の財物を騙取する行為には詐欺罪が成立しうる」という立場を前提としつつ、麻薬又は銃器・弾薬の所持は可罰的なものであることから、例えば、麻薬販売者から麻薬を騙取する行為を詐欺罪と認定することは、刑法にける評価の矛盾をもたらし、麻薬所持行為が犯罪にならないであろうと疑わせる、とする見解が主張されている。確かに、

今日のドイツにおいても、麻薬取引の販売者は、詐欺罪の規定により麻薬を騙取した買い手に代金の支払いを要求することはできない。その理由は、麻薬販売者が交付したものは刑法により保護されない麻薬である点に求められる。他方、買い手が支払ったお金は「ピュアなお金」であるがゆえに、麻薬販売者に対する代金の返金請求は、詐欺罪により保護されるはずである。2003年に、ドイツ連邦通常裁判所は、大麻の代わりにチョコレートを買い手に交付した麻薬販売者を詐欺罪として認定した。中国において、最高人民検察院1991年4月2日「関與販売仮毒品案件如何定性問題的批復」及び最高人民法院1994年12月20日「関与執行『全国人民代表大会常務委員会関與禁毒的決定』的若干問題的解釈」17条は、偽麻薬であることを知りながら麻薬と偽り販売する者は、詐欺罪として処罰する、と規定する。一方、これらの規定により、司法実務は、通常偽麻薬で買い手を欺き、財物を取得する行為を詐欺罪として認定する。論者は、「逆に、買い手が麻薬販売者の麻薬を騙取した場合、麻薬販売者の麻薬代金の請求権は保護されない、と認定すべきである。」と指摘する。しかし、本稿は、このような特殊性と例外を認めない。たとえ麻薬の不法占有（所持）自体は刑法上の違法行為であるとしても、これは、麻薬所持者から麻薬を騙取する行為の可罰性の支障にならない。なぜなら、麻薬の騙取は、ある種の経済的価値への侵害である以上、詐欺罪として処罰しなければ、同行為を放任することにほかならない、と思われるからである。これが刑法的評価の自己矛盾にならないと考えられるのは、加害と被害は、そもそも相対的なものであるからであろう。まるで殴り合い事件において両方ともに軽傷を負った場合、両方は加害者でもあり被害者でもあることと同様に、麻薬の騙取の場合、麻薬所持者は、国家の麻薬管理制度にとっては加害者であるが、欺罔者にとっては財産損失を受けた被害者である。このように、麻薬販売者から麻薬を騙取する事件及びこれと同質である他人の不法所持の銃器・弾薬を騙取する事件において、経済的財産説は、依然として貫徹すべきである、といえよう。

㈣ 経済的財産説の欠陥に対する対応

経済的財産説に対する批判の１つは、同説が所有権者又は債権者の財産の保護に不利であることが挙げられる。例えば、債権者が欺罔の方法で債権を実現した場合も詐欺罪として認められるが、これは、受け入れ難い帰結である、といわざるをえない。[47]つまり、所有権者が他人の占有する自分の財物を騙取した場合、又は債権者が欺罔の方法でその債権を実現した場合、必ずしも詐欺罪が成立するとはかぎらない。これは、被欺罔者側に財産損失が存在しないからではなく——逆に、経済的財産説によれば損失は客観的に存在する——、その理由は、次の点に求められる。すなわち、⑴「非法占有目的」を主観的構成要件要素として理解すれば、所有権者・債権者はそもそも非法占有目的を有しないことを理由に、詐欺罪の構成要件該当性を否定すること[48]ができるのである。⑵一歩引いていえば、たとえ所有権者・債権者が「非法占有目的」を有し、詐欺罪の構成要件該当性を肯定しても、その後の違法性判断としての法益衡量において、所有権また債権は占有（合法的占有を含む）に対抗しうることを理由に、詐欺罪の成立を否定することができる。このように、孤立的ではなく、全体的に詐欺罪の成立要件を理解すれば、上述の批判は解消しうる、と思われる。

もう１つの批判は、経済的財産説によって財産罪の処罰範囲が過度に拡大され、少なくとも中国の国情や刑事政策と相容れない、ということである。例えば、売春婦を欺き、彼女に自分と性的行為を行わせた場合も詐欺罪が成立することになるが、この結論は国民に受け入れられがたい、といえよう。[49]ただ、有償の性的サービスを騙取する行為は、数額の基準を満たせば、詐欺罪として認定すべきである。たとえ「国民に受け入れられがたい」ということは事実であるとしても、「国民の受け入れ可能な程度」は常に変化しており、誘導の必要があるため、経済的財産説を否定する実質的理由として不十分である、といわなければならない。この点について、批判者の見解は、以下のとおりである。すなわち、⑴行為者がそもそも性的サービスの対価を支払う意思がなく、売春婦を欺き、性的サービスを提供させた場合、性的サー

ビス自体はせいぜい一種の労務であるため、財産的利益から排除しなければならない。したがって、騙取した性的サービスという利益には経済的価値が認められず、売春婦が財産損失を受けていないがゆえに、行為者に詐欺罪は成立しない。(2)行為者がそもそも性的サービスの対価を支払う意思があったが、相手と性的行為を行った後、欺罔の方法により対価の支払いを免除させた場合、欺罔により相手に行為者の不法債務を免除させた場合と同様である。欺罔行為は売春婦の合法な財産権を侵害しておらず、売春婦も財産損失を受けていない[50]。(3)売春婦が対価を取得した後、行為者が欺罔の手段により給付した対価を騙取した場合について、批判者は明確な態度を示していない。しかし、もし以上と同様に売春婦の財産損失を否定する結論を導き出せば、その権利に対する保護が不十分な局面を招く恐れがあり、そして、上記のような、賄賂金の切取り・賭銭の騙取などの行為を詐欺罪として処罰するわが国の司法実務の現状とは一致しない。逆に、もし財産損失を肯定する結論を導き出せば、売春婦の財産損失の存否の判断、さらに詐欺罪の成否の判断は、売春の対価を交付した（騙取した）か否（欺罔により免除させた）か、によって決められるようになり、これは、明らかに不均衡である、と思われる。経済的財産説からすれば、(3)の場合はもとより、(1)と(2)の場合でも、双方が約束した金額の範囲内で売春婦の財産損失を肯定することができる。つまり、売春婦が損失したのは、提供された有償の性的サービスという「労務」そのものではなく、約束した対価である、と解される。ちなみに、ドイツの司法実務は、常に経済的財産説を採用する。かつて、ドイツ連邦通常裁判所は、売春婦との性交渉後に偽札で支払った行為について詐欺罪を構成しないとする判決を下したが、これは、明らかに経済的財産説に反したものといえよう。2001年に、売春婦の権益を保護する法案が公布してから、ドイツの裁判所は、詐欺罪により売春婦の売春対価の請求権を保護するようになった。日本においても、売春欺罔事件について議論が存在するが、詐欺罪として認める実務上の判決と理論上の学説は、注目されている[51]。本稿は、騙された売春婦の財産損失を肯定することが「少なくとも中国の国情、刑事政策に

相応しくない」とする批判者の判断は、刑法教義学の立場から離れた「結果を先取りして、後で理由を探す」という態度により出されたものであり、必ずしも十分な説得力を有する、とはいえない。

経済的財産説が直面するもう1つの重要な批判は、同説によれば、亡くなった母親の唯一の遺物のような主観的感情的価値を有するが客観的経済的価値がない物品が保護されなくなる点にある。しかし、この問題は、被害者にとっての特殊な物品の「感情的価値」も一種の経済的価値であると解することによって解決しうる、と思われる。ここにおいて説明したいのは、これは、あらゆる経済的な価値のない物品を一律に「財物」としてみなすわけではなく、したがって、経済的財産説の放棄又は無原則的な拡大になるわけでもなく、ただ特定の物が法益主体にとって「主観的感情的価値を有し」かつ代替不可能な（あるいは少なくとも代替しがたい）場合に限り、裁判官は、総合的な考慮により当該物品が重要な財貨としての属性を有すると判断したうえで、例外的にその物品を「財産」として認定しうる、ということである。この点において、依然として経済的財産説の基本的な枠を維持している。そして、純粋な経済的財産説との区別をする意味において、この見解を「修正された経済的財産説」と称することができよう。一方、この見解について懸念されるは、主観的感情的価値が結局金銭で衡量しえないものであるため、わが国の刑法における詐欺罪の「数額が比較的大きい」という成立要件に適合しないことにある、といえよう。ただ、具体的な数額の計算は実に法定刑の量定の問題であって、犯罪金額の過度な強調及び情状の軽視という詐欺罪の立法現状に鑑み、「疑わしきは被告人の利益に」という原則に従い、最低限の法定刑を適用することが妥当である、と思われる。

三　財産損失の実質的判断：形式的個別財産説の排除

㈠　財産損失の判断に関する学説

詐欺罪の既遂は、被害者の財産損失の発生を必要とする。問題となるの

は、主観的意思に反し、欺罔に起因する財産の移転であれば、すべて財産「損失」に属するかどうか、ということである。例えば、商品Aを購入しようとする被害者に対し、行為者が意図的に商品Bを商品Aとして紹介し（A・Bの販売価格は同じ）、商品Bを被害者に販売した場合、財産損失の存在を認めるべきであろうか。これについては、議論がある。

　ドイツにおいて、窃盗罪は所有権に対する犯罪であって、対象物を取得した時点で成立するのに対し、詐欺罪は全体財産に対する犯罪であり、財産的損害の発生を要件とすることは、刑法によって明文化されている[53]。理論上も、詐欺罪は、被害者の「純資産」（net wealth）を対象とする犯罪であるが、ここにいう「純資産」とは、法律上の利益から債務を引いた残額を指す。例えば、ズボンの販売時、販売者である甲はズボンが100％ウールでできているものである、と嘘をついたとしよう。乙は、当時そのようなズボンが必要ではなかったが、お得な商品であると思い、購入した。後に、乙は騙されたことに気付き、甲が起訴され、ズボンが100％ウールで作ったものではないこと、甲がそのように嘘をつかなかったら、自分がそのズボンを買わなかったはずであることを主張した。これに対し、甲は、確かに、ズボンは100％ウールで作ったものではないが、乙の支払った金額に値するから、乙は損失を受けていない、と弁解した。この事件（ズボン下事件）について、ドイツの裁判所と通説は、財産損失の存在を否定した。それは、乙の財産はただ構造が変化しただけで、減少しておらず、そして、詐欺罪が保護するのは財産であり、単に財産をいかに処分するか、という財産処分の自由を保護するわけではないからである、と解している[54]。日本において、詐欺罪は背任罪のような全体財産に対する犯罪として規定されず、窃盗罪のような基本的な取得罪として規定されている。そのため、このような事件が詐欺罪を構成するか否かについて、全体財産減少説（「全体財産説」と略する）と個別財産減少説（「個別財産説」と略する）との対立が存在する。さらに、後者は、形式的個別財産説と実質的個別財産説と分かれている。このような概念の区別に従えば、具体的な理解は相変わらず多岐に分かれているが、一応、全体財産減少説はド

イツの立法により承認され、大多数の学説にも支持されている、といえよう。したがって、もし被害者の「純資産」に損害がなければ、刑事責任を追及しないとすることは、ただ被害者の商業自治のみを妨害する行為は詐欺罪の成立にとって不十分であることを意味する。この重要な原則を否定文で表現すれば、刑法は、個人が適当であると思った方法で自らの財産を処分する自由を保護しない、ということになる。これに対し、コモン・ローは、このような自由を確実に保護する。言い換えれば、商業自治権を保護することは、コモン・ローの趣旨の１つである。これは、個別財産減少説を採用した立場である、といえよう。

(二)　財産損失に対する実質的判断

　詐欺罪における財産損失の判断は、特に対価を支払った場合において問題となる。例えば、１万元の価値のある商品を２万元の価値がある、と嘘をつき、１万元の値段で貪りの消費者に販売した場合、又は工事の請負金の受領権を有する請負人が欺罔の手段を用い、不法に早めに請負金を引き出した場合、購入者又は工事の委託人の財産損失が存在するか否かは、問題である。これについて、日本の（旧）通説は、財物又は財産的利益の交付（「財物等の喪失」）自体を損失と理解することを前提とし、財産損失の存在を肯定する結論を導き出した。このように財産損失に対する形式的な理解を徹底する見解を形式的個別財産説という。しかし、一方で、「実質上、これは財産損失不要説と異ならない」が、他方で、形式上「交付そのものは損害である」という説明を徹底したとき、詐欺罪によって保護されるのは、財産ではなく、単なる財産処分の自由であることになってしまい、詐欺罪が財産犯罪であることは、これによって実質的に否定されるおそれがある、と思われる。

　財産処分の自由は、財産法益の内容の１つであろうか、あるいは１歩引いていえば、たとえ財産処分の自由が「財産法益」の内容そのものではないとしても、それは詐欺罪の侵害法益に属すべきであろうか。もし肯定的な結論が導かれれば、財産処分の自由に対する侵害も詐欺罪の法益に対する侵害と

なり、したがって詐欺罪を構成する、と解すべきである。これは、英米の実務と同じ方向に傾くようになる。しかし、財産処分の自由を財産権そのものの内容又は詐欺罪の保護法益として理解するのは、妥当でない。詐欺行為を行ったが、対価に相当する商品又は対価を交付した場合、原則として詐欺罪と認定すべきではない。これは、刑法の謙抑性（刑法の補充性・寛容性）原則により導かれた結論であり、市場経済の自律ないし健全な発展の促進にも有利である、と考えられる。さらに、市場経済の発達段階において、実体上の商業正義が実現されたか否か、という判断を市場に任せ、刑法は、商業自治権のために充分な保障を与えるべきであるのに対し、市場経済の初期で未発達の段階において、実質的判断が詐欺罪の認定を制限する機能を放棄し、それを市場の自律に任せれば、基本的な信用感も乏しい中国にける詐欺型の犯罪の処罰範囲を過度に拡大させ、市場経済の正常な発展にとっても不利であろう。したがって、中国の現段階において、被害者の財産損失の実質的判断を維持することは現実に即する態度である、といえよう。

　また、経済的財産説を支持すれば、財産損失の実質的判断をも支持することになる。ただ、強調したいのは、「純資産」に対する分析は、「経済的現実」（法律上の権利義務ではない。）のもとに行わなければならない、という点である。すなわち、実質的財産損失の存否を判断する際、単に経済的価値の比較に依拠すべきであり、法的手段を付け加えて判断してはならない。被害者の財産損失の認定時点は、財産処分の時点とすべきである。しかも、詐欺に伴う財産処分により生じさせた法定的請求権——例えば、契約の取消権・返却請求権・損害賠償請求権など——は、被害者に対する財産の賠償として認定するわけにはいかない。なぜなら、これらの権利は、事後的に被害者の損失を補うことを旨とするものであって、詐欺罪の成立の認定に影響を及ぼさないからである。私法上、被害者又は第三者の保護を旨とする制度を通じて補償が得られることは、刑法上の財産損失が発生しなかったことを意味しない。ここにおいては、被害者が民法及び刑法の「二重の法的保護」を受けることが認められるが、この場合の財産犯罪の成立を否定すれば、被害者に対

する保護は完全に抹殺される恐れがある、といわなければならない。

四　財産損失に対する実質的判断の具体的内容

㈠　取引目的の重大な逸脱と財産損失の判断

　事例（偽三金錠剤案）：穿心蓮錠剤を三金錠剤と偽って生産・販売し、21万元余りの売上げを得た行為[60]について、偽薬生産・販売罪と認定すべきか、それとも詐欺罪と認定すべきか、が問題となる。この場合に、実質的にみれば、販売者の行為は商品の品質に関する国家の管理秩序を侵害したため、他の条件を満たせば、偽薬生産・販売罪と認定することには支障がないが、問題は、その行為が同時に詐欺罪を構成するかどうか、にある。例えば、販売の場合、偽造品の販売と劣等品の販売とを区別しなければならない。確かに、両者は、いずれも欺罔の性格を有するが、「偽物を本物と偽り」と「劣等品を優良品と偽り」という区別も重視しなければならない。(1)「劣等品を優良品と偽り」の場合、購入者は、結局、自分の買いたい商品と同一の性能を有する商品を入手し、取引の基本的な目的（商品の品質の良さと悪さは「取引の基本的目的」の範囲外にある。）を達成した。したがって、過大な差額が発生し又は消費者が販売者の虚偽の宣伝により比較的大きい余計な対価を支払った場合は別として、そうでなければ、実質的な財産損失は認められず、詐欺罪は成立しない、と解すべきである。一方、(2)「偽物を本物と偽り」の場合、購入者は、真に欲しい商品の代わりに別の商品を購入した。そのために比較的大きい余計な対価を支払った場合なら、財産損失が当然に認められるが、比較的大きい余計な対価を支払ったかどうか、が確認できない場合、実質的な財産損失の存在を肯定することができるかどうか、が問題の焦点になる。本件において、結局、司法機関は、詐欺罪の意見を採用せず、偽薬生産・販売罪の成立を肯定した。しかし、残念ながら、判決は、ただ行為者が欺罔の手段を用いたことを肯定したうえで、実務における詐欺罪として処罰しないという現状を述べたにとどまり、詐欺罪が成立しない実質的な理由を

説明しなかった。もし三金錠剤の値段が明らかに穿心蓮錠剤より高ければ、差額の部分をもって購入者の財産損失を直接に肯定することができ、詐欺罪が成立しうる。この場合、観念的競合犯の原則により取り扱うべきである、と思われる。これに対し、穿心蓮錠剤と三金錠剤の値段が相当であり又は差額が大きくない場合、購入者の三金錠剤を購入しようとする目的は達成できなかったが、実務は、これを理由にただちに財産損失を肯定しない。このように、一般的に「取引目的を達成しなかった場合の財産の交付は財産損失である。」と主張することは、少なくとも商品の品質に関する犯罪の場合において、司法実務に普遍的には認められていない。逆に、購入者が入手した「穿心蓮錠剤」は、価値のあるものであって、相当な経済的価値と引き替えることができるため、購入者には実質的財産損失がなく、詐欺罪は成立しない[61]。これは、司法機関が詐欺罪として処理しない立場にさらなる理論的説明を与えた、といえよう。

　酒サクラを利用し他人を高額に消費させた場合、関係事例の注釈は、「ある行為が真の取引行為であるか、それとも取引の名の下での不法行為・犯罪行為であるかについては、被害者の支払った対価が対等であるか否か、あるいは不対等の程度によって判断することができる。もし商品やサービスがその対価と対等であれば、あるいは対等でないが、不対等の程度と合理的な対価との差が大きくなければ、真の取引行為である、と認定することができる。逆に、もし商品やサービスと対価との不対等が正常な取引の合理的な程度を遥かに超えたならば、取引行為に必要となる公平な対価の実質に反するため、犯罪行為の具体的手段をもってそれに相応しい不法行為あるいは犯罪行為として認定すべきである。」と特別に指摘した[62]。この判決は、「『友達になる』、『恋人になる』あるいは『ワン・ナイト・スタンド』の約束を口実にしなければ、必ず相応の金額を消費しない。」ということを理由に、ただちに同行為を詐欺罪と認定したのではなく（この意味において形式的個別財産説が採用されていない。）、実質的な対価及び取引行為の存否を考慮したうえ、さらに被害者の財産損失の存否を判断した。これは、まさに財産損失の実質的判

断の立場を採用したものである、といわなければならない。しかし、具体的に犯罪金額を計算する際、同判決は、「被害者が『酒サクラ』による誘惑の下で行った高額な消費行為は、被告人がお金を騙取するためにかけた罠に陥ったものであって、被害者の取引の目的から完全に逸脱した。被害者の真意といえば、このような状況を極力に避けようとするはずである。したがって、被害者の実際に消費した金額を詐欺犯罪により生じさせた財産損失とすべきである。犯罪金額を計算する際、この部分を控除してはならず、算入すべきである。一方、被告人が詐欺のために提供した偽酒などの飲食品は犯罪コストであるため、犯罪金額から控除してはならない。」と判示した。さらに、同判決が「被害者の取引の目的の逸脱」の財産損失の判断における役割を特別に強調した点も、注目すべきである。その具体的な詐欺金額の計算方法として、実質的個別財産説の立場が採用された。

　被欺罔者が交付した財物と獲得した対価が相当し、比較的大きい数額の純粋な経済損失が存在しない場合、実質的な財産的損害を一切否定すべきかどうか、が問題となる。例えば、事例（薬品販売案）：ある民間病院は、滞貨になる薬品（全部合格品）を売るため、病院の医師を田舎に派遣し、無料で老人の健康診断を行わせ、病院側の担当者甲は医師等に、老人達が各種病気を患ったという嘘をつかせ、市価で150万元余りの薬品を販売した。この事件において、騙された老人達が薬品の購入の際に支払ったお金はその薬品の相場と一致し、経済的利益も相当であるため、純粋な経済的財産は減損されていない、といえよう。あるいは、主観的感情からみれば、購入者は要らない物を購入したため、支出と所得がアンバランスとなり、被害者は主観的に財産を損失したと思うし、一方、客観的にみれば、被欺罔者の薬品を購入する目的は確実に達成できなかった、と考えられる。しかし、ここにいう「主観的感情」は、被害者の個人的感情である。「財産損失」は、詐欺罪の法益侵害として、詐欺行為の違法性に基礎を築いたものであるため、行為者の個人的感情を判断基準としてはならず、一般的で客観的な判断基準が必要である、と思われる。さもなければ、違法性の判断は不安定なものとなり、人により

異なるという状況に陥る、といわねばならない。したがって、「損失」を客観的に判断すべきである。ただ、いかなる制限も加えず、単に「取引の目的が達成できなかった」ということをもって客観的損失を認めるならば、本質上、「騙されなかったら財産を処分しない」という形式的な理解（形式的個別財産説）とは紙一重の差となってしまい、「取引目的の未達成」、「取引目的の失敗」の名義で個別財産説を推し進めることにほかならない。そうであれば、ほぼすべての商業上の詐欺行為は詐欺罪と認定されるようになり、詐欺罪は、もはや個人の財産を侵害する犯罪ではなく、誠実信頼原則を保障し、財産処分の自由を保護する犯罪となってしまう。したがって、財物処分者の目的が達成できなかった場合に「損失」の範囲をいかに実質的に制限するかは、答えなければならない問題である、と思われる。

(二) 目的の未達成、被害者の特殊な苦境と財産的損害の判断

事例（搾乳機案）：搾乳機の仲介業者である甲は、顧客の乙に安値の搾乳機があることを教えた。乙は、それを信じ、契約を結び、搾乳機１台を購入した。その後、乙は、その購入した搾乳機が相場より安くなく、ほぼ同じであることが分かった。甲は、乙に搾乳機を売りさばく時、乙が搾乳機の代金を支払うために銀行からお金を借りなければならず、乙がこれより財務上重大な負担を負うようになることを知りつつあった。これに対し、1961年のドイツ連邦通常裁判所判決は、純粋な主観上の損失感情は損害として認められないが、被害者が特殊な苦境に陥った場合、財産の減損が認められる、と指摘した。同判決は、被害者が以下の３つの苦境に陥った場合、財産損失を肯定しうる、と判示した。すなわち、(1)行為者が履行した又は履行すべき債務が被害者の契約目的の全部あるいは一部を達成できない場合、あるいは被害者が他の方法を通じてその債権を利用することが期待できない場合、(2)被害者が行為者と契約を結ぶため、又は義務を履行するため、自分の財産を損する施策を講じざるをえず、特に、被害者はその他の自己に有利な取引を放棄せざるをえず、あるいはその他の自己に不利な取引（例えば、比較的高い利息で銀

行から借金を貸すこと、低価で自分の商品を売り出すこと等）を行わざるをえない場合、⑶被害者が行為者と契約を結ぶため、あるいは契約の義務を履行するため、自分の職責を正常に履行し又は自分の状況に相応しい経済的生活を維持するために不可欠な資金を継続的に所有することができなくなり、経済上の活動の自由が大いに制限される場合─例えば、支出を大幅に減らし、最低限度の必要な経費しか保留できない場合─である。同判決は、リーディングケースとされ、多くの学者により支持されている。[64] 注目すべきなのは、同判決は、純粋な「主観上の損失感情」を財産損失の判断基準とせず、「被害者が特殊な苦境に陥って」はじめて財産的損害を認め、結局、客観的な立場から財産損失の判断基準及びその範囲を認定しようとしたことである、と思われる。そして、同判決が判示した「被害者の特殊な苦境」に関する３つの基準も重視しなければならない。このような基準は、財産損失に対する実質的判断を前提とし、「所得」と「所損」を具体的に考察する際、「被害者が特殊な苦境に陥った」ことを「所損」の内容として加算する。損失に対する実質的判断を維持すると同時に、なるべく判断基準の客観性も維持すると考えれば、いかなる意義において損失を「加算」すべきか、が問題となる。

　そのうち、上記の１つ目のいわゆる苦境は、意義を有するだけでなく、またドイツ学者の多くの賛成も得た。それによって提出された「行為者が履行した又は履行すべき債務が被害者の契約目的の全部あるいは一部を達成できない」という基準は、行為者が形式的な「対価」を交付した時の実質的な財産損失を判断する具体的な尺度となり、また、ここにいう「契約目的の全部あるいは一部を実現できない」ことは、「目的の失敗」、「目的の未達成」と言い換えることができよう。「目的の未達成」とは、被害者が行為者の欺罔により自らの財産処分の意義を誤認し、財産処分を通じて実現したい目的を達成できなかったことをいう。本稿は、このような場合を「取引目的の重大な逸脱」と称する。これについて、ドイツの学説は、被害者が特定の目的を達成しなければ、ただちに財産損失を受けた、と認定すべきではなく、原則的に、客観化しうる、具体的な財産処分行為の中に潜める経済的価値と関連

する目的が達成できなかった場合こそ、財産損失の存在を肯定することができる、とする。単なる善意等のその他の目的は、動機の錯誤としか認定されず、詐欺罪における財産損失と評価しえない、と解しているのである。[65] これは、実際に、詐欺罪は、財産を保護する犯罪であり、単に被害者の財産処分の自由を保護する犯罪ではない、という問題意識から出発し、被害者の目的を財産という保護法益と関連する場合と単なる動機である場合とを区別し、それに財産損失の認定における異なる効果を与えたものである。相応の目的と財産法益が緊密に関連し、しかもこの目的が行為者の欺罔行為の原因で達成できなかった場合、被害者が欺罔により生じた認識の錯誤は、「法益関係的錯誤」である、といえよう。このような錯誤に基づく同意は無効なものであり、このような錯誤に基づき処分された財産は「財産損失」である、と解すべきである。これに対し、相応の目的が財産自体と関係なく、単にその背後の財産処分の動機に関わった場合、被害者が欺罔されたことにより生じた錯誤は、「動機の錯誤」であるといえよう。このような錯誤に基づく同意は、依然として有効であり、このような錯誤に基づく財産処分は被害者の意思自由の実現であるため、被害者の自己責任としなければならない。

また、上記のドイツの判例において示された基準によれば、もし被害者が余計な時間又は金銭を使わずに商品を他の用途に転用することができ、あるいは他人に元の価格で転売することができる場合なら、財産損失の存在を肯定すべきではないが、被害者が行為者に騙され、まったく最初の目的どおりに使用しえない商品を購入したものの、後に同商品を他人に転売することが可能な場合なら、被害者の財産的損害の認定にあたって、転売により入手可能な価値を控除すべきである、と解される。[66] このような理解は、たとえ対価が存在しても、「重大な目的の逸脱」が発生した時、依然として財産損失を肯定しうることを強調するという意味において、確かに、実質的判断に属し、実質的個別財産説といってもよい。しかし、具体的な損害額の計算の時、「転売価値」を控除しようとする意味においては、全体財産説の考え方とより一致する、といわざるをえない。

概括的にいえば、相手の欺罔行為により財産を処分し、それに相応する対価を取得した場合、通常、財産損失を否定すべきである。客観的にみて、財産処分の目的及び意義に関連する重大な目的が欺罔行為により達成できない場合、あるいは余計な負担を担わせ、あるいは自己に不利な対策を講じなければならない場合に、財産損失を限定的に肯定することができ、そして、少なくとも後者の場合に、財産損失額を余計な負担又は不利益処分との差額に限定すべきである。これは、全体財産説から当然に導かれる結論である、といえよう。この見解によれば、上記の薬品販売案において、薬品は合格品であり、購入者は市価で購入した場合、被害者の財産処分の自由は、確かに侵害されたが、実質的な財産損失は存在しない。それは、患者ではない者が薬品を購入した場合、目的の完全な未達成とはいえ、取引目的の重大な逸脱に属しないからである、と思われる。すなわち、被害者が薬品を購入する目的は病気を治療することであるが、これらの薬品自体は、偽薬・劣等薬ではないため、被害者が本当に病気にかかった時に治療の効果を有するはずである。また、薬品購入者がその他の客観的な「特殊な苦境」に陥られことを肯定することも困難であろう。したがって、薬品購入者の権益は、消費者権益保護法等の民事法により保護すべきであるが、詐欺罪と認定することは許されない。

　同じように、日本において、年齢を偽称し、未成年者への販売が制限される商品（酒類、書籍等）を購入した場合、あるいは医師の処方箋を偽造し、処方箋医薬品を購入した場合、薬品に関する規制や書籍等に関する年齢制限は財産の配分とまったく無関係であり、その目的は、ただ不当な使用による危害を防止することにある。したがって、物品の交付は、対価の交付とは単なる交換関係にすぎないのであり、この点について錯誤が存在しなければ、詐欺罪は成立しない。中国において、単に虚偽の手続で公共積立金を騙取する行為は、よくあった。以上の理由に従えば、この場合、せいぜいその手段行為を国家機関証明書・印鑑偽造罪等により追及するほかない。その目的行為についていえば、住宅積立金は、あくまで国家が個人のために提供する福祉

の１つであって、国家側が実質的損害を負わないがゆえに、詐欺罪は成立しない。実務において、積立金を騙取した者に一定の期間内に取得した住宅積立金を返却するように命令すること、その者の職場に同行為を通知し、さらに信用喪失者のブラックリストに入力すること、一定の期間内に行為者及びその配偶者の住宅積立金の受取申請及びローンの申請を受け入れないこと、などの処理法をもって、その行為に十分な否定的な評価を与えることができる、と解される。[68]

　これに対し、収入、年齢、婚姻、住宅条件等に関する虚偽の資料の提供を通じ政府機関を欺いて政府公団住宅を購入した場合、政府機関は、確実に行為者が購入条件を備えたという認識の錯誤が生じたことになる。しかも、希少資源である政府公団住宅を条件に適う者に配分することは、特殊な公共利益を実現するためである。したがって、政府公団住宅を条件の備えない者に配分した場合、その錯誤は、法益関係的錯誤であり、単に付随事項や動機に関する錯誤ではなく、国家の目的をまったく達成せず、「重大な逸脱」に属するため、財産的損害と認定すべきである。欺罔により政府公団住宅を購入した場合、筆者は、以前の無罪論の主張を放棄し、改めて詐欺罪説を採った。[69][70] その理由は、「政府公団住宅と同品質の分譲住宅の間には結局のところ価格の差が存在する」という事実前提を改めて確信するようになったことのほか、国家の資源配分の目的の未達成は、やはり単純な財産処分の自由ではなく、「国家政策により、公平かつ有効的に限られた資源を配分し、このような利益自体は経済的価値を有するといえる[71]」ため、重視と保護を与えなければならないことに求められる、と考えられるからである。

㈢　釘棺案：重大な逸脱理論に対する即時的な検証

　詐欺罪における財産的損害の判断について、最近中国で起きた事例は、注目すべきである。事例（釘棺案）：2015年5月から8月にかけて、湖南省寧遠県出身の孔竹清は、木造棺の半製品（漆塗り未完成）を湖北省利川市等に運送して販売した。販売過程において、棺の蓋や壁は釘で複数の木板を接ぎ合わ

してできたものであるという真相を隠蔽し、１本の木で加工した「完整な壁
と蓋」の棺である、と嘘をついた。趙某等17人は、その話を信じ、それぞれ
棺の半製品又は組立部品を購入した。孔は、総額225400元の売上げを得た。
後に、村民たちは、棺が「完整な壁と蓋」の棺ではないことを気付き、警察
に通報した（利川市では、死者の埋葬で使用する棺には釘の使用が禁止されている。)。
検察側は、詐欺罪で孔竹清に対し公訴を提起した。本件において、「完整な
壁と蓋」の棺の単価は７、８千元であるが、被告人が販売した棺の単価は３
千元から５千元ほどであり、相場より安かった。したがって、被害者が「完
整な壁と蓋」の棺でないことに対しる認識可能性があることを理由に、被害
者は自らリスクを担い、答責すべきである、という主張がなされた。しか
し、被害者は、「安物を貪る」という心理でもって被告人から棺を購入した
のであって、棺が「完整な壁と蓋」の棺ではない可能性について、被害者
は、せいぜい懐疑しか持たなかった。被欺罔者が購入対象に懐疑を持つ場
合、「認識の錯誤」の発生を肯定すべきであるが、さもなければ、被害者の
財産に対する保護にとって不利になる、と解される。本件について、湖北省
恩施州中級法院の第二審判決書は、以下のように判示した。すなわち、孔竹
清が木造棺を販売する過程において、より多くの利益を得るため、購入者と
の口約束に違反し、「販売した棺が釘で接ぎ合わしてできたものである、と
いう真相を隠蔽したため、相手の当事者に認識の錯誤を生じさせて棺を購入
させ、利益の損害をもたらした」。しかし、「孔竹清が棺を加工・販売する過
程において、……主観上、他人の財物に対する不法占有の故意がなく、より
多くの利益を得るため販売時に真相を隠蔽した行為は、詐欺罪の犯罪構成要
件を満たさないがゆえに、詐欺罪を構成しない。」と認定された。このよう
に、第２審法院は、行為者の不法占有目的の欠缺を理由に詐欺罪の成立を否
定した。しかし、不法占有目的の不存在という主張自体には証拠が必要であ
って、ただ「棺の加工・販売過程において、木材を購入し、大工を雇って加
工し、輸送の時、木材輸送証明書、植物検疫証明書等の証明書を申請したこ
と」だけで不法占有目的の不存在を十分に証明することができるか、につい

ては疑問がある。そして、相手方が「完整な壁と蓋」の棺ではない棺を購入する意思がないことを明知しながら、真相を隠蔽して棺を販売したことから、不法占有目的を否定できるかは、一層疑わしい。したがって、第2審の法院の記述は、少なくとも絶対化しすぎる、といえよう。

　被害者の客観的な財産損失の存否は、本件を詐欺罪として認定できるかどうか、と直接に関連している。この点について第2審裁定書は言及したが、詳しくは述べなかった。財産損失の実質的判断の立場によれば、本件における棺は「価格に相応する価値を有」し、被欺罔者は「完整な壁と蓋」の棺の値段で購入したわけではない、と解される。しかし、第1に、購入者が棺を購入する目的は、死者の埋葬にあるため、その「完整な壁と蓋」の棺であるという認識の錯誤は財物処分の意義と関連したものであって、特定の目的が購入後に達成できなかったことは、「重大な逸脱」に属すべきである。第2に、当該地方において、このような棺を誰もが使用するわけではないから、購入者がこれらの棺を転売するには、余計な経済的負担を負わなければならない。以上の理由のいずれかを採用しても、購入者には実質的な財産損失があることを肯定すべきである、と思われる。残念ながら、本件第2審の裁定は、孔竹清の詐欺行為により相手方の財産損失（この結論は本稿の分析を証明した。）を生じさせたことを認めつつ、それは、民事上の詐欺行為であって、民事訴訟の方法により解決すべきである、と解された。しかし、すでに述べたとおり、財産損失の存在を前提としながら、「不法占有目的」の欠缺を理由に詐欺罪の成立を否定することは、十分な説得力がない。本件において、不法占有目的を否定できるような十分な証拠がなければ、詐欺罪の成立を肯定すべきであるが、金額の問題は別の問題である、と思われる。

㈣　被欺罔者が相当な給付を期待しない場合

　取引型の詐欺とは違い、財物の処分側が相当な給付（対価）を期待しない場合、すなわち片方給付型の詐欺、例えば、寄付、補助詐欺の場合も存在する。このような場合においても、前述の「重大な逸脱の理論」は、同様に適

用しうる、と思われる。いわゆる「張合い寄付事件」（被告人が被害者に向けて寄付金を募集する時、自ら偽造した他人の寄付金の金額リストを被害者に提示し、被害者の張合い意欲を起こさせた結果、被害者が高額の寄付金を出した。）において、ドイツのバイエルン州上級地方裁判所は、被告人が寄付金リストを提示しなかったならば、被害者は高い寄付金を出さなかったはずであり、その行為が被害者に経済的損害を与えたという理由で、本件を詐欺罪と認定した。しかし、同判決は、主流の学説によってほぼ一致して批判された。つまり、詐欺罪は、財産権者の張合い意欲を保護するものでなく、被害者は、張合い寄付事件において完全に自己答責すべきであるが、被告人が寄付金を正当な救済目的として使わずに自分のものにした場合、すなわち、寄付の社会的目的が達成できず、さらに寄付者の寄付行為に客観的にその本来の意義を失わせた場合に限り、詐欺罪が成立する、と解される。また、わが国の学者は、被欺罔者が交付した財産の用途や受取人に対して認識の錯誤が存在する場合、たとえ被欺罔者が相当な給付を期待していなかったとしても、財産損失が存在すると理解しなければならない、と指摘した。例えば、募集された寄付金又は商品の売り上げを被災者に寄付しようとアピールしたが、実際にその寄付金又は売上げを両親に渡し又は自分のものにした場合、財産損失を肯定し、詐欺罪が成立する、としなければならない。寄付の場合、提供者は、実際にすでに金銭の所有権を放棄した。提供者が行為者の行為により金銭の用途や受益者等について認識の錯誤を生じた場合、その錯誤は「法益関係的錯誤」であって、それによって寄付者の寄付目的の「重大な逸脱」を発生させ、したがって被害者には財産の実質的な損失が認められる、と理解される。このような見解に対し、「そうだとすれば、詐欺罪における財産損失は、単なる経済的価値の減少の形で現れた純粋な経済的損失だけでなくなる。この場合、これに基づく経済的財産説を採用するならば、論理の筋は通らない。」と批判された。ただ、経済的財産説を採用するか否かは、「財産」そのものの意義に関する検討であり、法益主体の財産損失の存否への判断とも関連しているが、結局、異なる問題である、と思われる。取引型の詐欺における双方給付

の場合、被欺罔者の財産の経済的価値が減損されたか否か、を基準として財産損失を判断することは、確かに正確であろう。しかし、寄付等のような片方給付の場合、そもそも財産権者が一方的な意思により財産を放棄したため、財産の減少を損害の判断基準とすべきでなく、財産権者の損得を比較すること、さらにいえば、財産権者の財産処分行為により基本的な目的が達成されたか否か、を考察することをもって損害の存否を判断すべきである。このような場合、実質的判断は必要不可欠である、といわなければならない。

被欺罔者が相当な給付を期待しない場合、実務においてよくみられるのは、乞い詐欺である。例えば、障害者を偽装したり、家に何ごとか起こった又は災害に遭った等と嘘をついたりして、他人の同情を誘い、施しを得ようとする方法で財物を騙取する場合が挙げられる。これらの行為により騙取された金額の総額は、時には巨大となるため、世論上「職業とされた乞いは詐欺であるか否か」という疑問が存在する。これらに類似する行為に対して、ドイツと日本の判例は、詐欺罪の成立を肯定する傾向が明らかである。[77]一方、中国の司法実務は、比較的、抑制的で消極的な態度を採用し、そのわずかな一部しか詐欺罪として処罰してこなかった。これに対する1つの解釈として、同情を誘うことにより財物を取得する場合、財物を施した方の認識の錯誤は明らかでなく、往々に、真に困ったら喜んで助けてあげたいが、そうでなければ少しくらい施したとしてもたいしたことではない、という2種類の心理が持たれていたのであって、これと詐欺の被害者の心理とは異なっており、また、被害額は通常被害者によって決められるものである、と解される。[78]本稿によれば、一方、たとえ被害者が疑問を抱いた場合であっても、被害者の「認識の錯誤」を肯定することができ、他方、詐欺罪の犯罪対象には特定性を要しないが、乞い詐欺の総額が相当に高くなる可能性がある、と思われる。したがって、問題の重点は、依然として財産損失を肯定しうるか否か、という点にある、といえよう。乞い者が事実を偽り、これより寄付者は、財物の給付対象の属性に対する認識の錯誤（寄付金の要らない者が寄付金を要るという誤認）に陥った。このような認識の錯誤は、一種の「法益関係的錯

誤」であり、それより寄付目的の「重大な逸脱」に至らせたため、詐欺罪の成立を否定すべきでない、と解される。[79]

(五) 修正された全体財産説

中国において、詐欺罪の財産損失の判断基準について明確に形式的個別財産説を主張する学者は、ほとんど見当たらないのであるが、現在、主に実質的個別財産説と全体財産説とが対立しており、前者は張明楷教授を代表とする[80]が、後者は劉明祥教授を代表とする。[81]筆者も、かつて全体財産説の立場を採用した。[82]両学説は、財産損失の実質的判断を強調する点においてコンセンサスに達した。その対立は、主に相当な対価を取得したが、取引目的が基本的にあるいは完全に達成されなかった場合、財産損失を肯定しうるか否か、という点にあろう。この点において、実質的個別財産説は肯定的な態度を取るのに対し、全体財産説は否定的な態度を取る。このような「公式的な」区別が正確であれば、本稿は、実質的個別財産説の立場を受け入れたことを意味するかもしれない。しかし、そうとは限らず、ここでは被害者の財産上の損得の比較をいかに理解すべきか、という問題に関わる、と思われる。実質的個別財産説を提唱する西田典之は、詐欺罪の財産損失への判断において比較すべきなのは、被害者の所損と所得ではなく、被欺罔者が取引により「獲得しようとしたもの」と「交付したもの」を比較すべきである、と解する。[83]確かに、被害者の所損と客観的な所得だけを比較し、被害者の取引目的を完全に看過する（これは、いわゆる伝統的な全体財産説の立場である。）のであれば、詐欺罪の範囲を過度に限縮し、被害者の財産への保護に不利となってしまう。しかし、「獲得しようとしたもの」という観念を徹底化・絶対化すれば、「騙されなかったら財物を交付しなかったはず」であった場合（例えば、ズボン下事案において、100％ウールのズボン下でない事実が分かれば購入しなかった）、騙されたことにより獲得した対価（ズボン）は「獲得しようとしたもの」（ウールのズボン下）ではない、と理解することができる。したがって、実質的個別財産説ではなく、形式的個別財産説の結論が導かれることになる。このこと

から、「獲得しようとしたもの」は、比較的広範な概念であるため、さらに
それを限定すべきである、と思われる。

　本稿は、損得の判断において、やはり「被害者の所得」と「被害者の所
損」を比較すべきである、と考えるが、ただ、「所得」と「所損」との衡量
にあたって、「基本的な目的の未達成」、すなわち「重大な逸脱」を「所損」
の１項目として加算しなければならない、と思われる。本稿は、このような
主張を「修正された全体財産説」と称する。つまり、同説は、被害者の損得
を直接に衡量する点において、全体財産説の基本的な構造を維持している
が、「目的の重大な逸脱」を「所損」の内容とする点において、伝統的な全
体財産説を修正した。そして、修正された全体財産説と前述の財産概念の部
分に採用された修正された経済的財産説も繋がっている。すなわち、経済的
財産説を徹底すれば、客観的な経済価値を基準として比較衡量をしなければ
ならず、全体財産説の基礎的な地位がこれによって決められる。また、重要
な感情的価値を経済価値の例外とする以上、「主観目的の重大な逸脱」を損
失の一部として衡量の範囲内に含ませても許される、といえよう。財産損
失」を肯定するか否か、という問題において、修正された全体財産説は、常
に実質的個別財産説と軌を一にするが、具体的な損害額の認定において、両
説は分かれている。本稿によれば、具体的な詐欺額を計算する時に必要な控
除をしなければならないため、最終に確定された数額は、通常、実質的個別
財産説より低くなる、と思われる。

　中国の学説において、折中的な態度も存在し、「単に論理的にみれば」、個
別財産説がより妥当である、と主張される。その理由は次のとおりである。
すなわち、被害者にとって、財物は欺罔者の行為により喪失させたのであ
り、そして、財物の喪失に伴い、被害者の財物に対する使用権・収益権・処
分権も当然喪失されたため、財産損失の存在が認められる。しかし、「司法
実務の運用上の便宜から考慮すれば」、全体財産損害説は合理性がまったく
ないわけではない、と考えられる。司法機関は、常に詐欺行為者が最終的に
被害者に負わせた実際の経済損害額を犯罪の成否及び量刑の基準とする。そ

れは、他人を欺いたと同時に対価を給付した場合、取引関係が事実上存在する以上、比較的大きい実質的な財産損失が生じさせたとはいいがたいからである、と解される。このような主張は、「態度が曖昧」で「両方のご機嫌を取ろうとする」という批判が寄せられるかもしれないが、問題の複雑性を反映し、基準の当否に対する検証は理論と実践という２つの視角から行われることを明らかにした。以上の態度とやや似ているが、損失の存否の判断に関する論理的所定又は具体的な損失の計算に関する実務上の運用において、本文は、（修正された）全体財産説を基準とするため、それと根本的に異なっている、といわなければならない。

本稿の賛成する修正された全体財産説が直面する１つの重要な問題は、交付された対価が被害者の純粋な経済的損失を完全に補償しうるが、その取引目的の重大な逸脱が確実に発生した場合、「財産損失は存在するが、具体的な損害額はゼロである」という不当な結論が導かれるか、という点にある。このような結論を避けるために、行為者が交付した対価が、被害者が交付した財物の数額に相当しあるいはそれより高い場合、被害者の取引目的の重大な逸脱自体は、一種の主観的感情的価値の喪失である、と理解しなければならない。前記の修正された経済的財産説によれば、この場合において、被害者の損失は「数額が比較的大きい」と認定し、最低法定刑を適用すればよい。これは、前述の主張と一致し、整合性を有する、といえよう。

五　財産損失と詐欺額の認定

詐欺罪における財産損失の認定については、実質的に判断し、被欺罔者の財産処分の重大な目的が達成したか否かを考慮したうえで、客観的な基準に基づき、処分行為前後における被害者の財産の経済的価値を評価する際に、その全体的財産が減少したか否か、を確定すべきである。また、取得型の財産犯罪として、行為者が取得した財産と被害者の財産損失との関係をいかに理解するか、等を考察する必要がある。

(一) 詐欺による所得額と被害者の所損額が不一致の場合

事例（偽りで通信カードの購入後の転売案）：被告人の王慶は、偽造した45人の身分証明書の写しを使用し、北京移動通信有限責任会社の複数の販売代理店において、45枚の携帯SIMカードを購入した後、他人に転売した結果、20.3445万元の利用料金の滞納を生じさせた。[85]「最高人民法院関与審理擾乱電信市場管理秩序案件具体応用法律若干問題的解釈」9条は、「虚偽又は盗用の身分証明書を利用し、インターネットに加入し、携帯電話を使用した結果、比較的大きい通信料金の損害額を生じさせた場合、詐欺罪として処罰する」と規定する。「虚偽又は盗用の身分証明書を利用し、インターネットに加入し」た者と「携帯電話を使用した結果、比較的大きい通信料金の損害額を生じさせた」者は通常同一の者であるが、本件の判決は、たとえ両者が同一でない場合であっても、ただ「虚偽の身分証明書又は他人の名義を冒用した身分証明書を使って、インターネットに加入」したという詐欺行為とその後の「携帯電話を使用した結果、比較的大きい通信料金の損害額を生じさせ」た結果との間に直接的な因果関係が存在し、かつ詐欺行為者が自らの行為が必然的にそのような損害をもたらせることについて「明知」していた場合であるなら、この損害結果を行為者の詐欺行為に帰することができる、と判示した。王慶事件の判決において、法院は、詐欺額が特に巨大であった、と認定した。すなわち、本判決は、行為者が45枚のSIMカードを高価で転売して入手した差額のみを犯罪額としたわけでなく、直接に北京移動通信有限会社にもたらした損害を犯罪額として認定した。詐欺罪を取得罪とすれば、詐欺行為者が実際に入手した財産の金額によるのではなく、行為者の追求する不法利益と被害者の財産的損害の間に「素材の同一性」（すなわち、両者は必ず同一の財産処分行為によりもたらせた結果であり、表裏関係に立たなければならない。）[86]を肯定しうる場合に、被害者（行為者に帰責しうる）の財産損失を詐欺犯罪の金額とすべきであると思われる。この点について王慶事件は具体的な説明を提供した、といえよう。

同様に、被害者の賭銭を騙取する過程において、もしその場にいた他の参

加者も、行為者について金銭を勝ち取ったならば、行為者の実際に得た不法
利益、すなわち、犯罪所得と被害者の実際の損害額と一致しないという結果
が招来される。これに対し、法院は、被告人は詐欺罪の実施者として、その
場にいた人たちが自分について「賭博」すれば、金銭を勝ち取るという必然
的な結果を明知しながら、詐欺という真相を隠すため、他の人の賭博参与を
阻止せずに認めた、と判断し、客観的にみれば、被害者の損害は被告人等の
犯罪行為により生じさせたものであること、主観的にみれば、被告人は、被
害者が欺罔により財物を第三者に交付することについて明知し、少なくとも
間接的故意を有することから、被告人は被害者の実際の損害に応じる責任を
負わなければならない、と判示した。さらに、「被告人が詐欺を完成させる
ために払った対価は、被欺罔者にとって必ず意義を有するとはいえないた
め、これをもって被告人の経済的損害を実質的に減少させることができな
い。本件において、被告人は、トリックが暴露されないように、その場にい
た人たちが自分について金銭を勝ち取ることを明知しながら、それを阻止せ
ず、被害者により大きな財産の損害をもたらした。被告人が払った犯罪コス
トは被害者にとってまったく意義がない。」と指摘した。以上の裁判官の分
析によれば、犯罪コストを詐欺罪の犯罪金額から控除しうるか否か、という
問題について、次のような判断基準が提示された。それは、「犯罪コストが
被害者にとって意義を有するか否か」ということである。この点に注目すべ
きである、といえよう。そして、修正された全体財産説をもってこの結論を
説明することは十分可能である、といわなければならない。

㈡ 「穴埋め」式詐欺と「連続詐欺」の場合

　事例（穴埋め式詐欺）：被告人の余志華と楊琴は、レンタカーの使用の名義
で、竇永昌の「KIA」自動車1台を借り、その後、竇某の身分証明書と乗用
車の証明書類を偽造し、峨眉山市の「鑫鑫」委託販売店に5万元の価格で自
動車を質に入れ、余志華は2万元余りを取得した。その後、竇は、余志華と
楊琴に自動車の返却を要求した。余志華は、同自動車を取り戻すお金がなか

ったため、レンタカーの数日の使用の名義で、友人の陳建紅から「奇瑞QQ」自動車１台を借りた。当日の夜、余志華は、峨眉山市の「鑫鑫」委託販売店に1.9万元の価格で同自動車を質に入れ、そして得られたお金で竇永昌のKIA自動車を請戻して返却した。鑑定結果によれば、質に入れられた「奇瑞QQ」自動車は人民幣26590元の価値を有する、と判断された。本件について、第１審法院は、被告人が不法占有目的をもって、事実を偽り、人民幣26590元の他人の自動車１台を騙取し、その数額が比較的大きいがゆえに、詐欺罪を構成する、と認定した。第２審法院も、同判決を維持した。⁸⁹⁾これについて、関連の分析によれば、最初の１台目の自動車を質に入れお金を取得した時点において、その行為は詐欺罪の主観的・客観的構成要件を満たし、すでに独立的な詐欺犯罪行為となっており、詐欺罪が成立するが、他方、さらに借りた車を質に入れた行為は連続的に実行された数個の独立の詐欺行為であり、同種の数罪に属するものであって、刑法上の科刑上一罪として取り扱うべきである、と正確に指摘された。また、具体的な犯罪数額の計算について、同分析は、さらに、車の所有者の請求により、被告人は前車を請戻して返却したため、受け戻されていなかった車の数額をもって犯罪数額を計算し、先行の詐欺行為の量刑情状として考慮すべきである、と指摘した。⁹⁰⁾本件において、法院の処理は、最高人民法院1996年12月24日「関与審理詐騙案件具体応用法律若干問題的解釈」(廃止済み)⁹¹⁾９条の規定により行ったものであって、理解できるものである、といえよう。しかし、ここにおいて、同司法解釈の実質的な合理性の有無という点は疑問である。まず、先行の詐欺行為が既遂であったとする以上、その数額を最終の犯罪数額から控除することを許せば、さらにこのような立場を徹底すれば、事件発見当時に詐欺数額を全額返済した場合、犯罪数額がいかに大きなものであったかを問わず、「犯罪数額がゼロである」ことを理由に、犯罪として処理できないことになるはずである。これは、明らかに不当な結論である、といえよう。次に、窃盗罪の場合、たとえ行為者が窃盗罪の既遂後に財物を返還したとしても、依然として既遂として処罰すべきであるが、返還行為は、単なる量刑事情と解され

る。だとすれば、詐欺罪の場合に返済された財物を控除しうるとするのはなぜであろうか。その充分な理由は見つからない、といわねばならない。この問題について、次のように区別して取り扱うべきである、と思われる。すなわち、１．同一の被害者に対し２回以上の詐欺を行った、すなわち、詐欺の対象者が同一の被害者であった場合、法益主体が同一性を有するため、全体財産（減少）説により前記の司法解釈を説明することが可能である（個別財産説を採用すれば、司法解釈の態度に対して、刑事政策上の理由しか求められない。）といえよう。２．異なる被害者に対し、２回以上の詐欺を行った場合、例えば、前述の事例のように、後の回の他の被害者から騙取した財物で前回の被害者の財物を返済した場合、（形式的又は実質的）個別財産説はもとより、たとえ全体財産説を採用するとしても、財産権の法益主体が異なるため、２つの独立的な評価を要し、しかも相殺しえない法益侵害の存在を認めざるをえない。このような場合に、前回の法益主体の財産権に対する侵害は完成したのであって、詐欺数額を確定する際、それを詐欺数額として加算してこそ、刑法教義学の要求に合致する。一方、後の回に騙取した財物で「前の穴を埋めた」ことは、全体的な法益侵害の計算後の量刑事情と解されるべきであろう。したがって、刑事政策的考慮が教義学の枠をどの程度突破することができるか、について、改めて考えなければならい。

　実務上、以上の状況と類似するいわゆる「連続詐欺」の場合も見られる。例えば、事例（連続詐欺案）：被告人である邱来成は、乗用の二輪バイクを数回雇用し、途中でバイク所有者に昼ご飯をご馳走することによりその信頼を得たうえ、バイク所有者に、知り合いに業務の相談に行く、とかあるいは物を取りに行く、とかと嘘をつき、合計15台のバイク（51700元余り）を騙取した。さらに、邱来成は、15台のバイクをそれぞれ個人が経営する飲食・雑貨店に乗って行き、店長に会社又は組織体がタバコを急用するため、財務担当者はすでに銀行にお金をおろしに行ったが、この間、バイクをしばらく抵当にし、財務担当者がお金を支払ったらバイクを取り戻す、と嘘をついた。邱某は、このような手段を利用し、前後15軒の飲食・雑貨店から各種のタバコ

271箱（合計14000元余り）を「買った」。その後、邱某は、タバコを小商人に転売し、贓金12000元余りを儲け、気ままにそれを浪費した。事件発覚後、紛失した1台のバイクを除き、他の14台は公安機関により盗難者に返還された[92]。本件について、結局、法院は、バイクとタバコの価格の合計を詐欺数額として認定した。本件の裁判官によれば、邱来成のバイクとタバコを騙取した行為は2つの段階に分けて行われたのである、と指摘した。すなわち、2つの犯罪行為は、それぞれ刑法に規定される詐欺罪の特徴と合致するため、両方とも詐欺罪を構成する。2つの犯罪行為は、ある程度関連していたものの、必然的な牽連関係がなく、しかも、2つの犯罪行為は、異なる罪名ではなく、同一の罪名を犯したものである。したがって、被告人の行為は、牽連犯ではなく、常習の詐欺犯であって、2つの詐欺行為による犯罪数額は累計的に計算すべきである、と考えられる[93]。前述の「穴埋め」式詐欺とは違い、本件では、後の回の詐欺行為により騙取した財物を前の回の詐欺行為の被害者に返済するのではなく、前の回に騙取した財物を利用し、引き続き他の被害者を欺くものであった。このような場合、行為や被害者及びその財産損失がすべて異なるため、2回の詐欺により取得された金額を累計的に計算するのが妥当である、といえよう。

㈢　「犯罪コストは一律に控除しない」の1つの反例

事例（医療保険カード詐欺案）：被告人の巣鴻昌は、道端の薬品販売者が半額で薬品を回収するのを偶然に発見し、母親の陳某と妻の蘇某の医療保険カードを持ち、さらに妻の年齢を50歳から80歳に変更し、家族の代わりに薬品を購入するという口実により、前後20軒の病院で診断を受け、合計4.1万元余りの薬品を購入した。その後、巣某は、その中の僅かな一部を家族に使わせ、他のおよそ3.2万元の薬品を他人に安売りし、およそ1.6万元を取得した。医療保険制度に関する規定によれば、上記の他人に安売りした薬品の費用のうち、被告人が支払ったのが20％を超えず、それ以外の約25600元の薬代を上海市の医療保険局から支払ったものであることが分かった[94]。

本件において、行為者の巣鴻昌が家族の代わり購入した薬品は、その一部を家族に服用させ、他の一部を予備薬として家に置き、残りの部分を薬品販売者に安売りした。公訴機関は、行為者が犯罪行為の過程に家族に服用させた薬品に関する医療費用を除き、公安機関が巣某の家で押収した薬品を含めその他の部分を騙取した薬代として認定し、犯罪金額に算入すべきである、と主張した。これに対し、法院は、一般家庭に一定の薬品を保存するのは普通なことであり、また行為者がどのくらいの薬品を保存すれば適当であるか、に関する判断基準がないため、当該部分の薬代を詐欺金額として認定してはならず、その安売りした薬品のみに不法占有目的を確定しうる、と解した。なお、医療保険制度に関する規定によれば、患者は、診察を受けるとき、まず社会保障カードに預かった医療金を使い、それを使い切った後に個人的に一定額の費用（この部分の費用は「自払い段費用」といわれる。）を支払うことになる。さらに、自払い段費用を使い切った後に再度診察を受ける場合、患者は、病院のレベルにより医療費の10％、15％あるいは20％を支払えばよいのである。このように、行為者が病院から薬品を購入した場合、一定の比例の費用を支払ったものの、他人に安売りした薬品をどの比例で自払いしたのかに関する証拠が見当たらない。そこで、法院は、被告人の利益を尊重する原則に基づき、行為者個人が20％の費用を支払った、と確定し、さらにこれをもって、およそ3.2万元の薬品を安売りした一方、上海市医療保険局が80％の医療費用としておよそ25600元を支払ったことを認定した。本件において、行為者は、薬代を不法に占有するために、その一定の比例を支払わなければならなかった。この意味において、個人が支払った部分の費用は、犯罪コストとも称することができる。ただ、法院が、詐欺額を計算するとき、被告人の家族が実際に使用した薬品を控除しただけではなく、被告人が家に保存する（家族の病気の治療に使用する可能性もあるし、後日販売する可能性もある）薬品の薬代も控除し、さらに被告人が薬品を購入するために支払わなければならない薬代も控除した点は、特に注目すべきである、と思われる。本件は、「犯罪コストの不控除」という従来のやり方を否定し、医療保険局の実

際に負わせた損害をもって犯罪数額を確定したことに着眼したため、これを全体財産説の帰結と称することができよう。

注

1 ） 林東茂：『一個知識論上的刑法学思考』（増訂三版），中国人民大学出版社2009年版，第144頁参照。

2 ） 游濤：『普通詐騙罪研究』，中国人民公安大学出版社2012年版，第50頁，第221-222頁参照。

3 ） かつて前田雅英教授は、財産損失不要説が行為無価値（一元論）から導かれた帰結であると主張された。【日本】前田雅英：『刑法各論講義』（第 4 版），東京大学出版会，2007年版，第286頁参照。

4 ） 【日本】西田典之：『刑法各論』（第六版），弘文堂，2012年版，第203頁参照。なお、【日本】山口厚：『刑法各論』（第 2 版），有斐閣，2010年版，第267頁も参照。

5 ） 【日本】西田典之：『刑法各論』（第六版），弘文堂，2012年版，第203頁；【日本】前田雅英：『刑法各論講義』（第 6 版），東京大学出版会，2015年版，第243-244頁参照。

6 ） 蔡桂生：『論詐騙罪中財産損失的認定及排除』，『政治與法律』2014年第 9 期，第50頁参照。

7 ） 張明楷：『刑法学』（第 5 版），法律出版社，2016年版，第1005頁；陳興良，周光権：『刑法学的現代展開Ⅰ』（第二版），中国人民大学出版社，2015年版，第519頁参照。

8 ） 林東茂：『一個知識論上的刑法学思考』（増訂三版），中国人民大学出版社，2009年版，第145-146頁参照。

9 ） 現在のドイツの司法実務において、締約詐欺、信用貸し詐欺、善意取得及び口座や金庫のパスワードの詐取などの場合に、損失と同様な財産上の危険の存在が往々に認められる。王鋼：『徳国判例刑法　分則』，北京大学出版社，2016年版，第216頁参照。

10） 林東茂：『一個知識論上的刑法学思考』（増訂三版），中国人民大学出版社，2009年版，第151頁参照。

11） 陳興良：『虚擬財産的刑法属性及其保護路径』，『中国法学』2017年第 2 期，第146-172頁参照。

12） 王鋼：『不法原因給付対於認定財産犯罪的影響』，『法学家』2017年第 3 期，第138-139頁参照。

13） なお、いわゆる「人的財産説」によれば、財産は人格発展の基礎となり、人の持つ経済上の潜在能力あるいは社会共同経済往来の客体としての支配性を表すものである、と解される。王鋼：『徳国判例刑法　分則』，北京大学出版社2016年版，第212頁参照。しかし、この説には、「財産」と「人」との区別を曖昧化にするという根本的な問題があるため、少数説にすぎない。

14） 林東茂：『刑法総覧』（修訂五版），中国人民大学出版社，2005年版，第331頁参照。

15） 王鋼：『徳国判例刑法　分則』，北京大学出版社，2016年版，第212頁参照。

16) 高銘暄、馬克昌編：『刑法学』（第七版），北京大学出版社・高等教育出版社，2016年版，第503頁参照。

17) 王作富編：『刑法』（第六版），中国人民大学出版社，2016年版，第418頁参照。

18) 蔡桂生：『論詐騙罪中財産損失的認定及排除』，『政治與法律』2014年第9期，第52頁参照。

19) 張明楷：『論詐騙罪中的財産損失』，『中国法学』2005年第5期，第120頁。

20) 周光権：『積極刑法立法観在中国的確立』，『法学研究』2016年第4期，第33頁参照。

21) 田宏傑：『行政犯的法律属性及其責任——兼及定罪機制的重構』，『法学家』2013年第3期，第55頁参照。

22) 張明楷：『論詐騙罪中的財産損失』，『中国法学』2005年第5期，第120頁。

23) 林東茂：『一個知識論上的刑法学思考』（増訂三版），中国人民大学出版社，2009年版，第148頁参照。

24) 游濤：『普通詐騙罪研究』，中国人民公安大学出版社，2012年版，第66頁参照。

25) 張明楷：『刑法学』（第5版），法律出版社，2016年版，第930頁。

26) 王鋼：『德国判例刑法　分則』，北京大学出版社，2016年版，第212頁。

27) 例えば、王鋼：『不法原因給付対於認定財産犯罪的影響』，『法学家』2017年第3期，第139頁。なお、張明楷：『詐騙罪與金融詐騙罪研究』，清華大学出版社，2006年版，第219頁も参照。

28) 王鋼：『德国判例刑法　分則』，北京大学出版社，2016年版，第213頁参照。

29) 張明楷：『刑法学』（第5版），法律出版社，2016年版，第930頁。

30) この点について、王昭武：『法秩序統一視野下違法判断的相対性』，『中外法学』2015年第1期，第170頁以下参照。

31) 周光権：『転型時期刑法立法的思路與方法』，『中国社会科学』2016年第3期，第126頁参照。

32) 刑法の独立性の主張根拠及び刑法の民法従属性説に対する批判について、張明楷：『論詐騙罪中的財産損失』，『中国法学』2005年第5期，第120頁参照。

33) 王鋼：『德国判例刑法　分則』，北京大学出版社，2016年版，第212頁参照。

34) 林東茂：『刑法総覧』（修訂五版），中国人民大学出版社，2005年版，第331頁；林東茂：『一個知識論上的刑法学思考』（増訂三版），中国人民大学出版社，2009年版，第144頁参照。

35) 林東茂：『刑法総覧』（修訂五版），中国人民大学出版社，2005年版，第331頁；林東茂：『一個知識論上的刑法学思考』（増訂三版），中国人民大学出版社，2009年版，第144頁参照。

36) 安徽省安慶市中級人民法院（2014）宜刑重終字第00001号刑事判決書参照。

37) 肖中華：『貪汚賄賂罪疑難解析』，上海人民出版社，2006年版，第244頁。

38) 遼寧省東港市人民法院（2015）東刑初字第00163号刑事判決書参照。

39) 『黄芸等詐騙案——設置圏套誘人参賭，以打牌的方式「贏取」他人銭財的行為構成賭博罪還是詐騙罪』，最高人民法院刑事審判第一・二・三・四・五庭主辦：『刑事審判参考』（2007年第4集，総第57集），法律出版社，2007年版，第33-42頁参照。

40) 『王紅柳、黄葉峰詐騙案——設置圏套控制賭博輸贏并従中獲取銭財的行為，如何定性』，最高人民法院刑事審判第一・二・三・四・五庭主辦：『刑事審判参考』（2013年第1集，総第90集），法律出版社，2013年版，第75-79頁参照。

41) 『史興其詐騙案——利用自己準備的特定賭具控制賭博輸贏行為的定性』，最高人民法院刑事審判第一・二・三・四・五庭主辦：『刑事審判参考』（2013年第1集，総第90集），法律出版社，2013年版，第75-79頁参照。

42) 『陳建新等賭博案』，最高人民法院中国応用法学研究所編：『人民法院案例選（分類重排本）』（刑事巻6），人民法院出版社，2017年版，第2881頁参照。

43) 『李海波等賭博案』，最高人民法院中国応用法学研究所編：『人民法院案例選（分類重排本）』（刑事巻6），人民法院出版社，2017年版，第2858頁参照。

44) 『王愛国詐騙案』，最高人民法院中国応用法学研究所編：『人民法院案例選（分類重排本）』（刑事巻6），人民法院出版社，2017年版，第2894頁参照。しかし、本件のような事件における被害者自身も賭博参加者であるため、寺銭を彼らに返還することによって、賭博行為への打撃を弱めるという問題を生じさせるに違いない。この点について、場合により取り扱うべきである、と指摘される。すなわち、被害者は、そもそも賭博の意思がなく、行為者の欺罔によってはじめて賭博の意思を持ち、罠に陥り、財物が騙された場合、被害者には賭博行為により利益を図る目的を有しないので、その合法的な財産権を保護すべきであって、押収された又は返却された不正金を彼に返還し、あるいは被告に被害者の経済的損失を弁償することを命じられなければならない。他方、被害者自身も賭博参加者であった場合、賭博行為により利益を図る目的を有し、積極的に賭博行為を参加したため、彼の負けた金銭も寺銭に属すべきであって、この寺銭を行政上の制裁手続により没収する必要がなく、直接に刑事手続により没収することができる。『王紅柳、黄葉峰詐騙案——設置圏套控制賭博輸贏并従中獲取銭財的行為，如何定性』，最高人民法院刑事審判第一・二・三・四・五庭主辦：『刑事審判参考』（2013年第1集，総第90集），法律出版社，2013年版，第75-79頁参照。

45) 蔡桂生：『論詐騙罪中財産損失的認定及排除』，『政治與法律』2014年第9期，第52頁参照。

46) 蔡桂生：『論詐騙罪中財産損失的認定及排除』，『政治與法律』2014年第9期，第52頁。

47) 張明楷：『論詐騙罪中的財産損失』，『中国法学』2005年第5期，第120頁参照。

48) 「非法」占有目的における「非法」は、実体法上のものでも可能であるし、手続法上のものでも可能であり、ただ手段の非法性が認められれば、非法占有目的が肯定しうる、と主張される。武良軍：『暴力、脅迫行使債権行為的刑法評価』，『政治與法律』2011年第10期，第72頁参照。しかし、手段行為の違法性だけで行為者の非法占有目的を肯定することは、刑法238条3款の規定に反し、実体的問題と手続き的問題を混同させ、さらに処罰範囲の不当な拡大ももたらし、実に妥当でない、といわざるをえない。

49) 張明楷：『論詐騙罪中的財産損失』，『中国法学』2005年第5期，第121頁参照。

50) 張明楷：『論詐騙罪中的財産損失』，『中国法学』2005年第5期，第125-126頁参照。同旨として、【日本】西田典之：『刑法各論』(第六版)，弘文堂，2012年版，第213頁参照。

51) 実務の立場について、名古屋高判昭和30年12月13日、高等裁判所刑事裁判特報2巻24号1267頁参照。そして、理論上の肯定説、例えば団藤説・福田説・内田説などについて、【日本】西田典之：『刑法各論』（第六版），弘文堂，2012年版，第213頁参照。

52) 付立慶：『論刑法介入財産権保護時的考量要点』，『中国法学』2011年第6期，第134頁参照。

53) ドイツ刑法263条（詐欺罪）1項は、「不法な財産上の利益を自ら得又は第三者に得させる目的で、虚偽の事実を真実に見せかけることにより又は真実を歪曲若しくは隠蔽することにより、錯誤を生じさせ又は維持させることにより、他人の財産に損害を与えた者は、5年以下の自由刑又は罰金に処する。」と規定する。

54) 蔡桂生：『論詐騙罪中財産損失的認定及排除』，『政治与法律』2014年第9期，第53頁参照。

55) 【アメリカ】George P.Fletcher著・鄧子浜訳：『反思刑法』，華夏出版社，2008年版，第39-40頁参照。

56) この点について、Fletcherは、先進な市場経済の特徴及び刑法の任務の視点から、商業自治権を保護すべきか、という問題を検討した。すなわち、「詐欺罪の処罰に関する英米法とドイツ法との顕著な区別は、以下のとおりである。つまり、英米法は、商業自治権を保護することから、被害者による物の価値に関する判断を実質的に判断することが必要とされない点に求められる。取引の対象物の価値に対する実質的判断は、英米法に根深く嫌悪されている。……一方、ドイツは、取引の公平性に対する実質的判断を明らかに放棄したわけではなく、契約法や詐欺罪においても同様である。このような異なる態度の支点は、市場の商業正義の仲裁者としての役割に対する信頼度の差にある、と考えられる。市場を信用する文化において、買主による物の価値判断を改めて判断することはなされないし、真実が分かれば買わないという彼の文句も聞かれない。しかし、市場は、商業自治が制限を受けない場合に限って役に立つから、刑法の任務は、実質的な商業正義の保護ではなく、商業自治の保護にある、と理解すべきである。」と指摘された。【アメリカ】George P.Fletcher著・鄧子浜訳：『反思刑法』，華夏出版社，2008年版，第39-40頁参照。

57) 【日本】西田典之：『刑法各論』（第六版），弘文堂，2012年版，第203頁参照。

58) 例えば、游濤裁判官・博士は、（修正された）経済的財産説を主張すると同時に、全体財産説も明確に支持する。游濤：『普通詐騙罪研究』，中国人民公安大学出版社，2012年版，第88頁，第227頁参照。

59) 王鋼：『徳国判例刑法　分則』，北京大学出版社，2016年版，第219頁参照。

60) 『熊濔斌等生産銷售假薬案——生産銷售假薬進行詐騙的行為如何定性』，最高人民法院刑事審判第一庭・第二庭主辦：『刑事審判参考』（2001年第1輯，総第18輯），法律出版社，2001年版，第8-12頁参照。

61) 強調したいのは、事後に引き替えることにより取得した経済的価値を被害者の「所得」として肯定することを許すことは、前記の「被害者の財産損失の認定時点は、財産処分の時とすべきである」こと、及び「法定的権利救済の考慮を許さない」ことと矛盾しない、ということである。すなわち、ここにおいて、許されないのは、民事訴

訟など事後的な救済手続によって取得しうる経済的弁償を被害者の「所得」に算入することであるのに対し、事後の販売・引替などの方法によって取得された経済的価値を被害者の「所得」に算入することには反対しない。なぜなら、被害者が財物処分行為によりその対価を取得した場合、事後にただちに販売・引替された財物そのものは、経済的価値があるからである。このように、これは経済的財産説の帰結である、といえよう。

62)　『李軍、陳富海等28人詐騙案──利用酒托誘騙他人高額消費行為的性質與認定』，最高人民法院中国応用法学研究所編：『人民法院案例選（分類重排本）』（刑事巻 6 ），人民法院出版社，2017年版，第2914頁参照。

63)　この点は、「特殊物品に対する所有者の『主観的感情上的価値』が客観的経済上の価値の例外としうる」という前記の主張と矛盾しない、と考えられる。

64)　王鋼：『徳国判例刑法　分則』，北京大学出版社2016年版，第223-224頁参照。なお、林東茂：『一個知識論上的刑法学思考』（増訂三版），中国人民大学出版社，2009年版，第150頁も参照。

65)　王鋼：『徳国判例刑法　分則』，北京大学出版社，2016年版，第225頁参照。

66)　王鋼：『徳国判例刑法　分則』，北京大学出版社，2016年版，第224-225頁参照。

67)　【日本】西田典之：『刑法各論』（第六版），弘文堂，2012年版，第205頁；【日本】山口厚：『刑法各論』（第 2 版），有斐閣，2010年版，第270頁参照。

68)　邢東偉、翟小功：『騙提公積金将被徴信系統記録　情節厳重追究刑責』，最終閲覧：http://news.sohu.com/20170416/n488696592.shtml，2017年 4 月16日。

69)　付立慶：『論刑法介入財産権保護時的考量要点』，『中国法学』2011年第 6 期，第145頁参照。

70)　付立慶：『被害人因受騙而同意的法律効果』，『法学研究』2016年第 2 期，第169-170頁参照。

71)　【日本】西田典之：『刑法各論』（第六版），弘文堂，2012年版，第205頁参照。

72)　湖北省恩施土家族苗族自治州中級人民法院（2016）鄂28刑終133号刑事裁定書参照。

73)　張明楷：『詐騙罪與金融詐騙罪研究』，清華大学出版社，2006年版，第114-119頁参照。

74)　蔡桂生：『論詐騙罪中財産損失的認定及排除』，『政治與法律』2014年第 9 期，第53-54頁参照。

75)　張明楷：『刑法学』（第 5 版），法律出版社，2016年版，第1005-1006頁参照。

76)　蔡桂生：『論詐騙罪中財産損失的認定及排除』，『政治與法律』2014年第 9 期，第53-54頁。

77)　張明楷：『論詐騙罪中的財産損失』，『中国法学』2005年第 5 期，第134頁参照。

78)　これは、北京市朝陽区人民法院刑一庭庭長臧徳勝裁判官の見解である。

79)　物乞い詐欺を詐欺罪とする学説として、張明楷：『論詐騙罪中的財産損失』，『中国法学』2005年第 5 期，第135頁参照。そして、同旨の実務の立場として、『成都商報』2007年 2 月 7 日参照。

80)　張明楷：『刑法学』（第 5 版），法律出版社，2016年版，第1005頁参照。

81) 劉明祥：『財産罪比較研究』，中国政法大学出版社，2001年版，第246頁参照。

82) 付立慶：『論刑法介入財産権保護時的考量要点』，『中国法学』2011年第6期，第134-136頁参照。

83) 【日本】西田典之：『刑法各論』（第六版），弘文堂2012年版，第204頁参照。

84) 陳興良、周光権：『刑法学的現代展開Ⅰ』（第二版），中国人民大学出版社，2015年版，第519頁参照。

85) 『王慶詐騙案──騙購電信卡販売給他人使用造成電信資費巨大損失的行為如何定性』，最高人民法院刑事審判第一庭・第二庭主辦：『刑事審判参考』（2002年第1輯，総第24輯），法律出版社，2002年版，第72頁参照。

86) 王鋼：『徳国判例刑法　分則』，北京大学出版社，2016年版，第229頁参照。

87) 『王愛国詐騙案』，最高人民法院中国応用法学研究所編：『人民法院案例選（分類重排本）』（刑事巻6），人民法院出版社，2017年版，第2895-2896頁参照。この判決は、前記劉国芳事件の立場と完全に一致する。すなわち、被害者の損失は王愛国等の行為によって生じたものである以上、損失額に応じて責任を負うべきである、と思われる。

88) 『王愛国詐騙案』，最高人民法院中国応用法学研究所編：『人民法院案例選（分類重排本）』（刑事巻6），人民法院出版社，2017年版，第2896-2897頁参照。

89) 『余志華詐騙案──将租賃来的汽車典当不予退還的行為構成詐騙罪』，最高人民法院刑事審判第一・二・三・四・五庭主辦：『刑事審判参考』（2008年第3集，総第62集），法律出版社，2008年版，第54頁参照。

90) 『余志華詐騙案──将租賃来的汽車典当不予退還的行為構成詐騙罪』，最高人民法院刑事審判第一・二・三・四・五庭主辦：『刑事審判参考』（2008年第3集，総第62集），法律出版社，2008年版，第56-58頁参照。

91) 本条は、「繰り返して欺き、後回の詐取財物で前回の詐取財物を返済した場合、金額を計算するとき、事件発見前にすでに返済された部分を控除し、未だ返済されてない部分をもって認定すべきであり、量刑のとき、繰り返して詐取した金額を重く処罰する情状として考慮しうる。」と規定した。

92) 『邱来成用詐騙来的摩托車騙取香煙案』，最高人民法院中国応用法学研究所編：『人民法院案例選（分類重排本）』（刑事巻6），人民法院出版社，2017年版，第2783-2784頁参照。

93) 『邱来成用詐騙来的摩托車騙取香煙案』，最高人民法院中国応用法学研究所編：『人民法院案例選（分類重排本）』（刑事巻6），人民法院出版社，2017年版，第2785頁参照。

94) 『巣鴻昌利用医療保険制度進行詐騙案』，最高人民法院中国応用法学研究所編：『人民法院案例選（分類重排本）』（刑事巻6），人民法院出版社，2017年版，第2834頁参照。

95) 『巣鴻昌利用医療保険制度進行詐騙案』，最高人民法院中国応用法学研究所編：『人民法院案例選（分類重排本）』（刑事巻6），人民法院出版社，2017年版，第2835頁参照。

総　　括

　　　　　　　　　　　　　　　　　　　　　　　　甲　斐　克　則

　第6回日中刑事法シンポジウムは、「日中刑法総論・各論の先端課題」と題して、昨日と本日の2日間の日程で4つのセッションに分かれて行われ、実に活発かつ実り多い議論が展開されました。まずは、それぞれ報告していただいた方々、司会および通訳をしていただいた方々、ご参加いただいたフロアーの皆様に感謝の言葉を申し上げたいと思います。

　今回のシンポジウムにおいて、中国と日本の刑法の総論の先端課題として、因果関係と正当防衛という、古典的問題でありながらも揺れ動いてきた先端課題を取り上げ、各論の先端課題として、これまた変遷している性犯罪と詐欺罪を取り上げ、それぞれの規定、制度、理論、実務などを比較することによって、それぞれの共通点と相違点が浮き彫りにされ、大変勉強になりました。りわけ今回は、中国側のご報告において、具体的な裁判例が多く取り上げられ、中国でも、日本で一般に行われている判例研究を取り入れた刑法学の研究が進展しつつあることを実感しました。その意味で、単に理論の比較をするだけでなく、具体的事例をどのように処理するべきかを相互に理論を当てはめつつ議論をすることができた点で、今回のシンポジウムは、これまで以上に深化したのではないか、と思います。

　第1セッションの「因果関係の理論と実務問題研究」において、橋爪隆教授

は、「日本における因果関係の現在」について報告され、米兵ひき逃げ事件、大阪南港事件、高速道路進入事件などを取り上げつつ、最近の判例がかつての条件説や相当因果関係説から脱却して、実行行為に内在していた危険性が結果に現実化した場合に因果関係を肯定する傾向にあることを指摘されました。学説もこれに呼応して、「危険と危険の現実化」という判断枠組みを支持し、発展させる傾向が強くなってきましたが、その理論的位置づけについては不明かな部分を残しており、橋爪教授は、「日本における議論は、ドイツの客観的帰属論と同じものではなく、その一部を採用しているにすぎない」という点を強調され、①実行行為それ自体の危険性が直接的に結果に実現する直接型実現類型と、②被害結果が直接的には被害者の介在行為によって生じているが、実行行為には介在事情を引き起こす危険性が認められるため、実行行為の危険性が介在事情を媒介として間接的に実現する間接的実現類型に分類する提案をされました。

　これに対して、梁雲宝副教授は、「中国における刑事因果関係論の発展の概観：積極的な制限」について報告されましたが、その中で、伝統的因果関係論の曖昧さを指摘されつつ、パチンコ玉事件などを素材として、経験と規範との関係に着眼して、事実的因果関係から結果帰属への推進にあたっては、自然科学レベルから社会科学レベル、さらに刑事政策レベルへと進展させるべきことを提唱されました。これによって、因果関係の範囲を制限できるという主張であった、と思います。

　質疑応答においては、橋爪教授から梁副教授に対して、パチンコ玉事件を素材として因果関係と注意義務との関係について質問が出され、梁副教授から橋爪教授に対して、事実的因果関係と帰属判断の関係について質問が出されたほかに、フロアーから、2人の報告に対していくつかの鋭い質問が出されました。特に印象に残っているものとして、橋爪教授の報告に対して、陳興良教授から、危険の現実化の判断と実行行為の位置づけについて、危険性の二重判断にならないか、という質問がありました。橋爪教授は、未遂犯の成立要件としての実行行為の危険性と事後判断としての因果関係の問題とを

分けて考えれば、危険性の二重判断にはならない、と回答されました。実は、カール・エンギッシュが1931年に因果関係に関する研究書を公刊して、その中で「危険と危険の現実化」という論理を提唱して以来、この種の疑問は現在まで姿・形を変えて続いていますので、この議論は実に興味深いものでした。また、フロアーから、大阪南港事件最高裁決定の位置づけについて質問があり、さらに、高橋教授から梁副教授に対して、規範的評価と政策的判断の関係について質問があり、それらの質疑応答も、具体的事件の処理をめぐる議論と基礎理論の双方にわたる内容であり、本シンポジウムが深化していることを実感しました。

　第2セッションの「正当防衛の理論と実務問題研究」において、陳興良教授は、「正当防衛の司法認定——王洪軍事件と于歓事件に関する比較的考察——」と題して報告され、中国における近時の2つの興味深い判例を取り上げて中国の司法実務における正当防衛制度の実際的運用状態を分析・考察されました。特に、中国刑法20条3項が規定する無過当防衛について、2項の過剰防衛との関係、1項の正当防衛との関係について、日本の刑法理論における行為相当性と結果相当性の議論も参照しつつ、その行為が防衛の性質を持つことを前提にしたうえで、その行為の強度および死傷の結果を免れる可能性を考察すべきであり、事件当時の推定時間と空間において、より低い強度の反撃行為が完全にできる状況で、防衛者が反撃の強度をコントロールなしに明らかに必要な限度を超えた防衛行為を実行した場合だけが過剰防衛となるのに反して、もし当時の状況において一定の強度の反撃措置しか取れない場合は、たとえ一定の死傷結果を起こしても、正当防衛の必要な限度を超えたとは言えない、と主張されました。さらに、中国刑法の規定によれば、正当防衛はやむを得ずにした行為ではなく、緊急避難だけが「やむを得ず」という要件が必要であり、正当防衛が必要性の限度を超えたか否かに関する判断は、行為が進行中のときの判断であり、行為が終わった後の判断ではないので、このような判断をするとき、防衛行為と侵害行為が客観的に相当であ

るかどうかを考えるだけではなく、侵害行為が防衛者に与えたパニック、憤慨なども考慮に入れて考えるべきであり、さもなくば、これらが認識能力とコントロール能力を弱めた以上、正しく防衛の限度を把握することもできなくなるからである、と説かれた点は、実に興味深いものでした。いずれにしましても、被告人が同じく刃物で防衛をした王洪軍事件と于歓事件の2つの事案について、入念に分析・検討された報告は、理論的にも実務的にも、実に有益でありました。

　これに対して、塩見淳教授は、「喧嘩と正当防衛――『喧嘩両成敗』の法理を手がかりに――」と題して報告され、喧嘩と正当防衛に関する日本の判例の動向を4期に分けて歴史的・理論的に分析されました。特に最高裁昭和52（1977）年決定の影響を受けて、積極的加害意思の有無をもって判断する裁判例が多くなる一方で、相手方の侵害に向けられた自招行為に着目するものも有力化する状況のもとで出されたのが最高裁平成20（2008）年5月20日決定であり、「正当防衛等が否定される自招行為について、最高裁として、不正の行為であること、相手方の侵害行為と時間的場所的に一連・一体であること、その程度を侵害行為が大きく超えていないことを要件として提示し、さらに正当防衛等が排除される理由を侵害の急迫性の欠如ではなく、『何らかの反撃行為に出ることが正当とされる状況』の不存在とした点において、本決定には大きな意義が認められている。」と指摘されました。

　質疑応答では、陳興良教授から塩見教授に対して、中国では国民が不法と闘うことを奨励されているので、喧嘩と正当防衛に関する議論はないが、それを論じる意義はどこにあるのか、という質問が出されました。塩見教授は、日本では、喧嘩に至るプロセスを考慮することから、学説も侵害回避義務論が展開されているし、判例も自招侵害を正当防衛から除外する傾向にある旨の回答がなされました。フロアーからの質問でも、最高裁平成20（2008）年5月20日決定は中国なら正当防衛となるのに、日本では正当防衛の成立が厳しすぎるのではないか、という質問が出されるなど、両国の比較分析は、実に興味深いものがありました。他方、塩見教授から陳興良教授に対して、

上記の2つの事件処理では、主観的要件が重視されているのか、という質問が出され、これに対して、両判決とも主観的事情を考慮しているのは確かだが、正確な情報を得ていない、との回答がなされ、その際、陳教授が、主観面を正当防衛の一般的要件として位置づけるのは妥当でない、という指摘もあり、日本の学説との共通理解もあったことに関心を持ちました。

　第3セッションの「性犯罪の理論と実務問題研究」において、佐伯仁志教授は、「日本の性犯罪——最近の改正の動き——」と題して報告され、主に、日本の刑法典における性犯罪規定および刑法典以外の関連規定を概観された後、刑法典の性犯罪規定の改正について経緯を紹介されました。この改正をめぐる議論に日本の性犯罪論議のポイントが圧縮されているように思われます。また、性犯罪の保護法益をめぐる議論、性犯罪における暴行・脅迫の程度をめぐる議論、夫婦間での強姦をめぐる議論は、その中核を占める内容で、張明楷教授も取り上げられたように、中国との比較をする意味で、参考になるかと思います。

　これに対して、張明楷教授は、「性犯罪の問題をめぐる論争」と題して報告され、中国における性犯罪をめぐる刑法典の規定と解釈論をめぐる議論を紹介されました。また、具体例として白俊峰事件と王衛明事件の2つを婚姻内強姦をめぐる検討素材として詳細に取り上げられました。報告を拝聴すると、条文の構造に若干の差はあっても、日本の議論と共通点もかなりある、という印象を持ちました。

　質疑応答でも、佐伯教授から張教授に対して、強制わいせつ罪における主観的要素の要否について、日本の最高裁大法廷判決が主観的要素を不要とする立場に判例変更する予定であること（実際の判決日は平成29（2017）年11月29日）を踏まえて、中国での議論を問う場面があり、張教授も佐伯教授と同様、客観的に判断すべきだ、と回答されたのが印象的でした。その他、被害者年齢、特に日本での13歳という年齢設定や公然わいせつの意味、さらには夫婦間での強姦罪の成否等について、フロアーも含めて真摯な意見交換がな

されました。両国とも、女性の保護を重視した見解が強くなりつつある点で共通点を見いだすことができました。

　第4セッションの「詐欺罪の理論と実務問題研究」において、杉本一敏教授は、「詐欺罪をめぐる日本の議論の現在――『重要な事項』の問題を中心に――」と題して報告され、日本における詐欺罪の成立要件と構造を丁寧に説明された後、近時の重要判例をいくつも取り上げて、問題点を指摘されました。特に、財産的損害について、さらには取引における「重要な事項」といえるものの範囲について、3つの類型に分類して、拡大傾向にある日本詐欺罪適用の問題性を鋭い視点から分析されました。

　これに対して、付立慶教授は、「詐欺罪における財産損失に関する試論――中国の司法実務を中心として――」と題して報告され、中国における詐欺罪について日本刑法との比較も交えながら、経済的財産説の意義と問題点について、財産喪失を中心に検討されました。中国の詐欺罪の規定には、財産的被害額が明示されているという特徴があり、注目に値します。

　質疑応答でも、財産的損害の必要性をめぐる質問、さらには「棺桶事例」を素材として「重要な事項に関する錯誤」ないし法益関係駅錯誤をどのように考えるべきか、等々の興味深い質問が出され、議論が白熱しました。特に、陳興良教授がフロアーから、「中国の一般人の感覚と日本の判例の立場はほぼ一致するが、中国では、日本の有罪事例は無罪となる。」として、日本では詐欺罪が適用されすぎるのではないか、と指摘されたのは、日本側参加者の間でも共感を呼びました。

　以上、今回のシンポジウムにおいては、両国の刑法典の規定の解釈論を判例等の具体的事例を詳細に取り上げることにより比較検討し、「日中刑法総論・各論の先端課題」というテーマに相応しい報告と質疑応答が展開され、議論が深化したと思います。特に、中国側の報告者が、日本の議論状況を一定程度把握しておられる点に敬意を表したいと思います。日本側も、中国の

議論状況を把握する努力をもっとする必要がある、と感じました。今後も、中国刑法と日本刑法の共通項を形成するために、総論と各論にわたり、引き続き継続してシンポジウムを開催し、さらには講演や著作の翻訳等を通じて、地道な学術交流を実践していく必要がある、と思います。

　次回は、2年後の2019年9月に、日本の古都である京都市の京都大学で第7回中日シンポジウムが開催されますが、その成功をお祈りして、私の総括とさせていただきます。

閉会の辞

早稲田大学法学部教授
高 橋 則 夫

尊敬するご列席の皆様

　昨日より2日間にわたり行われた第6回中日刑事法シンポジウムは、多くの成果をもたらし、ここに閉会を迎えようとしています。この2日間、中日両国の参加者によって、充実した報告と熱心な討論が行われました。これによって、両国の刑事法の相互理解が一層深まり、両国の刑事法学が進展できたことは大変喜ばしい限りです。

　まず、陳興良先生、張明楷先生、劉明祥先生をはじめ、ご協力いただいた諸先生方に厚く御礼申し上げます。とりわけ、今回のシンポジウムで主催校としてご尽力いただいた、東南大学の劉艶紅先生、劉建利先生をはじめとする諸先生方、江南大学の曽祥華先生をはじめとする諸先生方、通訳を担当された諸先生方、大学院生および学生の方々には、心から御礼申し上げます。さらに、滞在中、いろいろお世話いただき、本当にありがとうございました。日本側参加者を代表して御礼申し上げます。

　刑罰が「国家」刑罰である以上、刑法学がその国の文化、社会、政治等に深く根ざしたものであり、そのぞれの刑法学には超えがたい差異があることは必然的な結果であります。それでは、なぜ、刑法の比較法

的考察が重要なのかといえば、それぞれの異質な面を尊重しつつも、犯罪と刑罰を考察する際の共通枠組みを探求する作業が、それぞれの刑法学（立法論および解釈論）の進展にとってきわめて有益だからであると思います。

　今回のシンポジウムでは、因果関係、正当防衛、性犯罪、詐欺罪といった重要問題を取り扱い、相互に理解を深め、有益な意見交換を行うことができました。それぞれのテーマにつき、今回の成果を参考にして、さらに研究を深めていきたいと思っています。今回のシンポジウムを通して、中日両国の刑事法分野におけるつながりが一層強くなったことを確信しています。

　閉会にあたり、中国の先生方にあらためて御礼申し上げます。次回のシンポジウムは、2年後の2019年、京都大学を主催校として開催されます。2年後、京都で再会できることを楽しみにしています。それまで、皆様お元気で、研究、教育に邁進されることを祈念して、閉会の辞といたします。

閉会の辞

北京大学法学院教授
梁　　根　　林

尊敬するご列席の皆様、
こんにちは。

　中日双方の参加者のご努力のおかけで、第6回中日刑事法シンポジウムはいよいよ成功裏に閉会を迎えることとなりました。会議の具体的な成果については、さきほど甲斐教授、陳教授および高橋教授が大変すばらしい総括をしてくだいましたので、わたしからは重複を避けまして、今回の会議の成功に大きく貢献してくださった関係者への感謝の意を申し上げて、閉会の辞とさせていただきたいと存じます。

　まずは、はるばる遠くからお越しの日本の先生方に特にお礼を申し上げたいと存じます。日本側の報告、および各テーマをめぐる質疑応答における日本側のコメントは、中国側の研究者たちに、日本刑法および学術研究の最新の動向を知るための重要な手がかりを与えるとともに、中国自らの関連問題を考えるための大変有益な示唆を与えてくださいました。

　特に心を打たれましたのは、この中日刑事法シンポジウムの創設者である西原春夫先生が、ご高齢にもかかわらず、自ら今回の会議にご出席され開会のご挨拶をしてくださり、さらに、それに先立って東南大学でご講演をしてくだったことです。残念ながら、わたしは昨日授業があったため、先生の講演を聞く機会を逃してしまいました

が、無錫に向かう電車のなかで、ラインにアップされた西原先生の原稿を拝読することができました。「世界の東アジア及びその中の中国と日本」と題したこの講演に示された西原先生の深い見識に、わたしは強く感銘を受けました。その場で原稿を中日友好協会で幹部を務めている友人に転送しましたところ、彼からも、「西原先生の先見性、使命感に感動した」との返事が戻ってきました。たしかに、西原先生からは一種の使命感のようなものを感じることができます。後輩としてのわれわれも、先生と同じ使命感を持って、中日刑事法の交流を引き続き推進し、ひいては両国の友好関係の促進に貢献しなければならい、と改めて意を強くした次第です。

　つぎに、今回の会議の通訳の重責を担ってくださった、金光旭教授をはじめとする通訳チームに対して心より感謝を申し上げたいと存じます。わたしの北京大学学生時代の学兄にもあたる金光旭教授は、中日両国の刑法に通じた優れた学者であるだけでなく、中日刑法の学術交流の使者ともいえる存在です。彼の長年の努力があってこそ、この研究会の持続が可能であったといっても過言ではないでしょう。ここで、金教授をはじめとする通訳チームによる正確な通訳および貢献に対して、大きな拍手を贈って感謝の意に代えさせていただきたいと存じます。

　なお、今回の会議に参加してくれた中国側のメンバーに対しても一言お礼を申し上げたいと思います。新学期早々の一番忙しい時期に、これだけ多くの仲間が休日を返上してこの会議に参加してくれたことに感動しました。みなさんの熱意および学問に対する真摯な姿勢が十分に日本側の先生方にも伝わったのではないかと信じております。また、中国側の会議報告や質疑応答における発言が、日本の先生方の中国刑法理論研究の最近の動向に対する理解の一助になっていただければ幸いに存じます。

　最後に、今回の会議の開催のために周到な準備と心のこもった接待をしてくださった、劉艶紅先生をはじめとする東南大学および江南大学の関係者に対して、心より感謝の意を申し上げます。今回の会議の成功は、ひとえに両校の先生方と学生諸君のご支援・ご努力の賜物といえるでしょう。ここで、

274　閉会の辞

今一度大きな拍手を贈りまして感謝の意に代えさせていただきたいと存じます。

　それでは、2019年に、第7回中日刑事法シンポジウム開催される京都で再会しましょう。

　ありがとうございました。

訪 中 雑 感

　総合通訳として参加した今回の日中刑事法シンポジウムでも、これまでと同様、報告原稿の事前翻訳、および会議通訳を総括するという役目を任せられた。報告原稿の事前翻訳については、日本留学の経験をお持ちの若手研究者に依頼したところ、かなり完成度の高い訳文を得ることができた。ご多忙の中で大変な時間とエネルギーを翻訳作業に割いてくださった先生方には、心より感謝申し上げたい。会議通訳に関しては、今回のシンポジウムでは、討論の時間を十分に確保するという趣旨から、報告についての逐語通訳を省略し（報告者の朗読部分を会場のスクリーンに映し出す）、その代わりにディスカッションの時間を90分に延長するという新しいスタイルを試みた。これにより、各テーマについてかなり深まった議論ができたのではないかと感じられた。できれば、このスタイルを今後も持続していきたい。

　美しい太湖に囲まれた無錫に今回の会場を設定してくださった東南大学の先生方にも、心より感謝申し上げたい。

（金　光旭）

　日中刑事法シンポジウムに参加したのは今回が２度目であり、前回は2005年８月末に長春の吉林大学で開催された通算10回目の大会であった。初めて訪れた中国では、どこまでも続くトウモロコシ畑、樹木のあまりない山が印象的で、これが大陸かと実感した。今回の無錫、南京は、山には緑の木が茂り、湖や川があり、秋には色づくであろう並木の道が続いていた。吉林を思い起こしつつ、大陸の広さを別の意味で再び実感した次第である。

　２つのシンポジウムは「場の違い」だけでなく「時の流れ」も感じさせるものであった。前回は、各報告者が自国の処罰規定を紹介し、それを巡る学説を提示し検討するというスタイルが中心であった。今回は、具体的な事象

に刑法はどのように対応するのか、例えば、喧嘩の当事者でも正当防衛が認められるのか、認められるならその条件は何かといった問題解決型の報告となり、双方の議論がかみ合ってきたとの印象を強く受けた。

　もっとも、「解決」の方法は日中で大きく異なり、それを認識できたのが今回のシンポジウムの成果であった。残された疑問は、異なる解決方法がなぜ採られているのかであろう。さらに「時」を経て、日中刑事法シンポジウムがそれを明らかにするのだろうか。そんな思いを抱きながら無錫、南京を後にした。

（塩見　淳）

　中国に渡航するのは、4年前（2013年）の西安開催のシンポジウム以来、2回目である。私が東京に住んでおり、西安、南京と渡航を重ねたので、次の機会は北京だろうか…。訪問の機会を楽しみにしたい。

　シンポジウムに参加するたびに、中国側の学問的探究心に圧倒される。私の因果関係論に関する報告についても、フロアから多くの鋭い質問が投げかけられた。とりわけ北京大学の陳興良先生からの質問は、危険の現実化の判断における「危険」と実行行為としての「危険」の関係を問うものであり、

まさに難問である。これについて私なりの回答を申し上げ、また、それに対する陳先生の評価を伺うというやり取りは、本当に楽しく、また、知的に興奮する時間であった。もちろん、このような「真剣勝負」が可能になるのは、日本刑法に精通された中国の研究者の方々の優れた通訳のおかげである。この場を借りて厚く御礼を申し上げたい。また、今後のシンポジウムを担うべき若手研究者を養成することも、私たちの責務であると痛感した。微力を尽くしたい。

（橋爪　隆）

　今回のシンポジウムは、双方の問題意識がよくかみあった、大変充実したものであったと思う。筆者が担当した性犯罪のセッションでは、日本の改正作業の過程で問題となった夫婦間の強姦罪の成否の問題や、強制わいせつ罪は傾向犯かという問題が、中国でも同じように議論されていることがわかり興味深かった。シンポジウムでは、日本に留学され中国で教職についておられる若手研究者の方々が報告や通訳で活躍され、大変心強く感じた。すばらしいシンポジウムを企画・運営していただき、配慮の行き届いた温かいおもてなしをしていただいた、東南大学法学院の劉艶紅院長をはじめ、お世話になった多くの先生方に心よりお礼を申しあげたい。

（佐伯　仁志）

　無錫旅情と南京旅情、そして日中刑事法学術交流の深化！
　「太湖のほとり　無錫の街へ」。これは、1986年に日本の尾形大作が歌い始めて大ヒットした「無錫旅情」（中山大三郎作詞・作曲）という演歌の歌詞の１番の最後の部分である。私もよく歌うこの歌が、中国の方々にも知られているとは予想しなかった。第６回日中刑事法シンポジウムが、南京の東南大学法学院の劉艶紅教授を中心にして、無錫の江南大学法学院を会場として

開催されたこと自体がサプライズであったが、熱のこもったレベルの高い議論の内容も、また参加者数160名というのもサプライズであったし、歓迎会が太湖の湖上（本書の表紙の写真参照）で船に乗って行われたのもサプライズであった。まさに新たな「無錫旅情」が私の心に誕生した。三国志の時代の呉の都であった南京では、3度目の訪問ながら、今回も熱意溢れる満員の会場で大学院生を相手に講演できたこと、そして新たにオープンした科挙記念館の訪問とナイトクルージングを経験でき、「南京旅情」も誕生した。日中刑事法学術交流の深化を体感した日々であった。

(甲斐　克則)

霊山大仏にて

執筆者紹介

甲斐克則（かい　かつのり）早稲田大学教授

高橋則夫（たかはし　のりお）早稲田大学教授

張　明楷（ちょう　めいかい）清華大学教授

橋爪　隆（はしづめ　たかし）東京大学教授

梁　雲宝（りょう　うんほう）東南大学副教授

劉　建利（りゅう　けんり）東南大学副教授

陳　興良（ちん　こうりょう）北京大学教授

謝　佳君（しゃ　かくん）西南政法大学副教授

塩見　淳（しおみ　じゅん）京都大学教授

佐伯仁志（さえき　ひとし）東京大学教授

洪　兆承（こう　ちょうしょう）中原大学助理教授

杉本一敏（すぎもと　かずとし）早稲田大学教授

付　立慶（ふ　りっけい）中国人民大学教授

毛　乃純（もう　のじゅん）鄭州大学講師

梁　根林（りょう　こんりん）北京大学教授

金　光旭（きん　こうぎょく）成蹊大学教授

（掲載順）

日中刑法総論・各論の先端課題
ー日中刑事法シンポジウム報告書ー

2018年 3 月20日　初版第 1 刷発行

編　者　甲　斐　克　則

発行者　阿　部　成　一

〒162-0041　東京都新宿区早稲田鶴巻町514

発 行 所　株式会社　成 文 堂

電話 03(3203)9201(代)　Fax 03(3203)9206
http://www.seibundoh.co.jp

製本・印刷・製本　藤原印刷　　　　　　**検印省略**
☆乱丁・落丁本はおとりかえいたします☆
ⓒ2018 K. Kai
ISBN978-4-7923-5247-9　C3032
定価（本体3000円＋税）

日中刑事法シンポジウム報告書

1	中国刑事法の形成と特色	1	品 切
2	中国刑事法の形成と特色	2	2000円
3	中国刑事法の形成と特色	3	2000円
4	中国刑事法の形成と特色	4	2000円
5	中国刑事法の形成と特色	5	2000円
6	中国刑事法の形成と特色	6	2000円
7	日中比較過失論		3000円
8	共犯理論と組織組織		3000円
9	日中比較経済犯罪		3500円
10	危険犯と危険概念		3000円
11	責任論とカード犯罪		1800円
12	環境犯罪と証券犯罪		2000円
13	変動する21世紀において共用される 刑事法の課題		2000円
14	21世紀日中刑事法の重要問題		2500円
15	日中刑事法の基礎理論と先端問題		2500円
16	日中刑法総論・各論の先端課題		3000円

（本体価格）